준비하는 이들을 위한 덕목의 책

The Book of Virtues
FOR YOUNG PEOPLE

William J. Bennett

윌리엄 J. 베네트 지음

김명렬 옮김

도서출판 장락

지은이 윌리엄 J. 베네트

윌리엄 대학에서 철학 전공. 텍사스 대학교에서 정치철학박사 학위 수여, 하버드 대학교에서 법학박사 학위 수여. 국립 마약통제 위원회 위원장, 교육부 장관, 국가증여재난 관리위원회 위원장을 역임했다. 현 엠파워 아메리카(Empower America) 공동위원장, 헤리티지 재단 교육정책 연구원으로 있다.

옮긴이 김명렬

서울 출생. 고려대를 졸업하고 현재 번역문학가로 활동중. 옮긴 책으로는 『사랑과 운명』 『비단 커튼』 『에덴의 장미』 『버드나무 숲에 부는 바람 1·2·3』 『잃어버린 얼굴』 등 다수.

준비하는 이들을 위한 덕목의 책

1998년 7월 18일 초판 1쇄 인쇄
1998년 7월 31일 초판 2쇄 인쇄

지은이 윌리엄 J. 베네트
옮긴이 김명렬
펴낸이 유명자
펴낸곳 도서출판 장락
본문편집 편집부
표지디자인 편집부
인쇄 신화인쇄
제본 성하제본

출판등록 1991년 7월 25일(제21-251호)
주소 110-290 서울시 종로구 인사동 153-3 금좌빌딩 205호
전화(02)735-0307, 8 팩시밀리(02)735-0309

값 9,000원

준비하는 이들을 위한 덕목의 책

THE BOOK OF VIRTUES FOR YOUNG PEOPLE

책 머리에

　인생은 물음들로 가득 차 있다. 그리고 우리 중 대부분은 비교적 중요하지 않은 의문들을 생각하는 데 많은 시간을 보낸다. 텔레비전 야구 중계는 몇 시에 하지? 이 구두는 바지와 어울릴까? 생일 선물로 자전거를 사달라고 하면 어떨까? 우리는 거의 매일 사소한 물음들을 던지게 되고, 또 그것은 지극히 당연하다. 전혀 잘못된 태도가 아니다. 그러나 우리는 보다 나은 인생으로 이끌어주는 진정으로 중요한 물음들에 대해 생각해볼 시간도 가져야 한다. 이 책은 그러한 물음들 중, 세 가지 물음에 대답을 줄 것이다. 미덕이란 무엇인가? 무엇 때문에 필요한가? 어떻게 구할 수 있는가?라는.

　사전을 보면 덕(德)이란 '도를 통해 갖추게 된 품성', 미덕(美德)이란 '아름답고 갸륵한 덕행', '도덕적 우수함'이라고 나와 있다. 이어서 그 어원은 '힘' 혹은 '가치'를 의미하는 라틴어 'virtus'임을 밝히고 있다. 또한 덕은 여러 가지 덕목으로 분류될 수 있다. 이 책은 자율, 동정심, 책임, 우정, 일(학습), 용기, 인내, 정직, 충성, 그리고 믿음 이 열 가지 덕목에 초점을 맞추었다. 이 책에 실려 있는 예화, 우화, 수필 그리고 시는 우리 자신만이 아니라 다른 사람들에게서 불쑥불쑥 행동으로 나타나는 각각의 미덕을 인식하는 데 도움을 줄 것이다.(미덕은 단지 좋은 생각과 의지가 아닌, 거의 전적으로 행동으로 나타남을 잊지 말자) 행동으로 표현된 미덕을 자주 접하게 될수록, 미덕이 무엇인지를 더욱 잘 이해하게 될 것이다. 만약 여러분이 미덕을 갖추고 싶어한다면, 먼저 미덕 자체를 명확하게 이해할 필요가 있다. 마찬가지로 악행 혹은 부도덕 그리고 그것들이 초래하는 결과로부터 벗어나려면 그것도 명확히 이해해야 한다.

무엇 때문에 미덕이 필요할까? 이 책에서 그 대답을 얻게 될 것이다. 실질적인 이유들이 있다: 예를 들면, 사람에 대한 평판은 그 자신이 갖춘 여러 가지 미덕을 종합한 결과로부터 비롯된다. 사회적인 이유들도 있다: 어떤 친구들을 사귀고, 또 얼마나 많은 친구들을 갖게 되는가는 그 자신의 미덕에 따라 달라진다. 물론 이기적이지 않은 이유들도 있다: 우리로 하여금 가족, 사랑하는 사람, 혹은 전혀 낯선 사람을 돕도록 이끄는 것도 미덕이다. 인생의 모든 분야에서 우리는 자기 자신을 위해 그리고 다른 사람들을 위해 끊임없는 선택을 하게 된다. 그리고 그러한 선택은 '옳고, 그름'이라는 문제가 포함될 경우가 많으며, 미덕을 갖추지 못하면 올바른 행동을 선택할 수 없다.

그렇다면 어떻게 여러 가지 미덕을 갖추고 또 유지할 수 있을까? 그 대답은 쉽지만, 실제 행동은 그렇지 못하기 때문에 많은 수련이 필요하다. 다른 경우들과 마찬가지로, 미덕을 체득하기 위해서는 진지한 노력과 집중이 필요하다. 우리는 자신에게 적절한 기준을 정하고, 일상 속에서 그러한 기준에 부합되게 살아갈 수 있도록 모든 노력을 기울여야 한다. 독자들이 이 책에 실린 여러 편의 글 중에서 자신을 위한 모범과 기준을 찾아내기 바란다. 여기에 실린 글들은 여러 세대에 걸쳐 많은 사람들이 선과 악을 판단할 때 참조가 되었을 뿐만 아니라, 도덕적으로 옳고 그름을 판단할 때 나침반이 되어왔다. 이 책에 실린 글들을 가슴속 깊이 받아들이고, 모범적인 전례들에 자신의 행동과 태도를 맞추고자 애쓰면, 정직, 충성, 자율 등의 논리가 습관처럼 몸에

밸 것이다. 그것은 우리 모두가 원하는 것이기도 하다. 미덕이 습관처럼 배어 있다면, 인생에 관한 한 충분한 장비를 갖춘 것과 같다. 누구도 항상 도덕적으로 훌륭할 수만은 없다는 점 또한 잊지 말아야 한다. 우리는 천사가 아니다. 최소한 인생에서는 아무도 천사가 될 수 없다. 그러나 더 나은 사람이 되려고 노력할 수 있고, 또 그렇게 해야 한다.

　윌리엄 베네트는 매우 저명한 저술가입니다. 내가 이 책 『준비하는 이들을 위한 덕목의 책(The Book of Virtues for Young People)』을 97년 봄에 입수해서 감명을 받은 바 있는데, 마침 도서출판 장락에서 출판하게 된 것을 알고 반갑게 여기는 바입니다.

　나는 우리 출판계는 왜 이와 같은 저작을 내지 못하는가에 대해서 항상 안타깝게 여겨오던 참인데, 이 책을 접하고 또 한 번 뒤통수를 얻어맞은 기분이었습니다. 왜냐하면 이 책을 읽는 동안 나는 우리나라 사람들은 '생각이 모자르구나.', '생각이 짧아.', '생각이 얕아.', '도무지 생각을 하지 않으려고 해.' 하는 자괴감에 내내 빠져 있었기 때문입니다.

　어느 해 가을, 조상의 산소에 성묘를 한 후 야산에 만발한 들국화를 한움큼 꺾어 든 채 산을 내려오다가 초등학교 어린이들에게 내가 야단 맞은 적이 있습니다.

　"아저씨, 그걸 꺾으면 다른 사람들은 못보잖아예?"

　'아이쿠, 들켰구나. 대학교수가 어린아이한테 기합을 받다니.'

　나는 순간 부끄러운 생각이 들어 아이들에게 정중하게 사과한 후, 그 꽃을 아이들 손에 들려 보낸 일이 있습니다. 나는 그때 아이들에게서 자연의 소중함을 새삼 다시 배우게 되었습니다.

　지혜와 미덕은 이처럼 우리 생활 구석구석에 널려 있음에도 불구하고, 그것을 수습해서 정리하고 조리를 세워서 독자들에게 전달할 수 있는 문장으로 엮는 능력이 우리에겐 부족한 것 같습니다. 왜냐하면 '생각하지 않는 버릇' 때문입니다. 우리들은 느낄 뿐, 곧 잊어버립니다. 그래서 이 책과 같은 형태의 저술이 나오지 않는 것입니다.

　이 책에는 열 가지 미덕이 나옵니다. 특히 젊은이들의 건전한 사고와 건강한 몸―바른 삶을 위한 친절한 지침서가 되기에 조금도 모자람이 없습니다. 딱딱하고 건조하기 마련인 다른 윤리책들에 비해『준비하는 이들을 위한 덕목의 책』은 아주 흥미롭게 읽을 수 있는 내용과 개성 있는 형식이 얼른 눈에 띕니다. 그리고 일목요연함과 풍부한 상상력은 이 책의 가장 큰 미덕에 해당할 것입니다.

　여기에 실린 글의 내용은 우리들에게 삶에 대한 새로운 안목을 제공해주며, 생각이 부족해서 정리하지 못했던 문제를 새삼 발견하는 기회가 되리라고 생각합니다.

　우리의 삶이 향기를 뿜을 수 있고, 그 향기가 나 자신의 인품을 드러낼 뿐만 아니라 이웃과 친구들에게도 옮겨가서 그들이 그 향기 때문에 더 행복해지고 좀더 올바른 삶을 살 수 있게 된다면, 이 책은 더없이 소중한 자산이 될 것입니다.

　이『준비하는 이들을 위한 덕목의 책』이 우리 청소년들의 인품을 더욱 성숙되게 하는 데 크게 기여하기를 기대하며 꼭 읽어주기를 바라는 바입니다.

김 재 은 (이화여자대학교 명예교수, 창의성교육
연구소 소장)

차 례

자 율

SELF-DISCIPLINE

자 율 *SELF-DISCIPLINE*

자율은 우리 자신과 우리 인생의 각각 저마다 다른 부분들을 관리할 때 필요한 미덕이다. 이 장의 「왕과 매」에서처럼 자신의 기분을 억제하는 것과, 「어부와 아내」가 일깨워주는 대로 소망을 통제하는 것과, 우화 「파리와 꿀단지」에서처럼 식욕을 억제하는 것과, 또한 「해변에서의 카뉴트 왕」이 보여주듯 '자부심'의 통제를 의미하기도 한다. 자율은 자신의 한계를 인식하고, 너무 많은 것을 성급하게 바라지 않으며, 「태양이 되려고 한 소년」에서 알 수 있듯이 능력을 고려하지 않은 채 공연히 문제를 불러일으키지 않는 것도 의미한다.

간단히 얘기하면, 자율은 올바른 일에는 '네.'라고 대답하고, 틀린 일에는 '아니오.'라고 대답하는 것을 뜻하며, 자신에 대해 책임지는 것을 의미한다.

불행하게도, 자율은 갖추기에 가장 어려운 미덕이다. 특히, 대부분의 젊은이들은 진정으로 자기 자신을 통제하는 수준에 도달하는 데 큰 어려움을 겪는다. 그리고 종종 '태도를 바로하라.'는 충고를 듣는다. 그 말이 진정으로 의미하는 것은 '어느 정도 자율을 갖춰라.'라는 것이다.

이러한 자세는 부모님, 선생님, 코치 혹은 성직자들의 지시를 따르는 것으로부터 시작된다. 그렇다, 자율은 '순종'을 포함하기도 한다. 조지 워싱턴의 어머니는 아들을 어떻게 그토록 훌륭하게 키웠느냐는 질문을 받았을 때 이렇게 대답했다. "나는 그 애에게 순종을 가르쳤지요." 지시에 적절히 따르고, 즐거운 마음으로 규칙을 지키고, 법의 테두리를 넘어서지 않는 것이 자율의 전부이다.

예의도 자율을 키워나가는 좋은 방법이다. 우리가 예의를 지켜야 하는 이유 중의 하나는 바로 그 때문이다. 예의는 우리에게 순간순간 다른 사람들을 어떻게 대해야 하는지 가르쳐준다. 친구들을 대할 때, 또 낯선 사람들을 대할 때, 이 장에 들어 있는 조지 워싱턴의 '예의에 관한 규칙'들은 좋은 본보기가 될 것이다. 자신을 위한 규칙을 구체적으로 정하는 것을 원할 수도 있을 것이다. 그렇다면 스스로에게 가끔 그 규칙들을 얼마나 잘 따랐는지 묻기를 잊지 말아야 한다.

계획을 세워놓고 지키고자 하는 것도 자율을 갖추는 유효한 방법 중의 하나이다. 조절하기에 가장 어려운 것 중의 하나가 '시간'이다. 텔레비전을 시청하는 등 여가 활동으로 너무 많은 시간을 허비한다고 느끼면, 시간을 좀더 유용하게 보낼 수 있는 계획을 작성하고, 그 계획표에 따르도록 노력해야 한다.

규칙과 계획에 관한 이러한 제안들이 어렵게 여겨질 수도 있다. 실제로도 그렇다. 그리고 바로 그 때문에 아주 많은 사람들이 자율을 갖추는 데 어려움을 겪는다. 그렇지만 우리가 스스로의 행동을 통제할 수 있게 되면 자신에 대해 자부심을 갖게 된다.

자율을 갖추는 데 가장 중요한 점은 스스로 행동으로 옮겨야 한다는 점이다. 부모님과 선생님이 도움을 줄 수는 있다. 그러나 어느 누구도 나를 대신할 수 없으며, 결국 많은 수련을 통해 미덕을 갖출 수 있을 뿐이다. 시간과 인내력이 요구되는 일이다. 인내심이라는 미덕을 이용해 자율을 배우라. 그러면 자기 자신이 건강하고, 행복하며, 또 훨씬 나은 사람이 되어 있음을 발견하게 될 것이다.

분 노
Anger

찰스와 메리 램 Charles and Mary Lamb

누구나 가끔 분노한다. 분노는 인간이 통제력을 잃거나, 괴로워하거나, 잔인해질 만한 충분한 이유는 되지 못한다.

분노는 때와 장소에 따라서 은총일 수 있다.
모든 분노는 이유가 있고, 1분 이상 지속되지 않는다.
분노가 더 커지면 사악함으로 바뀌게 된다.
뱀과 벌의 차이가 바로 그것이다.
벌을 건드리면 화가 나서 금세 당신을 쏘아버린다.
벌은 약간의 통증을 안겨줄 뿐, 절대로 다시 쏘지 않는다.
독을 품은 뱀은 울창한 숲속에 분노를 삭이며 숨어 있다.
혹은 길 가장자리에서, 날이 춥든지, 덥든지,
자신에게 이롭건, 해롭건,
운명이 당신을 어느 길로 이끌든지간에,
언제나 당신을 물 기회를 노린다.

왕과 매
The King and His Hawk

제임스 볼드윈 Retold by James Baldwin

토마스 제퍼슨은 우리의 기질을 통제하는 데 간단하지만 효과적인 조언을 해준다. '화가 났을 때는 열까지 센 후 행동하라. 몹시 화가 났다면 백까지 세어라.' 동유럽의 여러 나라와 황해에 이르는 광대한 제국을 건설했던 칭기즈 칸은 800년 전에 이미 이 교훈을 체득했다.

칭기즈 칸은 위대한 황제이며, 전사였다.

그는 군대를 이끌고 중국과 페르시아에 들어가 많은 나라를 정복했다. 모든 나라에서 사람들은 그의 용맹함에 대해 이야기했고, 알렉산더 대왕 이후 최고의 영웅이라고 평했다.

전장에서 고향으로 돌아와 있던 어느 이른 아침, 그는 친구들과 함께 활과 화살을 챙겨 들고 유쾌하게 말에 올라 사냥에 나섰다. 하인들이 사냥개를 데리고 그들의 뒤를 따랐다.

즐거운 사냥이었다. 숲은 그들의 고함소리와 웃음소리로 꽉 찼다. 그들은 모두 저녁이면 전리품을 가득 안고 집으로 돌아갈 수 있으리라고 기대했다.

왕의 손목에는 그가 매우 소중히 다루는 매가 앉아 있었다. 그 당시에는 사냥을 위해 길들인 매를 이용했던 것이다. 주인의 명령이 떨어지면 매는 하늘 높이 솟아올라 사냥감을 찾는다. 그리고 사슴이나 토끼를 발견하면 목표를 향해 화살처럼 매끄럽게 급강하한다.

칭기즈 칸과 그의 친구들은 종일토록 말을 타고 숲을 누비고 다녔지만, 기대했던 만큼의 사냥감을 찾지는 못했다.

저녁이 가까워오자 그들은 집으로 향했다. 왕은 말을 타고 이미 여러 번 그 산을 누벼보았으므로 길을 잘 알고 있었다. 그래서 일행이 지름길을 택했을 때, 그는 두 산 사이의 계곡을 통과하는 돌아가는 길을 택했다.

날씨는 매우 더웠고, 왕은 몹시 목이 말랐다. 그때 손목에 앉아 있던 매가 하늘로 날아올랐다. 집으로 돌아가는 길을 찾는 것이 분명했다.

왕은 서두르지 않고 길을 따라 말을 달렸다. 그 길을 따라가면 맑은 물이 솟아나는 샘이 있다는 것을 알고 있었다. 그 샘을 찾을 수만 있다면! 그러나 여름의 무더위로 시냇물은 모두 말라버렸을 것이다.

마침내 너무나 기쁘게도, 그는 바위 틈새로 떨어지는 물을 발견했다. 그는 훨씬 위쪽에 샘이 있다는 것을 알고 있었다. 우기 때 그 바위 위로 물줄기를 이루며 물이 떨어져내린다. 그러나 지금은 한 방울씩 감질나게 떨어진다.

왕은 말에서 뛰어내려, 사냥 가방에서 꺼낸 은컵으로 떨어지는 물방울을 받기 시작했다.

한 컵을 가득 채우는 데 긴 시간이 필요했고, 목이 마른 왕은 조바심을 내며 기다렸다. 드디어 컵이 거의 다 채워졌고, 물을 마시기 위해 컵을 입으로 가져갔다.

바로 그때 공중에서 회오리 바람이 일고, 컵이 그의 손에서 떨어졌다. 컵에 담겨 있던 물이 쏟아졌음은 물론이다.

왕은 눈을 돌려 누가 그런 짓을 했는지 살펴보았다. 그가 아끼는 매의 소행이었다.

몇 번 공중을 선회하더니 매는 샘 옆의 바위에 내려앉았다.

왕은 컵을 집어들고 다시 물을 받기 시작했다.

이번에는 오랫동안 기다리지도 못했다. 컵이 반쯤 찼을 때 마시려고 한 것이다. 그러나 컵이 그의 입술에 닿기 직전, 매가 쏜살같이 내려와 다시 그 컵을 쳐서 떨어뜨렸다.

왕은 화가 나기 시작했다. 그리고 다시 물을 받아 마시려고 했지만, 매는 이번에도 그가 물을 마시지 못하도록 방해했다.

"감히 어떻게 이런 짓을 하는 거지?"

그가 소리 질렀다.

"만약 네 놈을 잡으면, 목을 비틀어버리겠다!"

그는 다시 컵에 물을 채웠다. 그리고 마시기 직전에 칼을 뽑아 들었다.

"이놈, 매야! 이번이 마지막이다."

그에게 더 이상 말할 틈도 주지 않고 매는 다시 쏜살같이 내려와 그의 손에 들린 컵을 쳤다. 왕은 그 순간에 대비하고 있었다. 컵을 치고 날아가는 매를 향해 번개처럼 칼을 휘두른 것이다.

피를 흘리며 떨어진 가련한 매는 주인의 발 앞에서 죽어갔다.

"네 놈이 자초한 고통이다."

칭기즈 칸이 말했다.

그리고 컵을 찾던 그는 그 컵이 손이 닿지 않는 바위 틈새로 떨어졌음을 알았다.

"힘이 들더라도 샘까지 올라가야 물을 마실 수 있겠군."

그는 투덜거리며 가파른 언덕을 올라갔다. 몹시 힘들었다. 그리고 높이 올라갈수록 갈증은 더욱 심해졌다.

마침내 샘가에 닿았다. 예상했던 대로 물이 고여 있었다. 그런데 그 샘에 무엇인가가 들어 있었다. 치명적인 독을 가진 것으로 알려진 커다란 독사의 시체였다.

왕은 그 자리에 우뚝 섰다. 갈증도 잊은 채. 오직 그의 발 앞에서 피를 흘리며 죽어간 가련한 매를 생각할 뿐이었다.

"매가 내 생명을 구해주었어!"

그는 울부짖었다.

"그런데 내가 도대체 무슨 짓을 한 거지? 좋은 친구를 내 손으로 죽인거야."

그는 언덕을 내려와 죽은 매를 소중히 집어 사냥 가방에 넣은 다음, 말을 타고 집으로 돌아오며 이렇게 중얼거렸다.

"오늘 슬픈 교훈을 얻었다. 화가 나 있는 동안에는 아무것도 하지 말라는……"

조지 워싱턴의 예의에 관한 규칙
George Washington's Rules of Civilty

조지 워싱턴이 열네 살 때였다. 그는 사람들을 대할 때의 행동 규칙 110 가지를 베껴 쓴 수첩을 항상 지니고 다녔다. 그 규칙들 중에서 오늘날의 청소년에게 여전히 유익한 54가지의 규칙을 소개한다.

1. 동료들과 함께할 때 언제나 그들에 대한 존경심을 갖는다.

2. 사람들 앞에서 흥얼거리거나, 손가락이나 발을 갖고 장난하지 않는다.

3. 다른 사람이 말하는 도중에 끼여들지 않는다. 다른 사람들이 서 있을 때 앉지 말며, 다른 사람들이 멈췄을 때 뛰지 않는다.

4. 다른 사람에게 등을 돌리지 않는다. 말하고 있는 사람에게는 더더욱 그렇다. 다른 사람이 책을 읽거나 글을 쓰고 있을 때 그 책상 주위를 뛰어다니지 않는다. 또한 다른 사람에게 기대지 않는다.

5. 아부하지 말 것이며, 그가 함께하는 것을 원하지 않는다면 함께하지 않을 일이다.

6. 동료의 편지, 책, 서류 등을 읽지 않는다. 필요할 경우, 동료에게 양해를 구한다. 읽어봐달라는 부탁받지 않은 다른 누구의 글, 혹은 책에 가까이하지 않는다. 또한 다른 사람이 편지를 쓸 때 넘겨다보지 않는다.

7. 상대방이 편안함을 느끼도록 해준다. 그러나 그가 심각할 때는 엄숙하라.

8. 비록 적이라고 할지라도 다른 사람의 불행에 기뻐하는 모습을 보여서는 안 된다.

9. 고위층 인사이거나 공직에 있는 사람이라면, 어디에서나 우선권을 갖는다. 그렇지만 젊다면 출신이나 자질이 비슷한 사람을 대할 때,

그들이 공직에 있지 않아도 존경심을 품고 대한다.

10. 우리보다 앞서 연설한 사람들을 존중한다. 연장자일 경우에는 더더욱 그렇게 하라. 그들이 없었다면, 우리에게 시작할 방법이 없었을 것이다.

11. 사업가와 상담할 때, 간단하고 명확하게 표현한다.

12. 문병할 때 환자의 병에 대해 잘 알지 못하면, 의사 흉내를 내지 않는다.

13. 편지를 쓰거나 연설할 때, 그 지방의 관례와 상대방의 수준을 따른다.

14. 논쟁할 때 상관에게 이기려고 하지 말고, 겸손한 태도로 자신의 판단을 양보한다.

15. 자신의 전문 분야일지라도 동등한 사람을 가르치려고 들지 않는다. 그러한 태도는 오만해 보인다.

16. 다른 누군가가 최선을 다했다면, 비록 성공하지 못했어도 그를 비난하지 않는다.

17. 다른 사람에게 조언을 하거나 책망할 때, 공개적으로 할 것인가 아닌가를, 또 그 시기를 먼저 생각해야 한다. 또한 책망할 때는 격한 모습을 삼가고 부드럽게 하라.

18. 중요한 것을 놓고 농담하거나 빈정거리지 않는다. 날카롭고 신랄한 농담은 자제한다. 재치 있고 유쾌한 화제가 나올 때, 다른 사람들로부터 비웃음을 받지 않도록 주의한다.

19. 다른 사람을 나무랄 때 자신이 비난받지 않도록 주의한다. 모범적인 행동이 개념적인 설명보다 앞선다.

20. 사람을 대할 때 저주의 말, 욕설 등 비난받을 언사를 사용하지 않는다.

21. 다른 사람에 대한 비방을 너무 성급하게 믿지 말라.

22. 옷은 칭찬받기 위해서가 아니라, 검소하고 자연스럽게 입어야

한다. 언제나 주위 사람들의 수준에 맞추고, 시간과 때에 따라 적절히 교양 있고, 품위 있게 입는다.

23. 공작처럼 화려해서는 안 된다. 신발은 잘 맞는지, 양말은 말쑥한지, 옷은 단정하게 입었는지 항상 자신의 용모를 살핀다.

24. 자신의 명성을 높이려면 훌륭한 사람들과 교제하라. 나쁜 친구들과 어울리는 것보다 혼자 있는 것이 더 낫다.

25. 대화할 때 사악함이나 질투가 없도록 하라. 그것이 교양 있는 태도이다. 그리고 이성이 감정을 통제하도록 하라.

26. 친구의 비밀을 알아내려고 할 때는 신중해야 한다.

27. 훌륭하고 박식한 사람들과 함께할 때 천박하게 말하지 않는다. 무지한 사람들에게는 믿기 어려운 것이나 너무 어려운 질문과 대답을 피한다.

28. 식사중이나 즐거운 분위기일 때 슬픈 화제를 꺼내지 않는다. 상가에서, 혹은 문병 갔을 때 우울한 이야기를 하지 않는다. 다른 사람이 그렇게 하면, 가능한 한 이야기의 주제를 바꾼다. 친한 친구가 아니라면 자신의 꿈을 언급하지 않는다.

29. 다른 사람들이 즐거워하지 않으면 농담하지 않는다. 경우 없이 크게 웃지 않는다. 어느 정도 원인이 있더라도 다른 사람의 불행을 비웃지 않는다.

30. 농담이든 진담이든 상처를 주는 말을 삼간다. 상대방이 나를 경멸할지라도, 나는 경멸하지 않는다.

31. 주제 넘게 나서지 않고, 예의 바르고 우호적이어야 한다. 인사하고, 잘 듣고, 대답해야 한다. 대화할 때 수심에 잠기지 않는다.

32. 남의 험담을 늘어놓지 않으며, 칭찬에 인색하지 말라.

33. 환영받을지 아닐지 모르는 곳에는 가지 않는다. 요청받지 않으면 조언하지 않는다. 조언을 해주어야 할 때는 간략하게 한다.

34. 둘이 다툴 때 강요하는 쪽이 되지 말며, 본론과 무관한 것으로

자신의 의견을 고집하지 않는다.

35. 다른 사람의 부족함을 책망하지 않는다. 그것은 그의 부모, 선생, 혹은 상관이 해야 할 일이다.

36. 다른 사람의 흉터나 상처를 쳐다보지 말며, 이유 또한 묻지 않는다. 다른 사람들 앞에서 친구의 비밀을 언급하지 않는다.

37. 여러 사람과 대화할 때 외국어보다 모국어를 사용한다. 그리고 교양 있는 사람들의 행동을 따르고, 천박한 사람들의 행동을 따르지 않는다. 중요한 문제는 진지하게 다룬다.

38. 말하기 전에 생각하고, 불명확하게 발음하지 않는다. 너무 빠르지 않게, 조리 있고 명확하게 말한다.

39. 다른 사람이 이야기할 때 집중하고, 청중들을 방해하지 않는다. 다른 사람이 이야기 도중에 말을 잇지 못하고 머뭇거릴 때, 요청받지 않았으면 도와주거나 대신 말해주지 않는다. 말하는 사람을 방해하지 않으며, 연설이 끝날 때까지 질문을 던지지 않는다.

40. 업무 이야기는 적절한 때 하고, 여러 사람들과 함께할 때 속삭이지 않는다.

41. 비교하지 않는다. 그리고 누군가가 용기 있는 선행으로 칭찬을 받을 때, 같은 이유로 다른 사람을 칭찬하지 않는다.

42. 어떤 사건에 대해 진실을 알지 못한 채, 언급하지 않는다. 전해 들은 말을 밝힐 때 말한 이를 밝히지 않는다. 비밀은 지켜져야 한다.

43. 다른 사람의 사생활에 지나친 호기심을 보이지 말고, 사적인 이야기를 하는 사람들을 가까이하지 않는다.

44. 능력이 닿지 않는 일은 맡지 않는다. 그리고 약속을 지키도록 유념하라.

45. 들은 말을 전할 때는, 아무리 미천한 사람일지라도 감정에 휘말리지 않고 분별력을 유지한다.

46. 상관이 이야기할 때 경청하고, 끼여들거나 웃지 않는다.

47. 논쟁할 때 다른 사람이 자유롭게 의견을 말할 수 있도록 해주고, 다수의 판단에 따른다. 그들이 논쟁의 주체일 경우에는 더더욱 그렇게 하라.

48. 대화할 때 우물거리지 말고, 본론을 벗어나지 말며, 같은 말을 반복하지 않는다.

49. 자리에 없는 이를 험담하지 않는다. 공정하지 못하다.

50. 식탁에서 무슨 일이 있어도 화내지 않는다. 화를 낼 만한 이유가 있을지라도, 표정에 나타내지 않는다. 특히 손님이 있다면 밝은 표정을 지어라. 유쾌한 농담은 음식을 한층 맛있게 해준다.

51. 식탁의 상석에 앉지 않도록 한다. 그러나 합당하고, 주인이 정해놓았다면 반박하지 않는다. 공연한 소란을 일으킬 뿐이다.

52. 신과 신앙에 대해 이야기할 때, 경건하고 진지해져라. 그리고 순종하라.

53. 오락을 할 때는 당당하고, 죄에 빠지지 않도록 한다.

54. 가슴속에 양심이라는 천상의 불꽃이 항상 살아있도록 애쓴다.

해변에서의 카뉴트 왕
King Canut on the Seashore

제임스 볼드윈 Adapted from James Baldwin

11세기에 재위했던 카뉴트 2세는 영국을 지배한 최초의 덴마크 왕이었다. 이 유명한 이야기는 그가 자만심을 다룰 줄 아는 사람임을 보여준다.

옛날에 카뉴트라는 왕이 영국을 지배했다. 다른 많은 지도자와 권력자들과 마찬가지로, 그 역시 아부를 늘어놓는 사람들에 둘러싸여 있었다. 그가 어느 곳에 가든지 아부가 시작되었다.

"폐하께서는 이제까지의 그 어떤 왕보다도 더 위대하신 분입니다."

"폐하, 당신보다 더 강한 왕은 없습니다."

"폐하, 당신의 고귀함으로 하실 수 없는 일이라고는 없습니다."

"오, 위대하신 카뉴트, 당신은 만물의 지배자이십니다."

"이 세상에서 당신께 복종하지 않는 것은 아무것도 없습니다."

카뉴트 왕은 지각이 있었으므로, 그러한 어리석은 말들에 짜증이 났다.

어느 날, 그는 해변을 산책하고 있었다. 그의 장군과 신하들은 여느 때처럼 아첨을 늘어놓았고, 카뉴트 왕은 그들에게 교훈을 주기로 결심했다.

"너희들은 짐을 이 세상에서 가장 위대한 왕이라고 했느냐?"

"오, 폐하!"

그들은 울부짖었다.

"이제까지 폐하에 견줄 만큼 강한 왕은 없었습니다. 그리고 앞으로도 폐하만큼 위대한 왕은 다시 없을 것입니다!"

"그리고 너희들은 이 세상의 만물이 내게 복종한다고 말했는가?"

카뉴트가 물었다.

"물론입니다! 온 세상이 폐하 앞에서 머리 숙여 경의를 표합니다."

그들이 말했다.

"알겠다. 그렇다면 의자를 가져와라. 그리고 해변으로 내려가자."

"알겠습니다, 폐하!"

그들은 소란을 피우며 백사장으로 왕좌를 옮겨왔다.

"바다로 가까이 가자!"

왕이 말했다.

"여기 놓아라. 바닷가 쪽에."

그는 왕좌에 앉아 끝없이 펼쳐진 바다를 보았다.

"밀물이 들어오는구나. 너희들은 내가 명령만 하면 이 물결도 멈추리라 생각하느냐?"

장군과 신하들은 의아해 했다. 그렇지만 누구도 감히 아니라고 대답할 수 없었다.

"명령만 내리십시오, 위대한 왕이시여. 그러면 순종할 것입니다."

신하들 중 한 명이 장담하듯 말했다.

카뉴트 왕이 호령했다.

"그럼 좋다! 너에게 더 이상 밀려오지 말 것을 명령한다! 파도여, 움직이지 말고 철썩대지 말라. 내 발에 닿지 말라!"

왕은 말없이 조용히 기다렸다. 작은 파도가 백사장으로 밀려와 그의 발 앞에서 스러졌다.

"무엄하도다!"

카뉴트 왕이 소리쳤다.

"바다여, 이제 돌아서라! 내 앞에서 물러날 것을 명령한다! 내 명령에 순종하라! 물러서라!"

그 호령에 대한 대답인 듯 또다른 파도가 그의 발 주변까지 몰려왔다가 스러졌다. 밀물은 다른 때와 마찬가지로 점점 높은 데까지 올라와 왕의 발뿐만 아니라, 옷자락도 적셨다. 그의 주위에 서 있던 신하들은 혹시 왕이 미쳐버린 것이 아닌가 두려워지기 시작했다.

"오, 친구들이여."

카뉴트가 말했다.

"너희들이 믿고 있는 것과는 달리, 내 권력이란 보잘것없는 것 같구나. 어쩌면 너희들은 오늘 무엇인가 배웠을 것이다. 전능하신 왕은 오직 한 명, 바다를 지배하며, 바다를 손에 담고 있는 이도 바로 그라는 사실을 기억하게 되리라. 짐은 그에 대한 너희들의 찬양을 아껴두기를 제안하노라."

고개를 떨구고 있는 신하들과 장군들은 매우 어리석게 보였다. 그리고 혹자는 말하기를, 카뉴트 왕이 그 후에 왕관을 벗고 다시는 쓰지 않았다고 전한다.

황금을 보면
Seeing Gold

중국에 전해지는 이 짤막한 이야기는 탐욕이 가끔 우리의 눈을 가린다는 사실을 상기시킨다.

항상 부자가 되고 싶어하는 사람이 어느 날 아침, 북적대는 시장에 들어섰다가 우연히 금 장신구가 진열된 좌판 앞을 지나치게 되었다. 그의 시선 안으로 좌판 위에서 번쩍이는 금, 목걸이, 반지, 팔찌가 들어왔고, 그 순간 그는 좌판 위에 놓인 물건을 닥치는 대로 집어들고 달리기 시작했다.

그러나 그는 곧 포졸들에게 체포되고 말았다.

"시장의 많은 사람들이 보고 있는데, 도대체 어떻게 도망갈 수 있다고 생각했느냐?"

포졸이 물었다.

"거기에 갔을 때, 오직 금만이 눈에 띄었을 뿐, 사람은 보이지 않았습니다."

그가 대답했다.

태양이 되려고 한 소년
The Boy Who Tried to Be the Sun

자신의 한계를 알고 그 범위내에서 살아야 한다는 교훈을 주는, 미국 북서부 인디언들의 전설이다.

옛날에 하늘로 올라가 태양과 결혼한 여인이 있었다. 그들은 행복하게 살았으며, 아들을 낳은 후 더욱 행복해졌다. 그러나 시간이 흐르자 그 여인은 머나먼 지상의 고향과 가족 그리고 친구들을 그리워하게 되었다. 그리고 아들에게 자신의 고향을 보여주어야 한다고 생각했다.

태양은 아내가 슬픔에 젖어 있는 것을 알고, 얼마 동안 부모에게 가 있을 것을 허락했다. 태양이 눈을 크게 뜨자 태양의 아내와 아들은 미끄러지듯 햇살인 속눈썹을 타고 지구로 내려왔다.

오래지 않아, 마을 아이들은 태양의 아들을 아버지 없는 아이라고 놀리기 시작했다. 아이는 눈물을 글썽이며 어머니에게 활과 화살을 달라고 졸랐다. 그런 다음 마을의 끝으로 가서 하늘을 겨누고 활을 쏘았다. 첫번째 화살은 하늘 지붕에 깊이 박혔다. 두번째 화살은 첫번째 화살의 끝에 박혔다. 이런 방식으로 하늘로부터 땅까지 화살이 길게 이어졌다.

소년은 태양의 집을 향해 화살로 된 줄을 타고 하늘로 올라갔다. 소년은 아버지에게 마을 아이들이 자신을 놀린다는 이야기를 했다.

"저는 그 애들에게 제가 정말로 태양의 아들이라는 것을 보여주고 싶어요."

아들이 말했다.

"횃불을 하루만 제게 빌려주세요."

태양은 머리를 저었다.

"그건 들어줄 수 없는 부탁이구나. 너도 알겠지만 나는 많은 횃불을 들고 하늘을 걸어간다. 이른 새벽과 저녁에는 작은 횃불에만 불을 붙인다. 너도 들고 다닐 수 있는 횃불이지. 하지만 한낮에는 오직 나만이 들 수 있는 큰 횃불에 불을 붙인다."

그러나 소년은 떼를 쓰며 자신은 태양의 아들이니 틀림없이 횃불을 다룰 수 있으리라고 말했고, 태양은 마침내 아들의 간절한 소망을 들어주었다.

다음날 이른 새벽, 아버지는 집을 나서는 아들에게 작은 횃불에만 불을 붙이라고 신신당부했다. 아들은 짜증이 났고, 마을 아이들 모두에게 자신의 모습을 보여주고 싶었다. 그래서 크고 작은 모든 횃불에 불을 붙였다.

그러자 지구 전체가 견딜 수 없이 뜨거워지기 시작했다. 숲은 불꽃을 일으키며 타들어가고 산 전체가 연기로 휩싸였다. 마을은 뜨거운 용광로로 변했다. 어떤 동물들은 불길을 피해 호수나 시냇물로 뛰어들었지만, 물 역시 끓고 있었다. 어떤 동물들은 바위 밑에 몸을 숨겼다. 담비는 땅 속으로 파고들었지만, 깊이 들어가지 못한 채 꼬리의 끝 부분은 땅 위에 남아 흔들거렸다. 꼬리 끝은 뜨거운 열기로 까맣게 그을렸고, 그 바람에 담비의 꼬리 끝 부분은 지금까지도 검게 그을린 채로 남아 있다. 산양은 운이 좋았다. 뜨거운 불을 피해 동굴 속 깊숙이 들어가 하얀 털을 그대로 보존할 수 있었던 것이다. 태양이 지구로 눈을 돌렸을 때, 사람과 동물들이 뜨거운 횃불을 피해 허둥대며 숨는 모습이 보였다. 즉시 조치를 취하지 않으면 모든 것이 죽어버릴 참이었다. 그는 몹시 슬퍼하며 아들을 내리쳤다. 그 소년은 돌덩이처럼 지구로 떨어졌다.

어부와 아내
The Fisherman and His Wife

클리프턴 존슨 Retold by Clifton Johnson

우리는 이 오래된 이야기가 전해주는 대로 좋은 것도 지나치면 전혀 유익하지 않다는 사실을 깨닫는다. 모자르지 않으면 그것으로 족한 것이다.

　바닷가 초라한 오막살이집에서 아내와 함께 살아가는 어부가 있었다. 어느 날 어부가 바닷가 바위에 걸터앉아 낚싯대를 드리우고 있었다. 잠시 후 고기가 낚싯바늘을 물고 줄을 팽팽하게 당겼고, 어부는 매우 힘들게 끌어올렸다. 아주 커다란 고기였다. 그는 기뻐했다. 그런데 물고기가 말을 하는 것이 아닌가. 그는 소스라치게 놀랐다.

　"나를 놓아주세요. 나는 물고기가 아니라 마법사예요. 제발 나를 다시 바다에 놓아주세요."

　"그런 얘기라면 길게 할 필요도 없네."

　어부가 말했다.

　"나도 말하는 물고기는 필요가 없거든."

　그는 낚싯바늘을 빼고 물고기를 놓아주었다.

　"자, 가고 싶은 대로 마음대로 가라."

　물고기는 곧장 헤엄쳐 물 속 깊이 사라졌다.

　어부는 바닷가의 초라한 오막살이집으로 돌아와 아내에게 커다란 물고기를 잡았는데, 그 물고기가 자기는 마법사라고 말했다는 것과, 그래서 그 물고기를 놓아주었다는 것을 이야기해주었다.

　"그럼 아무 대가도 요구하지 않았나요?"

　그의 아내가 물었다.

　"아니, 뭘 부탁해야 하는데?"

　"부탁할 것이 없다고요?"

　그의 아내가 탄식했다.

　"오, 당신은 우리가 더 이상 아무것도 바랄 것 없이 살아가는 사람들이라고 생각하나보군요. 자, 우리가 사는 이 어두컴컴하고 초라한 오두막을 봐요. 당장 그 물고기에게 가서 편안하게 살 수 있는 집이라도 달라고 해봐요!"

자 율 ◢◣ 33

어부는 그런 부탁을 하고 싶지 않았다. 그렇지만 그는 아내의 투정에 못 이겨 밖으로 나왔다. 그가 물고기를 잡았던 곳에 이르렀을 때 바다는 황금빛으로 빛나고 있었다. 그는 바위 위에 서서 소리쳤다.

　"오, 바다의 마법사여!

　와서 내 말을 들어보시오;

　내 인생의 골칫거리,

　내 아내 앨리스가,

　당신의 선물을 받아오라고 했소!"

그러자 그 물고기가 그에게로 헤엄쳐와서 말했다.

　"그래, 당신의 아내가 원하는 것이 무엇이죠?"

　'내 아내는 말이오, 내가 당신을 놓아주기 전에 뭔가를 부탁했어야 했다고 하는 거요. 어쨌든 그녀는 더 이상 초라한 오두막에 살고 싶지 않다는 거요. 편안한 집을 원했소"

어부가 말했다.

　"집으로 가보셔요."

그 물고기가 말했다.

　"당신의 아내는 이미 원하는 집에 있을 겁니다."

어부가 집으로 돌아와보니 아내는 안락한 집 문 앞에 서 있었다. 뒷마당에서는 오리와 닭들이 돌아다니고 있었고, 그 너머에 온갖 꽃이 피어 있었다. 과일이 익어가는 정원도 보였다.

　"이제 우리는 얼마나 행복한가!"

어부가 탄성을 울렸다.

　한 주일, 아니 두 주일은 모든 것이 잘 되어갔다. 그러나 어부의 아내는 마침내 다시 투덜댔다.

　"여보, 이 집은 방도 충분하지 않고, 마당과 정원은 너무 비좁아요. 나는 돌로 쌓은 커다란 성에서 살고 싶어요. 그러니 물고기에게 가서 성을 달라고 해봐요!"

"오, 아내여. 나는 그 물고기에게 가고 싶지 않소. 그가 화를 낼지도 모르잖소. 우리는 이 집에 만족해야 하오."

"바보 같은 소리 말아요!"

아내가 말했다.

"그는 기꺼이 우리에게 성을 줄 거예요. 당장 가서 얘기해봐요."

어부는 무거운 마음으로 다시 바다로 갔다. 그리고 바위 위에 서서 짙은 잿빛으로 변한 바다를 우울하게 바라보며 말했다.

"오, 바다의 마법사여!

내 말을 들어보시오;

내 인생의 골칫거리,

내 아내 앨리스가,

당신의 선물을 받아오라고 했소!"

그러자 그 물고기가 그에게로 헤엄쳐와서 말했다.

"오, 이번에는 무얼 원하던가요?"

"휴, 아내는 큰 돌로 쌓아올린 성을 원했소."

어부가 슬픔에 찬 모습으로 말했다.

"잘 알았어요."

그 물고기가 말했다.

"당신의 아내는 이미 그 성 안에 있을 겁니다."

집으로 돌아온 어부는 큰 성 앞에 서 있는 아내를 보았다.

"보세요. 근사하지 않아요?"

그들은 성 안으로 들어갔다. 부지런히 일하는 하인들의 모습이 보였고, 멋진 의자와 탁자 등 가구로 장식된 방도 많았다. 그 성의 뒤로 양, 염소, 토끼 그리고 사슴이 뛰노는 넓은 공원도 보였다.

"자, 우리는 남은 여생을 이 성에서 만족스럽고 행복하게 살 수 있을 것이오."

어부가 말했다.

"그럴 수 있을지도 모르지요"

그의 아내가 대답했다.

"하지만 자면서 생각해본 다음 결정하도록 해요"

그들은 침대에 누워 편안히 잤다.

다음날 아침 온 세상은 화창했다. 아내는 팔꿈치로 어부를 치면서 말했다.

"일어나요, 여보, 정신 좀 차려봐요. 우리는 모든 나라의 왕과 왕비가 되어야 하니까"

"오, 아내여. 왜 우리가 왕과 왕비가 되어야 한단 말이오? 나는 할 수 있어도, 왕은 되고 싶지 않소"

"어쨌든 나는 왕비가 될 거예요"

아내가 말했다.

"더 이상 아무 말 말고, 그 물고기에게 가서 내가 무엇이 되고 싶어 하는지나 전해요!"

어부는 다시 바닷가로 갔다. 그러나 그의 아내가 왕비가 되고 싶어 한다는 사실을 생각하니 가슴이 무겁기만 했다. 어쨌든 그는 누렇게 변해 거품을 일으키는 바다를 보며 소리쳤다.

"오, 바다의 마법사여!

와서 내 말을 들어보시오:

내 인생의 골칫거리,

내 아내 앨리스가,

당신의 선물을 받아오라고 했소!"

그러자 그 물고기가 헤엄쳐와서 물었다.

"이번에는 부인이 무엇을 원하던가요?"

"휴! 내 아내는 왕비가 되고 싶어하오"

어부는 한숨을 내쉬며 말했다.

"집으로 가보시오"

물고기가 말했다.

"당신의 아내는 이미 왕비가 되어 있을 거예요."

어부가 돌아왔을 때, 그의 성은 왕궁으로 변해 있었다. 왕궁을 지키는 병정들이 보이고, 나팔소리와 북소리가 들려왔다. 왕궁에 들어서자, 여섯 시녀의 시중을 받으며 황금 왕관을 쓰고 왕좌에 앉아 있는 그의 아내가 보였다.

"오, 아내여. 당신이 여왕이오?"

"그래요, 나는 여왕이에요."

그는 한동안 아내를 바라보다가 이윽고 입을 열었다.

"오, 아내여, 왕비가 되어보니 무엇이 좋소? 어쨌든 우리는 절대로 더 이상 바랄 것이 없게 되었소."

"어떨지 모르겠군요."

아내가 대답했다.

"절대로라는 말은 함부로 쓰는 게 아니어요. 나는 왕비가 되었어요. 그건 사실이에요. 그런데 벌써 싫증 나기 시작하는군요. 다음에는 교황이 되었으면 좋겠어요."

"오, 아내여. 아내여! 어떻게 당신이 교황이 되겠다는 거요? 교황은 오직 단 한 분만 있을 뿐이잖소?"

어부는 탄식했다.

"남편이여! 나는 오늘 당장 교황이 되고 싶단 말이에요!"

아내가 말했다.

"오, 아내여! 물고기도 당신을 교황으로 만들어줄 수는 없소. 나는 그런 부탁까지 하고 싶지 않소."

어부가 말했다.

"바보 같은 소리! 나를 여왕으로 만들어줄 수 있었으니, 교황으로도 만들어줄 수 있을 거예요. 당장 가서 얘기해봐요."

아내가 소리쳤다.

어부는 힘없이 발걸음을 옮겼다. 그가 바닷가에 도착했을 때 광풍이 몰아치고, 파도는 그 어느 때보다도 무시무시하게 바위를 내리쳤다. 하늘을 뒤덮은 검은 구름으로 온 세상이 어두웠지만, 아내의 명령에 순종해 소리쳐 불렀다.

오, 바다의 마법사여!
내 말을 들어보시오:
내 인생의 골칫거리,
내 아내 앨리스가,
당신의 선물을 받아오라고 했소!

그러자 그 물고기가 헤엄쳐서 그에게 다가왔다.

"이번에는 무엇을 원했죠?"

"오, 내 아내는 교황이 되고 싶어하오."

어부가 말했다.

"집으로 가보시오."

그 물고기가 말했다.

"당신의 아내는 이미 교황이 되어 있을 거요."

어부는 집으로 돌아왔다. 아내가 높이가 30미터나 되는 높은 곳에 앉아 있었는데, 머리에는 세 겹으로 된 왕관을 썼으며, 온갖 종류의 촛불이 타오르는 주위에는 사제와 교회의 실권자들이 둘러서 있는 것이 보였다.

"아내여! 당신이 교황이오?"

그 장엄한 광경을 본 어부는 입이 다물어지지 않았다.

"그래요. 나는 교황이에요."

아내가 대답했다.

"오, 아내여! 교황이 된 것은 정말 대단한 일이오. 그리고 이제 당신도 만족했을 것이오. 인간으로서 더 이상 위대해질 수는 없으니 말이오."

어부가 말했다.

"그 점에 대해 곧 알게 되겠지요."

아내가 말했다.

그런 다음 그들은 잠자리에 들었다. 그러나 아내는 이제 무엇을 원할 것인가를 생각하느라 밤새 잠을 이루지 못했다. 마침내 아침이 찾아왔고, 태양이 떠올랐다.

아내가 소리를 질렀다.

"하! 겨우 잠들려고 했는데 저 햇빛이 망치고 말았어요. 해가 떠오르는 것을 막을 수는 없을까요?"

아내는 화를 내며 남편에게 이렇게 말했다.

"그 물고기에게 가서 내가 태양과 달의 주인이 되고 싶어한다고 말하세요."

"오, 아내여. 교황이 된 것으로도 만족할 수 없단 말이오?"

남편은 절망에 빠졌다.

"그래요. 나는 몹시 불편해요. 내 허락도 받지 않고 해와 달이 떠오르는 것을 견딜 수 없단 말이에요! 즉시 그 물고기에게 가서 내 얘기를 전해요!"

아내가 말했다.

남편은 밖으로 나갔다. 그가 해변에 도착했을 때는 끔찍할 정도의 폭풍우가 일어 나무와 바위는 마구 흔들리고, 하늘은 새까맣고, 번갯불이 번쩍이고, 천둥 소리는 온 세상을 뒤흔들었다. 그리고 바다는 산더미 같은 파도로 뒤덮였다. 어부는 폭풍우 속에서 덜덜 떨며 간신히 서서 그 물고기를 불렀다.

"오, 바다의 마법사여!
내 말을 들어보시오;
내 인생의 골칫거리,
내 아내 앨리스가,

당신의 선물을 받아오라고 했소!"

그 물고기가 헤엄쳐서 그에게 다가왔다.

"당신의 아내는 또 무엇을 원하던가요?"

어부가 길게 탄식했다.

"오, 내 아내는 태양과 달의 주인이 되고 싶어하오."

"당신의 오막살이집으로 돌아가시오."

그 물고기가 말했다.

그래서 어부는 집으로 돌아왔고, 왕궁은 사라지고, 예전의 그 보잘 것없는 낡은 오막살이집만이 있었다. 이렇게 해서 오늘날까지도 어부와 아내는 그 오막살이집에서 살고 있다.

여우와 까마귀
The Fox and the Crow

이 솝 Aesop

자만에 빠지면 곧 후회하게 된다.

새까만 까마귀가 한 번은 고기 조각을 훔쳤다. 까마귀는 부리로 고기를 물고 날아올라 나뭇가지에 앉았다.

나무 밑의 여우는 까마귀가 물고 있는 고기가 몹시 먹고 싶었다. 그래서 나무를 올려다보며 말을 붙였다.

"너는 정말 아름답구나, 친구야! 네 깃털은 공작보다도 더 근사해."

여우는 까마귀의 눈치를 보며 말을 이었다.

"네 목소리도 네 모습만큼 아름다울까? 그렇다면, 너는 숲속의 여왕이 되고도 남을거야."

여우의 아첨에 매우 기분이 좋아진 까마귀는 자신이 노래를 얼마나 잘하는지 보여주려고 입을 벌렸다. 그 순간 고기 조각이 밑으로 떨어졌음은 물론이다.

여우는 재빨리 떨어지는 고기 조각을 나꿔채 달아났다.

개구리와 우물
The Frogs and the Well

이 솝 Aesop

신중한 사람은 뛰기 전에 주위를 살핀다.

개구리 두 마리가 늪에서 함께 살았다. 그러나 무더운 어느 여름날 늪이 말라버렸고, 눅눅한 곳을 좋아하는 개구리들은 다른 살 만한 곳을 찾아 길을 나섰다. 마침내 그들은 깊은 우물이 있는 곳에 이르렀고, 그중 한 마리가 그 속을 들여다보며 말했다.

"여기는 시원하고 아주 좋을 것 같구나. 당장 우리가 살 터를 잡자."

그러나 현명한 다른 개구리는 머리를 저으며 이렇게 말했다.

"서두르지 말게, 친구. 이 우물도 늪처럼 말라버릴지 모른다는 걸 생각해보게. 그때는 어떻게 여기서 빠져나올 수 있겠나?"

행동하기 전에 한 번 더 생각해야 한다.

소년에게 요구되는 것
Boy Wanted

프랭크 크레인 Frank Crane

이 '구인 광고'는 20세기 초에 신문에 실렸던 것이다.

이런 소년을 찾습니다.

똑바로 서고, 똑바로 앉고, 똑바로 행동하고, 똑바로 말하는 소년;

손톱이 길지 않고, 귀는 깨끗하고, 신발은 깔끔하고, 옷은 잘 손질되고, 머리는 단정하고, 이를 잘 닦는 소년;

다른 사람이 이야기할 때 잘 듣고, 이해하지 못했을 때 질문하고, 자신과 관계 없는 일이면 묻지 않는 소년;

신속하게 움직이면서도 가능한 한 조용한 소년;

거리에서 휘파람을 불지만, 조용히 있어야 하는 장소에서는 휘파람을 불지 않는 소년;

밝은 표정으로, 누구에게나 미소 짓고, 퉁명스럽게 굴지 않는 소년;

남자 어른에게 공손하고, 여자 어른과 소녀에게 정중한 소년;

담배를 피우지 않고, 또 배우려고 하지 않는 소년;

상스러운 말보다 품위 있는 말을 배우고 싶어하는 소년;

다른 소년을 놀리지 않고, 다른 소년들로부터 놀림을 당하지도 않는 소년;

모르면 '저는 모릅니다.', 실수하면 '죄송합니다.', 무엇인가 부탁받으면 '해보겠습니다.'라고 대답하는 소년;

언제나 상대방을 똑바로 보며 정직하게 말하는 소년;

좋은 책을 읽으려고 하는 소년;

여가 시간에 골방에서 도박하기보다, YMCA에서 운동하는 소년;

'약삭빠르지' 않고, 다른 사람의 시선을 끄는 데 머리를 쓰지 않는 소년;

일자리를 잃거나 퇴학당하더라도, 거짓말을 하거나 무례하게 굴지 않는 소년;

다른 소년들이 좋아하는 소년;

여자 친구들과 함께해도 불편해 하지 않는 소년;

자신의 잘못을 변명하지 않고, 항상 자신만 생각하거나, 말을 늘어

놓지 않는 소년;

어머니에게 친절하고, 어머니에게 모든 것을 이야기하는 소년;

주위 사람들을 기분 좋게 해주는 소년;

착한 척하지 않고, 잰 체하지 않으며, 위선적이지 않고 건강하며, 행복해 하고, 생기 발랄한 소년;

이런 소년은 어디에서나 원한다. 가족이 원하고, 학교에서 원하고, 일터에서 원하고, 소년들이 원하고, 소녀들이 원하고, 애완 동물들까지 잘 따른다.

동정심

C O M P A S S I O N

동 정 심 *COMPASSION*

하퍼 리의 유명한 소설 『앵무새 죽이기』에서 애티커스 핀치는 자신의 딸에게 유용한 조언을 해준다.

"너는 간단한 기술을 터득함으로써, 어떤 사람들과 함께해도 잘해 나갈 수 있을 거다. 누구든지 상대방의 관점에서 사물을 바라볼 수 없다면……; 상대방의 입장이 되기 전까지는, 결코 그 사람을 이해할 수 없는 법이다."

이 말은 동정심의 요지를 잘 드러내주고 있다. 우리가 다른 사람의 입장이 되었을 때, 그 사람을 이해하게 된다. 이러한 태도는 다른 사람의 어려움을 헤아리는 최선의 방법이기도 하다. 자기 자신에게 '내가 저 사람의 처지였다면, 나는 어땠을까?' 라고 묻는 습관을 익히게 된다면, 우리는 다른 사람들의 고통과 슬픔을 함께 나눌 수 있게 될 것이다.

다른 사람의 고통을 함께한다고? 도대체 무엇 때문에 그렇게 해야 할까?

친구가 슬픔에 빠져 있을 때, 우리는 단지 기분이 좋지 않다고 생각하는 것만으로 끝나지 않는다. 우는 것만으로 끝나지 않는다. 무엇인가 도와주고 싶어진다. 동정심은 행동이다. 눈물은 직접적인 도움만큼 동정심을 보여줄 수 없다. 아마도 동정심이란 이 장의 「사랑이 있는 곳에 신이 있다」의 내용처럼 친구와 어려움을 함께 나누는 소박한 행동이며, 「동방 박사의 선물」에서처럼 자기 희생을 포함하는 것일 수도 있다. 중요한 것은, 진정한 동정심은 무엇인가를 행함으로써 자신의 보살핌을 그에게 보여주는 것을 의미한다는 점이다.

젊은이들에게 외로움은 일반적인 문제이다. 다행스럽게도, 타인에 대한 동정심은 자신의 외로움에 대한 가장 좋은 치료약이 되기도 한다. 우리는 동정심이라는 미덕을 배움으로써, 우리 자신이 덜 자기 중심적이 되고, 점차 자의식에서 빠져나오게 됨을 깨닫게 된다.(이 장의 나르시스에 관한 이야기에서, 고립된 자기 중심적인 태도가 어떤 결과를 초래하는지 보게 될 것이다) 우리가 자신보다 다른 사람들에 대해 더 많이 생각하기 시작하면, 다른 사람을 위한 행동을 더 많이 하게 되고, 그러면 외롭다는 느낌은 사라지게 된다. 또한 다른 사람에게 먼저 동정을 베풀면, 가끔 돌려받게 된다는 것도 깨닫게 될 것이다.

모든 인생에는 불행한 시기가 있다. 누구도 그것을 피할 수 없다. 다만 우리는 다른 사람들이 불행에 처했을 때 도와주고, 그것을 극복하기를 바랄 수 있을 뿐이다. 다른 미덕들과 마찬가지로, 동정심도 훈련을 필요로 한다. 다른 사람들이 겪는 어려움 속에서 그들과 함께 일어서는 방식을 익혀야 한다. 그것은 성장의 표시일 뿐만 아니라, 인간 존재의 가치를 나타내는 것이기도 하다.

부자 왕 크레이소스
As Rich as Croesus

제임스 볼드윈 Retold by James Baldwin

그리이스의 역사가 헤로도투스가 전하는 이야기이다. 소아시아 리디아의 왕 크레이소스(B.C. 560 – 546)는 엄청난 부를 소유했던 통치자이다. 페르시아 왕 퀴러스가 그의 생명을 살려준 것은 정의로운 권력자가 보여준 자비로움의 전설적인 본보기이다. 또한 이 이야기는 돈과 권력이 행복을 가져다주지는 못한다는 중요한 교훈을 보여준다.

수천 년 전, 소아시아에 크레이소스라는 왕이 있었다. 그가 지배하는 나라는 그다지 넓지 않았으나, 백성들은 부유하고 재물이 많은 것으로 유명했다. 크레이소스 왕 자신은 세상에서 가장 부자라고 말해지고 있었으며, 그 명성이 지금까지 전해져, 매우 부유한 사람을 가리켜 '크레이소스처럼 부자다.'라고 종종 이야기한다.

크레이소스 왕은 땅, 집, 노예, 좋은 옷, 아름다운 물건 등 그를 행복하게 해줄 모든 것을 소유했다. 아무것도 부러울 것이 없고, 부족한 것도 없었다. 그는 스스로 이렇게 말하고는 했다.

"나는 이 세상에서 가장 행복한 사람이다!"

어느 해 여름, 한 위대한 자가 바다를 건너와 아시아를 여행하고 있었다. 솔론이라는 사람으로, 그리스 아테네에서 법률을 만들었다. 그는 지혜롭기로 유명해서 그가 죽은 지 수세기가 지난 지금도, 학문을 한 이에게 해당되는 최고의 찬사가 '솔론처럼 지혜롭다.'라는 표현일 정도이다.

솔론도 크레이소스 왕의 명성을 이미 알고 있었다. 어느 날, 솔론은 멋진 궁전에 살고 있는 왕을 찾아갔다. 크레이소스 왕은 몹시 행복했으며, 자부심으로 뿌듯해졌다. 최고의 현자가 자신의 손님이기 때문이었다. 그는 솔론을 인도해 궁전의 많은 방들을 직접 보여주고, 최고급 카펫과 가구, 푹신한 카우치, 그림 그리고 책들을 보여주었다. 그런 다음 밖으로 안내해 정원과 과수원, 마구 간을 보여주고, 그가 세상 곳곳으로부터 수집한 진귀하고 아름다운 물건들도 보여주었다.

저녁이 되자 이 세상에서 제일 가는 현자와 최고의 부자는 식탁을 사이에 두고 마주 앉았다.

"오, 솔론. 이 세상에서 가장 행복한 사람을 누구라고 생각하는지 얘기해주겠소?"

그는 솔론이 '크레이소스 왕이시여, 바로 당신입니다.'라고 대답해주기를 기대했다.

그 현자는 한동안 말없이 생각에 잠겨 있다가 이윽고 대답했다.

"한때 아테네에 살았던 텔리우스라는 사람의 이름이 머리에 떠오르는군요. 분명 그 사람이 이 세상에서 가장 행복한 사람입니다."

이 대답은 크레이소스 왕이 기대했던 대답이 아니었다. 그렇지만 그는 실망을 나타내 보이지 않으려고 애쓰면서 물었다.

"왜 그렇게 생각하시오?"

"텔리우스는 정직한 사람으로서 오랫동안 열심히 일하며 아이들을 잘 키우고, 훌륭한 교육을 시켰습니다. 그리고 아이들이 자기 자신을 책임질 수 있을 만큼 자라자, 그는 아테네의 군인이 되어 조국을 지키기 위해 목숨을 바쳐 용감하게 싸웠습니다. 왕께서는 그보다 더 행복한 사람을 생각하실 수 있겠습니까?"

"글쎄요."

실망한 왕은 목소리가 제대로 나오지 않는 것을 느꼈다.

"그럼 텔리우스 다음으로 행복하다고 생각하는 사람은 누구요?"

그는 솔론이 이번에는 '크레이소스 왕이시여, 당신입니다.'라고 대답하리라고 확신하고 있었다.

"제 생각으로는……."

솔론이 말했다.

"제가 알고 있는 그리이스의 두 젊은이라고 생각됩니다. 그들은 어렸을 때 아버지를 여의었고, 또한 매우 가난했습니다. 그러나 그들은 용기를 잃지 않고 병약한 어머니를 봉양하며, 집안을 일으켜 세우기 위해 부지런히 일했습니다. 해를 거듭해 오직 어머니의 평안을 위해서 말입니다. 그리고 마침내 그 어머니가 명을 달리하자, 그들의 모든 사랑을 고향인 아테네에 바쳤습니다. 죽는 날까지 고귀하게 국가에 봉사하며 살다가 일생을 마쳤습니다."

마침내 크레이소스 왕은 화가 나서 물었다.

"도대체 무슨 말이오? 당신은 나의 이 권력과 부는 아무것도 아니라는 듯이 얘기하고 있지 않소? 당신은 어째서 이 세상에서 가장 부유한 왕인 나보다 그 가난한 천민들을 더 위에 두는 것이오?"

"오, 왕이시여."

현자 솔론이 말했다.

"왕께서 돌아가시기 전에는 누구도 폐하가 행복한 사람인지, 그렇지 않은지를 얘기할 수 없는 법입니다. 어떤 불행이 덮칠지, 이 화려함이 사라지고 왕께서 어떤 비참한 처지에 놓일지 누구도 모르기 때문입니다."

그후 오랜 세월이 지나는 동안, 소아시아에 퀴러스라는 왕이 나타났다. 강력한 군대의 우두머리로서 그는 주변 나라들을 정복하고, 그가 건설한 대제국인 바빌론의 속국으로 삼았다. 크레이소스 왕과 그의 엄청난 재물도 막강한 군사들의 상대가 되지 못했다. 그는 최선을 다해 저항했지만, 마침내 그의 도시 국가는 점령당하기에 이르렀다. 아름다운 궁전은 불타오르고, 보물은 약탈당했으며, 과수원과 정원은 파괴되고, 그 자신은 포로가 되었다.

"이 크레이소스라는 자는 완강했다."

퀴러스 왕이 말했다.

"그 때문에 우리에게 막대한 손실을 가져왔고, 많은 용감한 병사를 잃게 되었다. 그를 끌고 가서 다른 왕들에게 우리의 길을 가로막으면 어떻게 되는가를 보여주어라!"

병사들은 그를 거칠게 시장으로 끌고 갔다. 한때 아름다웠으나 이제 폐허가 되어버린 그의 궁전에서 골라온 나무로 단을 쌓아올렸다. 그러고 나서 그 불행한 왕을 단 위에 세워놓고, 횃불로 불을 붙일 참이었다.

"자, 이제 즐거운 불꽃놀이를 시작하자."

거친 병사들이 소리쳤다.

"온갖 재물을 아무리 쌓아놓은들, 이 순간 무슨 소용이냐?"

가련한 크레이소스 왕은 온몸에 멍이 든 채 피를 흘리며 장작더미 위에 세워졌지만, 누구 한 사람 그를 위로해주지 않았다. 그때 그는 몇 년 전에 그를 찾아왔던 솔론의 말을 떠올렸다.

'왕께서 돌아가시기 전에는 누구도 폐하가 행복한 사람인지, 그렇지 않은지를 얘기할 수 없는 법입니다.'

그는 그 말을 떠올리며 신음 소리를 냈다.

"오, 솔론! 오, 솔론!"

바로 그 순간 우연히 그 앞을 지나가던 퀴러스 왕이 그 신음 소리를 듣게 되었다.

"그가 무어라 하느냐?"

퀴러스 왕이 병사들에게 물었다.

"'솔론'이라고 중얼거립니다."

한 병사가 대답했다. 그러자 퀴러스 왕이 크레이소스에게 다가가서 물었다.

"솔론이라는 이름을 그토록 애타게 부르는 이유가 무언가?"

처음에 크레이소스는 아무 대답도 하지 않았다. 그러나 퀴러스 왕이 친절한 태도로 다시 묻자, 언젠가 솔론이 그를 찾아왔을 때 해주었던 이야기를 자세히 들려주었다.

그 이야기는 퀴러스 왕에게 깊은 감동을 주었다. 그리고 '어떤 불행이 당신을 덮칠지, 화려함 대신에 당신이 어떤 비참함에 처하게 될지 모른다.'라는 말의 의미를 깊이 생각해보고, 또 그 자신이 권력을 잃게 되어 적에게 포로로 잡혔을 때를 떠올려보게 되었다.

"인간은 재앙에 처한 사람들에게 자비롭고 관대해져야 하지 않을까? 다른 사람들이 앞으로 나에게 해주기를 바라는 대로, 나도 그런 태도로 크레이소스를 대하겠다."

그는 크레이소스를 풀어줄 것을 명령했다. 그 후 크레이소스를 자신의 소중한 친구로 대접했다.

에코와 나르시스
Echo and Narcissus

토마스 불핀치 Retold by Thomas Bulfinch

그리이스 신화에 나오는 강의 신 케피시스와 님프 레리오프의 아들인 나르시스는 매우 아름다운 용모의 젊은이였다. 그의 허영심과 매정함은 그의 이름을 강렬한 자기 도취와 연결시켰으며, 우리는 이 이야기로부터 스스로 도취된 사람은 마침내 외톨이가 되어버릴 수도 있음을 보게 된다.

에코(메아리)는 숲과 산을 좋아하는 아름다운 요정이었다. 그녀는 자신을 아껴주는 달의 여신 다이아나를 따라다녔다. 에코에게는 한 가지 결점이 있었다. 말하는 것을 좋아해 잡담을 할 때나 논쟁을 벌일 때, 상대방의 마지막 말을 되풀이한다는 점이었다.

어느 날 결혼의 여신 주노가 남편을 찾아나섰다. 남편이 요정들에게 둘러싸여 있으리라는 것을 어렵지 않게 짐작할 수 있던 터였으므로 몹시 화가 난 상태였다. 에코는 주노에게 말을 걸어 요정들이 도망갈 시간을 만들어주었다. 나중에 이 사실을 알게 된 주노는 에코에게 벌을 내렸다.

"나를 속이는 데 사용한 네 혀를 몰수한다. 다만 네가 그토록 좋아하던 *마지막 말*을 반복하던 능력만은 그대로 남겨두겠다. 앞으로 너는 마지막 말은 할 수 있어도 먼저 말할 수는 없을 것이다."

이 요정이 아름다운 젊은이 나르시스가 산속을 뛰어다니는 것을 보게 되었다. 그 모습에 반한 에코는 그의 뒤를 좇아 따라다녔다. 그녀는 부드럽게 다가가 말을 걸어보고 싶었고, 그의 시선을 붙잡고 싶었다. 그러나 그녀에게 그 일은 불가능했다. 그녀는 그가 먼저 말을 해주길 기다렸다. 대답할 준비를 하고서. 그러던 어느 날 그 젊은이가 동료들과 떨어진 것을 깨닫고 소리쳤다.

"거기 누구 없니?"

"없니?"

에코가 대답했다.

나르시스는 주위를 둘러보았지만, 아무도 보이지 않자 다시 소리쳤다.

"이리 와."

에코가 대답했다.

"이리 와."

그래도 아무도 나타나지 않자 나르시스는 다시 소리쳤다.

"왜 나를 피하는거야?"

에코도 똑같이 대답했다.

"여기서 만나자."

에코는 온 힘을 다해 똑같은 말을 반복한 다음, 망설이며 그에게로 다가가서 두 팔로 그의 목을 끌어안으려고 했다. 그는 깜짝 놀라 뒤로 물러나며 소리쳤다.

"손 치워! 너 따위와 이러느니 차라리 죽어버리겠어!"

"죽어버리겠어!"

그녀도 말했다. 하지만 모두 헛된 일이었다. 그는 그녀를 버리고 떠났고, 수치심으로 얼굴이 붉어진 그녀는 숲속 외진 곳에 몸을 숨겼다. 그때부터 그녀는 동굴과 산의 절벽들 사이에서 살았다. 슬픔 때문에 그녀는 점점 수척해져갔다. 마침내 살은 사라지고, 뼈는 바위로 변해버렸다. 남아 있는 것이라고는 오직 목소리밖에 없었다. 그 목소리로 지금까지도 누구든지 그녀를 부르면 즉시 대답해준다. 그리고 마지막 말을 반복하는 습관도 여전히 그대로이다.

나르시스의 매정함은 에코를 대할 때만이 아니었다. 그는 가련한 에코 요정에게 했던 것처럼, 다른 모든 요정도 피했다. 어느 날 그의 시선을 끌려다가 헛수고만 한 한 요정이 기도를 했다. 그도 언젠가 사랑이라는 것을 하게 해달라고. 그리고 사랑을 받을 수 없을 때의 마음이 어떤 것인지 알게 해달라고. 그리고 복수의 여신이 그 기도를 듣고 응답해주었다.

수정처럼 맑은 샘이 있었다. 목동들은 결코 그곳에 양떼를 데려오지 않았고, 산양을 비롯해 숲속의 모든 동물이 가까이 가지 않는 샘이었다. 그 샘은 나뭇잎이나 부러진 나뭇가지로 흐려지는 법도 없었다. 둘레에 풀들이 신선하게 자랐으며, 바위가 그늘을 만들어주었다. 어느 날 그 젊은이는 사냥을 하느라 땀에 젖고, 피곤해진 몸을 이끌고 그곳에 나타났다. 그는 갈증을 느끼며 물을 마시기 위해 허리를 굽혔다. 그 순간 물에 비친 자신의 얼굴을 보았다. 그는 샘 속에 아름다운 정령이 살고 있다고 생각했다. 그리고 반짝이는 눈과 바커스 혹은 아폴론처럼 곱슬곱슬한 머리칼, 탐스러운 뺨, 상아빛 목, 윤곽이 뚜렷한 입술 그리고 젊음이 넘치는 아름다운 모습을 응시했다. 그는 자신과 사랑에 빠졌다. 그는 키스를 하려고 입술을 가까이 대고, 사랑하게 된 그 형상을 끌어안으려고 두 손을 물 속에 집어넣었다. 순간 그 형상이 사라져버렸다. 그러나 잠시 후 다시 나타나 그를 매혹시켰다. 그는 그곳에서 돌아설 수가 없었다. 음식을 먹어야 한다는 것도, 쉬어야 한다는 것도 잊고 물에 비친 자신의 형상을 바라보며 샘가를 맴돌았다. 그러면서 정령이라고 생각하는 그 형상을 향해 이렇게 말했다.

"오, 아름다운 정령이여, 왜 나를 피하시나요? 내 얼굴에 반감을 느끼지는 않았을 테죠. 요정들은 나를 사랑했는 걸요. 당신도 나에 대해 냉담해 보이지는 않아요. 내가 당신을 향해 팔을 뻗으면 당신도 팔을 뻗고, 나를 향해 미소 지어 보이고, 내 손짓에 같은 손짓으로 응답해 주었죠."

그의 눈물이 수면에 떨어져, 그의 형상이 흐트러졌다. 그는 흔들리는 형상을 향해 소리쳤다.

"제발 그대로 있어줘요! 당신을 만질 수 없다면, 적어도 볼 수만은 있게 해줘요."

이처럼 그는 타오르는 불길에 자신을 내던져버려, 안색은 창백해지고, 활기도 잃어버렸으며, 한때 에코를 매료시켰던 아름다움을 잃어갔다. 그래도 그녀는 그의 곁에 있으면서, 그가 '아아! 아아!' 하고 탄식을 터뜨릴 때마다 그녀도 똑같이 탄식했다. 그는 야위어가다가 마침내 죽고 말았다. 그의 영혼은 저승의 강을 건널 때 뱃전에 기대 자신의 모습을 보았다. 요정들은 그의 처지를 안타까워했다. 특히 강의 요정들은 더욱더 슬퍼했고, 그들이 가슴을 칠 때면, 에코 요정도 자신의 가슴을 쳤다. 그들은 장례를 지내기 위해 장작을 쌓아놓고 그의 시체를 태우고자 했다. 그러나 그의 시체는 사라지고 보이지 않았다. 그 대신 그의 시체가 놓여 있던 곳에 속은 보라색이고, 겉은 흰 꽃잎으로 둘러싸인 꽃이 피어났다. 나르시스를 기억하도록 그의 이름을 그대로 붙여준 꽃 수선화였다.

전쟁터의 천사
The Angel of the Battlefield

조안나 스트롱과 톰 B. 레너드

Joanna Strong and Tom B. Leonard

클라라 바튼(1821 – 1912)은 미국 남북전쟁 때 부상자들을 돌보는 활동을 벌여 전쟁터의 천사로 일컬어졌다. 그녀는 미국 적십자사의 창시자로서 박애주의 운동의 위대한 선구자들 중의 한 사람이다.

찌르는 듯한 통증이 잠시 누그러졌을 때, 잭 깁스는 다시 생각했다. "나는 절대로 집에 돌아갈 수 없을거야."
그는 신음 소리를 냈다.
"이런 몸으로는 돌아갈 수 없어."
차가운 자갈밭에 누워 있는 그는 조금이라도 편안한 자세가 되기 위해 살짝 몸을 비틀었다. 그러나 몸을 움직이자 다시 따뜻한 피가 흘러내리는 것을 느낄 수 있었다. 그 순간 그는 목숨이라도 부지하려면 그대로 가만히 있어야 한다는 사실을 깨달았다.
"그들이 나를 마차에 실어 후방에 있는 병원으로 후송할 쯤이면, 이미 피를 많이 흘린 탓에 죽거나, 썩어 문드러진 내 다리를 절단할거야. 그러면 나는 수에게 어떤 남편이 되는 거지? 다리가 한쪽뿐인 남편?"
검은 구름이 그를 덮쳤고, 그는 곧 의식을 잃어버렸다.
다시 눈을 떴을 때, 그는 자신이 죽어서 하늘 나라에 와 있는 것이 분명하다고 생각했다. 한 여인이 그를 굽어보고 있었다. 남북전쟁의 전쟁터에서는 그런 일이 있을 수 없다. 여자는 전쟁터에 들어올 수 없다. 아니, 어떤 여자가 전쟁터에 들어오고 싶어하겠는가? *여자가 전쟁터에 들어오는 것은 허락되지 않은 일 아닌가!*
그러나 그 전쟁터에 여자가 있었다. 그 여자의 이름은 클라라 바튼이었다.

군인 두 명의 도움을 받아 그녀는 마차에서 내려 들것에 잭을 옮겨 실었다. 그리고 가방에서 장비를 꺼내 상처를 치료한 다음 붕대로 감아주었다. 그에게 진통제를 주었고, 그는 힘없이 그것을 받아 먹었다. 그러자 군인 몇 사람이 그를 조잡해 보이는 앰뷸런스에 실었다.

클라라 바튼은 하루 종일 이런 일들을 했다. 수백 명의 부상병을 구조하여 그들의 두려움을 달래주고, 통증을 누그러뜨려주고, 상처를 치료해주었다.

그 끔찍한 전쟁이 시작된 이후, 클라라 바튼은 줄곧 전선에서 부상당한 병사들을 걱정해왔다. 그녀는 부상병들이 전투가 끝날 때까지 전쟁터에 그대로 방치된다는 것을 알고 있었다. 전투가 끝난 다음에라야 일괄적으로 전선에서 먼 병원으로 후송된다는 것을 알고 있었다. 그때까지 그들이 살아 있다고 해도, 덜컹거리는 마차에 실려 병원으로 이송되는 동안에 아무 치료도 받지 못한 상처는 더욱 악화된다는 것 역시 알고 있었다. 그리고 많은 부상자들이 도중에 피를 너무 많이 흘려서 병원에 닿기도 전에 죽고 만다는 것을 알고 있었다.

그런 상황을 알게 된 이후 가슴 아파하던 그녀는 부상병을 바로 전쟁터에서 응급 처치한 후 후송하기로 결심하게 되었다. 먼저 그녀는 덮개 있는 마차를 마련하고 의약품과 응급 처치용 도구들을 채웠다. 그런 다음 장군을 찾아갔다. 그녀는 호리호리하고 체격도 작은 여인이었다. 장군이 보기에 그녀는 전쟁터로 보낼 만한 그런 인물이 아니었다. 사실, 그녀의 생각은 그를 겁나게 했다.

"미스 바튼."

장군이 말했다.

"불가능한 요청입니다."

"하지만 장군님."

그녀는 뜻을 굽히지 않았다.

"어째서 불가능하다고 하시죠? 직접 마차를 몰고 다니며, 병사들에게 제가 도울 수 있는 데까지 돕겠어요."

장군은 머리를 저었다.

"전쟁터는 여자가 갈 만한 곳이 아닙니다. 당신은 그 험한 생활을 견뎌낼 수 없을 거요. 또한 부상병들을 위해서 우리도 할 수 있는 일은 모두 하고 있소. 누구도 더 이상의 일은 할 수 없을 것이오."

"나는 할 수 있어요."

클라라 바튼이 선언하듯 말했다. 그리고 마치 장군의 집무실에 방금 들어왔다는 듯이 장군에게 전쟁터에서의 응급 처치 계획을 처음부터 다시 설명했다.

이러한 면접은 되풀이되었고, 그때마다 거절당했지만 그녀는 물러서지 않았다. 마침내 사령관이 손을 들었고, 클라라 바튼은 전선 통행증을 얻어냈다.

남북전쟁이 계속되는 동안 그녀는 쉬지 않고, 자신이 할 수 있는 모든 일을 다했다. 한번은 휴식이 부족한 상태에서 내리 5일 밤낮을 일하기도 했다. 그녀의 이름은 전선에서 통행증이 되어주었고, 모두들 그녀에게 사랑과 감사를 표했다.

정부는 그녀의 실제 성과를 지켜보면서, 점차 그녀의 일에 협조하게 되었다. 군대는 더 많은 마차와 운전병을 지원해주었다. 더욱 많은 의약품을 지원해주기도 했다. 그럼에도 불구하고 용기 있는 미스 바튼에게는 격렬한 전쟁터의 일은 더할 수 없이 어려운 도전이었다.

전쟁이 끝났을 때, 사람들은 클라라 바튼이 당연히 휴식을 갖으리라고 예상했다. 그러나 그녀는 남편과 아버지, 형제의 생사를 몰라 고통받는 불행한 사람들을 생각하며 괴로워했다. 그리고 실종 군인들에 관한 소식을 가족에게 전달해주기로 결심하고, 오랫동안 이 일을 수행했다.

그녀는 경험으로 전쟁이 무엇인지 알았던 것이다. 전장의 군인들과 후방에 남은 가족들에게 전쟁이 어떤 것인지 알고 있었다. 그리고 스위스의 장 앙리 뒤낭이 전쟁에 참가한 군인들을 돕기 위한 계획을 세우고 있다는 소식을 듣자, 즉시 스위스로 달려가 그를 도왔다. 뒤낭은 적십자를 창설했고, 이 조직의 회원들은 눈에 띄기 쉽도록 흰색 바탕에 빨간 십자가가 그려진 옷을 입었다. 또한 그들은 국적과 인종, 종교를 초월해 모든 병사를 도울 수 있도록 전선에의 출입이 허락되었다.

또 하나의 생각에 클라라 바튼은 고무되었다. 미국으로 돌아온 그녀는 미국 정부에 전시의 군인들을 돕는 조직체인 국제 적십자에 지원금과 보급품을 제공하는 가입국이 될 것을 설득했던 것이다.

나아가 클라라 바튼은 원대한 적십자의 활동 계획으로서 또 다른 아이디어를 제안했다. 미국 수정안이 그것이다.

"지진, 홍수, 산불, 전염병, 회오리바람 등 인류를 덮치는 다른 많은 종류의 재해가 일어나고 있습니다. 갑작스럽게 닥치는 이러한 천재지변은 무수한 사상자를 발생시키고, 수많은 사람의 집을 빼앗아가며, 그들을 굶주림 속으로 몰아넣습니다. 적십자는 이러한 모든 재난의 피해자들에게도 도움의 손길을 보내야 합니다."

오늘날 국제 적십자사는 전세계 수백만 명에게 도움을 주고 있다. 이것은 클라라 바튼의 위대한 생각으로부터 비롯된 활동의 결과이다. 그녀의 위대한 용기와 사랑 그리고 박애정신은 영원히 존경받을 것이다.

동방 박사의 선물
The Gift of the Magi

오 헨리 O. Henry

오 헨리로 더 잘 알려진 윌리엄 시드니 포터(1862 - 1910)는 우리에게 애정 어린 동정은 가끔 우리를 바보 같은 행동으로 이끈다는 것을 보여준다. 그러나 이지적인 관점에서 보면 바보 같은 행동이 감성적으로는 현명한 것인지도 모른다. 이 단편은 그가 1905년에 쓴 작품이다.

1달러 87센트. 그것이 전부였다. 그중 60센트는 동전이었다. 식품점에서, 야채 가게에서, 정육점에서 무언의 모욕적인 시선을 느끼고 뺨이 붉어지면서도 한 푼 두 푼 막무가내로 깎아가며 모은 돈이었다. 델라는 세 번이나 돈을 세어보았다. 1달러 87센트. 그리고 다음날은 크리스마스였다.

할 수 있는 일이라고는 초라한 소파에 털썩 주저앉아 훌쩍이는 것이 전부였다. 그녀는 그렇게 했다. 그러자 인생은 흐느낌과 훌쩍거림, 미소, 이 세 가지로 이루어져 있으며, 그중에서 훌쩍거림이 가장 큰 힘을 가졌다는 이야기가 떠올랐다.

그 집의 안주인은 훌쩍임이 차츰 가라앉자, 집 안을 한 번 둘러보았다. 임대료가 주당 8달러인 가구 달린 아파트. 엄밀하게 말하자면 거지 수준은 아니었다. 그렇지만 언뜻 보면 거지 소굴 같아 보였다.

아래층 현관에는 편지 한 통 들어 있지 않은 우편함이 있고, 용감한 손가락이 아니라면 종을 울릴 수 없는 전기 초인종 버튼이 있었다. 그리고 거기에 '미스터 딜링험 제임스 영 귀하'라는 이름이 씌어 있는 카드가 배달되기도 했다.

그 카드는 딜링험이 주급 30달러를 받으며 잘 나가던 시기에는 불어오는 산들바람에 자랑스럽게 펄럭였다. 그러나 주급 20달러로 줄어든 지금 '딜링험'이라는 이름 그 자체가 소박하고 겸손한 딜링험과 계약했다는 점을 심각하게 고려하고 있다는 듯이, 카드의 '딜링험'이라는 글씨는 흐릿해보이기까지 했다. 그러나 미스터 제임스 딜링험 영이 퇴근해 그의 아파트에 들어서면, 앞에서 델라라고 소개했던 그의 아내 제임스 딜링험 영 부인은 그를 '짐'이라고 부르며 반갑게 끌어안아주었다. 몹시 행복한 순간이었다.

델라는 울음을 그치고 수건으로 뺨에 흘러내린 눈물을 닦았다. 그리고 창가에 서서 회색빛 뜰에서 회색 담장을 따라 움직이는 회색 고양이를 멍하니 바라보았다. 내일은 크리스마스이고, 짐에게 선물을 사줄 수 있는 돈은 겨우 1달러 87센트가 전부였다. 몇 달 동안에 걸쳐 기회 있을 때마다 한 푼 두 푼 모았었다. 주당 20달러는 오래가지 못했다. 생활비는 그녀가 예상했던 것보다 훨씬 더 들었다. 항상 그런 식이다. 짐의 선물을 사기 위한 돈은 1달러 87센트가 전부이다. 그녀는 짐에게 좋은 선물을 해야겠다는 생각을 하며 행복한 시간을 보낼 수 있었다. 귀하고 소중하고 값진 것—짐이 자랑스러워할 만한 가치가 있는 선물.

방의 창문 사이에 벽거울이 설치되어 있었다. 어쩌면 여러분 중 누군가는 주당 임대료 8달러짜리 아파트의 벽거울을 보았을지 모르지만, 매우 호리호리하고 민첩한 사람이라야만 옆으로 움직이며 연속적으로 비치는 모습을 보고 자신의 정확한 모습을 짐작할 수 있는 그런 거울이었다. 델라는 호리호리했고, 또 이미 그 기술을 충분히 익히고 있었다.

그녀가 갑자기 창문으로부터 몸을 돌리고 그 거울 앞에 섰다. 그녀의 눈은 반짝였다. 그러나 20초도 지나지 않아 얼굴은 창백해졌다. 그녀는 재빨리 머리를 풀어 길게 늘어뜨렸다.

제임스 딜링험 영 부부에게는 두 사람 모두 자랑스러워하는 두 가지가 있었다.

하나는 짐의 할아버지로부터 아버지를 거쳐 그에게로 상속된 금시계였고, 다른 하나는 델라의 머리카락이었다. 통풍구 건너편 아파트에 시바의 여왕이 살았더라면, 어느 날 델라가 창 밖으로 머리를 늘어뜨리고 말릴 때, 자신의 어떤 보석보다도 그 어떤 선물보다도 훌륭한 것이라며 부러워할 것이다. 또한 짐은 보물을 모두 지하실에 쌓아놓은 솔로몬의 문지기가 수염을 쓰다듬듯이 사람들이 지나갈 때마다 그 시계를 꺼내 보았을 것이다.

델라의 아름다운 머리카락은 갈색의 폭포수처럼 반짝이며 그녀의 몸을 감싸듯 떨어져내렸다. 무릎까지 흘러내리는 머리카락은 그녀의 몸을 감싸주는 옷 같았다. 잠시 후 그녀는 조심스럽고 재빠르게 머리를 빗어올려 묶었다. 한순간 모든 움직임을 멈춘 채 서 있었고, 이윽고 그녀의 눈에 눈물 한 방울이 맺혔다가, 낡은 빨간색 카펫 위로 떨어졌다.

낡은 갈색 재킷을 걸치고, 낡은 갈색 스카프를 쓰고, 출렁이는 스커트를 입은 그녀는, 반짝이는 눈물이 고인 채 문을 열고 계단을 내려와 거리로 나섰다.

델라가 걸음을 멈춘 곳은 '마담 소프로니, 머리 상품 일체 취급'이라고 씌어 있는 간판 밑에서였다. 계단을 올라간 그녀는 가쁜 숨을 몰아 쉬었다. 뚱뚱하고 피부색은 너무 흰 데다 차갑고 굳은 표정의 마담은, 소프로니라는 이름과는 달리 부드러움이라고는 전혀 느낄 수 없는 인물이었다.

"제 머리카락을 사시겠어요?"

델라가 물었다.

"그러죠."

마담이 말했다.

"모자를 벗고, 머리를 풀어서 보여주세요."

갈색의 폭포수가 출렁거렸다.

"20달러 주겠어요."

마담은 익숙해진 손으로 가위를 들어올리며 말했다.

"빨리해주세요."

델라가 말했다.

아, 그 후 2시간 동안 장미빛 날개를 달고 날아다녔다. 몰골 사나워진 머리는 잊은 채, 짐에게 줄 선물을 고르기 위해 이곳저곳 가게를 뒤지고 다녔다.

마침내 찾아냈다. 다른 누구도 아닌, 오직 짐을 위해 만들어진 것 같은 물건이었다. 다른 어떤 가게에도 그런 물건은 없었다. 그녀는 그것을 뒤집어 속까지 자세히 살펴보았다. 모든 품위 있는 물건들이 그렇듯, 저속한 장식에 의해서가 아니라 재질만으로 충분히 그 가치를 알 수 있는 백금 시계 줄이었다. 그 시계의 소중함과 걸맞는 것이기도 했다. 그녀는 그것을 보는 순간 그것이 바로 짐의 것이라는 것을 알았다. 그것은 짐과 비슷했다. 조용함과 소중함—그것은 짐과 그 시계 줄에 적합한 표현이었다. 시계 줄에 21달러를 지불하고, 그녀는 나머지 87센트를 갖고 서둘러 집으로 돌아왔다. 시계에 그 시계 줄을 달면 짐은 어떤 사람 앞에서도 당당하게 시계를 꺼내 볼 수 있을 것이다. 그 시계는 훌륭한 것이었지만, 짐은 가끔 시간을 볼 때면 원래의 시계 줄 대신 달려 있는 낡은 가죽 시계 줄 때문에 부끄러워하는 모습을 보였던 것이다.

집으로 돌아오자 델라는 어느 정도 흥분을 가라앉히고 신중하고 이지적인 태도를 찾았다. 그리고 헤어 아이론을 꺼내 불에 달궈 사랑을 위해 짧아진 머리를 손질하기 시작했다. 그것은 언제나 번거로운 일이다.

40분쯤 지나자 그녀의 머리는 짧고 동그랗게 말린 머리카락들로 덮이게 되었다. 장난꾸러기 소년들과 아주 비슷한 모습이었다. 그녀는 오랫동안 거울에 비친 자신의 모습을 찬찬히 뜯어보았다.

"만약에 짐이 돌아와 화를 내지 않고 내 모습을 본다면……."

그녀는 혼자서 중얼거렸다.

"나를 코니 아일랜드 합창단 여자 같다고 하겠지. 어쩔 수 없었어. 1달러 87센트로는 아무것도 할 수 없었잖아."

7시, 커피가 준비되었고, 스토브 위의 프라이팬은 즉시 고기 요리를 할 수 있도록 준비가 되어 있었다.

짐은 늦는 법이 없었다. 델라는 시계 줄을 다시 한번 쥐어보고, 그가 들어오는 문 가까운 탁자에 걸터앉았다. 그가 1층 층계참을 올라오는 발자국 소리가 들려왔고, 순간 그녀는 안색이 창백해졌다. 그녀는 일상적인 일에 대해 짧게 무언의 기도를 드리는 습관이 있었다. 그녀는 나지막하게 기도했다.

"신이여, 제발 그 사람이 아직도 저를 아름답다고 생각하도록 해주세요."

문이 열리고 짐이 들어온 다음 다시 닫혔다. 그는 아주 여위고, 초췌해 보이는 모습이었다. 가련한 사람, 이제 겨우 스물두 살인데—가족이라는 짐을 떠안고 있다. 그에게는 새 오버코트와 장갑이 필요하다.

집 안으로 들어온 짐은 메추라기 냄새를 맡은 사냥개처럼 그 자리에 굳어버렸다. 그의 시선은 델라에게서 떨어질 줄 몰랐다. 그리고 그의 얼굴에 그녀로서는 이해할 수 없는 표정이 떠올랐고, 그 점은 그녀를 겁에 질리게 했다. 분노도 놀라움도 불만도 두려움도 아니었다. 그녀가 예상했던 그 어떤 감정도 아니었다. 그는 이해할 수 없는 표정을 지은 채 그녀를 뚫어지게 바라볼 뿐이었다.

델라는 테이블에서 일어나 그에게로 갔다.

"짐. 그런 눈으로 보지 말아요. 당신에게 크리스마스 선물을 주지 않고 크리스마스를 보내고 싶지 않았기 때문에 머리를 잘라서 팔지 않을 수 없었어요. 머리는 곧 자랄 거예요. 내 머리 때문에 상심한 것은 아니죠? 나는 그렇게라도 해야만 했어요. 내 머리는 아주 빨리 자라는 편이잖아요. '메리 크리스마스!' 라고 인사해주세요, 짐. 그리고 즐거워해주세요. 내가 당신을 위해 얼마나 멋지고, 아름다운 선물을 준비했는지 알아요?"

그녀가 울먹이며 말했다.

"머리를 잘랐다고?"

짐은 애를 써보지만 미처 현실로 돌아오지 못한 것 같은 태도로 말했다.

"잘라서 팔았어요."

델라가 말했다.

"그래도 변함없이 나를 사랑하죠? 머리가 없더라도 나는 그대로예요, 안 그런가요?"

짐은 호기심에 가득 찬 눈으로 집 안을 돌아보았다.

"당신 머리가 짧아졌다는 거지?"

그는 마치 바보가 된 것처럼 멍한 표정으로 물었다.

"그렇게 보지 말아요."

델라가 말했다.

"잘라서 팔았다고 했잖아요. 하지만 오늘은 크리스마스 이브니까, 나에게 잘해주셔야 해요. 당신을 위해 잘라버렸으니까요. 어쩌면 남아 있는 머리를 헤아려볼 수 있을지도 모르겠군요."

그녀는 갑자기 진지하면서도 상냥한 표정을 지었다.

"하지만 그 누구도 당신을 향한 내 사랑을 헤아릴 수는 없을 거예요. 식사를 준비할까요, 짐?"

얼이 빠진 듯 서 있던 짐은 갑자기 제정신을 차리는 것 같았다. 그리고 델라를 와락 끌어안았다. 거의 10초 동안 그들은 서로 다른 방향으로 시선이 닿는 곳을 물끄러미 바라보고 있었다. 주당 8달러 혹은 1년에 1백만 달러—그것의 차이가 무엇이란 말인가? 수학자나 재담가는 엉뚱한 대답을 할지 모른다. 동방 박사들은 값진 선물을 했다.

하지만 그들 사이에 그런 것은 없었다. 이 암울한 추측은 곧 밝혀지게 될 것이다.

짐은 낡은 오버코트 주머니에서 조그만 상자를 꺼내 탁자에 내려놓았다.

"나를 오해하지 마, 델라."

그가 말했다.

"나는 머리를 자르거나 면도를 해버리거나 혹은 샴푸를 한다고 해서 내 아내를 덜 사랑하지는 않아. 그렇지만 이 상자를 풀어보면, 조금 전에 내가 왜 그랬는지 이해할 수 있을거야."

흰 손가락으로 끈을 풀고, 포장지를 벗겼다. 그리고 기쁨에 가득찬 탄성이 터졌다. 그런 다음, 아! 하는 탄성은 즉시 남편의 위로가 필요한, 여자 특유의 폭발적인 눈물과 울음으로 변했다.

그 상자 안에는 빗핀—머리 옆과 뒤에 꽂는 한 세트의 빗핀이 들어 있었다. 델라가 브로드웨이의 한 가게 진열장을 들여다보며 감탄스러워하던 바로 그 빗핀. 사라져버린 아름다운 머리를 장식할 수 있는, 가장자리를 따라 보석이 박힌 진짜 거북이 등껍질로 만들어진 아름다운 빗핀. 아주 비싼 빗핀이었다. 그 점을 알고 있었으므로 갖고 싶다는 생각은 전혀 못하고 단지 감탄해 마지 않았었다. 그런데 지금 그 핀이 자신의 소유가 된 것이다. 하지만 그토록 갈망하던 핀으로 장식할 긴 머리는 사라져버렸다.

그러나 그녀는 그것을 가슴에 끌어안았다. 마침내 눈물이 고인 눈으로 그것을 바라보게 된 그녀는 미소를 지으며 이렇게 말했다.

"내 머리는 정말 빨리 자라잖아요, 짐!"

그 다음 그녀는 불에 덴 고양이처럼 팔짝 뛰며 소리쳤다.

"오, 오!"

짐은 아직 멋진 선물을 보지 못했다. 그녀는 선물을 든 손바닥을 자랑스러운 태도로 그를 향해 내밀었다. 아주 단순하고 값진 그 금속은 그녀의 활기와 불타는 마음의 빛을 받아 반짝이는 것 같았다.

"멋지지 않아요, 짐? 온 도시를 뒤져 찾아낸 거예요. 이제는 하루에 백 번씩 시계를 보고싶을 테죠. 당신 시계를 이리 주세요. 얼마나 잘 어울리는지 보고 싶어요."

그 말을 뒤로 한 채, 짐은 소파에 앉아 두 손으로 머리 뒤쪽을 고이고 미소 지었다.

"델라."

그가 말했다.

"우리의 크리스마스 선물은 잠시 보관해두기로 하지. 받자마자 바로 사용하기에는 너무 좋은 선물이잖아. 나는 당신에게 빗핀을 사줄 돈을 마련하느라 시계를 팔아버렸어. 이제 음식을 준비해야 될 것 같은데."

우리가 잘 아는 대로 동방 박사들은 현명한—놀라울 정도로 현명한 사람들로서, 마구간의 아기 예수에게 선물을 가져다주었다. 그들이 크리스마스 선물을 주는 것을 생각해낸 것이다. 현명한 만큼 그들의 선물 또한 현명한 것들이었음에 틀림없다. 중복되는 경우를 대비해, 교환하는 특권을 가졌을 가능성도 있다. 그런데 나는 지금까지 어리석게도 서로를 위해 자신에게 가장 소중한 것을 희생한, 가난하고 어리석지만 사랑하는 두 사람의 이야기를 보잘것없는 솜씨로 독자에게 소개했다. 이제 마지막으로, 오늘날 선물을 주고받는 사람들 중에서 그들 두 사람이야말로 가장 현명한 사람들이라고 말하고 싶다. 어디에 있든지 그들은 가장 현명한 사람들이다. 그들이 바로 동방 박사인 것이다.

사랑이 있는 곳에 신이 있다
Where Love Is, God Is

레오 톨스토이 Leo Tolstoy

복음을 실천하는 착한 사람이 있었다. 소박한 매력을 지닌 이 이야기는 기독교 민담을 재구성한 것이며, 톨스토이(1828 –1910)의 작품들 중에서도 사랑받는 작품으로 남아 있다.

러시아의 작은 마을에 마틴 아베데이치라는 구두 수선공이 살고 있었다. 그는 거리를 향해 단 한 개의 창이 있는 지하 방에서 살았다. 그 창으로 내다보면 지나다니는 사람들의 구두만 보일 뿐이었다. 마틴 아베데이치는 신발만 보고서도 누구인지를 알 수 있었다. 그는 그곳에 산 지 오래되었으며, 많은 사람을 알고 있었다. 그의 이웃들 중에서 한두 번 그의 손이 닿지 않은 구두를 신고 있는 사람은 거의 없었던 것이다. 그래서 창문을 통해서 자신의 손이 갔던 구두를 종종 볼 수 있었다. 그가 밑창을 갈아준 것도 있었고, 꿰매준 것, 심지어 가죽을 새것으로 바꿔준 것도 있었다. 그는 좋은 재료를 썼으며 솜씨 좋고 약속을 정확히 지켰다. 수선 비용도 많이 받는 편이 아니어서 일감이 많았다. 그는 손님이 요구하는 날짜에 맞출 수 없을 것 같으면 수선을 맡지 않았던 것이다. 부탁한 날짜를 맞출 수 없음을 사실대로 이야기하고, 거짓 약속을 하지 않았다. 덕분에 그의 평판은 좋았고, 일감은 끊이지 않았다.

그는 언제나 변함없이 선한 사람이었다. 나이가 들면서부터 그는 영혼에 관해 그리고 신에게 가까이 다가간다는 것에 관해 생각해보는 경우가 많아졌다.

그때부터 마틴의 일상은 달라지기 시작했다. 평화롭고 기쁨에 찬 인생으로 변해갔다. 오전이면 일을 시작하고, 하루의 일이 끝나면 벽에서 램프를 떼어내 탁자에 올려놓았다. 그리고 선반에서 성경을 꺼내 펼쳐놓고 읽기 시작했다. 여러 번 읽을수록 그 구절들은 마음에 깊은 울림을 주었고, 거기에서 그는 보다 더 많은 행복과 마음이 깨끗해지는 것을 느꼈다.

한 번은 마틴이 늦게까지 성경에 빠져 있을 때였다. 누가복음을 읽던 중 제6장에서 다음과 같은 구절을 발견했다:

네 뺨을 치는 자에게 다른 뺨도 돌려 대며 네 겉옷을 빼앗는 자에게 속옷도 금하지 말라. 무릇 네게 구하는 자에게 주며, 네 것을 가져가는 자에게 다시 달라하지 말며, 남에게 대접을 받고자 하는 대로 너희도 남을 대접하라.

그는 이 구절에 대해 생각하며 막 잠자리에 들려고 했으나 책을 덮기가 싫었다. 백부장 과부의 아들과 요한의 제자들에게 한 대답이 실려 있는 제7장—부자 바리새인이 구세주를 그의 집으로 초대한 장면—도 읽어보았다. 죄인인 한 여인이 그의 발에 향유를 붓고, 눈물로 씻어준 것과 그가 그 여인에 대해 뭐라고 했는지 읽어보았다. 그는 44절까지 계속 읽었다:

여자를 보시며 시몬에게 이르시되, 이 여자를 보느냐 내가 네 집에 들어오매 너는 발 씻을 물도 주지 아니하였으되, 이 여자는 눈물로 내 발을 적시고 그 머리털로 씻었으며, 너는 내게 입맞추지 아니하였으되 저는 내가 들어올 때로부터 내 발에 입맞추기를 그치지 아니하였으며, 너는 내 머리에 감람유도 붓지 아니하였으되, 저는 향유를 내 발에 부었느니라.

그는 이 구절을 읽으며 생각했다: '그는 구세주에게 발 씻을 물도

주지 않았고, 입맞추지 않았고, 머리에 향유를 붓지 않았어…….'

안경을 벗어 성경에 올려놓으며 마틴은 생각에 잠겼다.

'바리새인, 그 사람은 나같은 사람임이 분명해. 오직 자신만을 생각할 뿐이야. 어떻게 좋은 차를 마실까, 어떻게 따뜻하고 편하게 지낼까 하는 것만 생각하지. 자신에 대해서만 생각할 뿐, 손님에게 아무 배려도 하지 않았어. 그런데 손님이 누구였지? 구세주였을까? 만약 그분이 내게 오면, 나는 어떻게 해야 할까?'

마틴은 머리를 양팔 위에 파묻고 생각을 계속했다. 그러다가 자신도 모르는 사이에 잠들고 말았다.

"마틴!"

갑자기 어떤 목소리가 들려왔다. 누군가 그의 귀에 대고 속삭이는 것 같았다.

그는 깜짝 놀라 잠에서 깨어났다.

"누구요?"

그가 물었다.

그는 얼굴을 돌려 문을 보았다. 아무도 없었다. 다시 한 번 물어보았다. 그때 그 목소리가 다시 한 번 뚜렷하게 들려왔다.

"마틴, 마틴! 내일 내가 올 테니 창 밖을 바라보아라."

마틴은 몸을 일으키고 눈을 비볐다. 그 목소리를 꿈속에서 들었는지, 생시에 들었는지 알 수 없었다. 그는 불을 끄고 다시 잠이 들었다.

다음날 그는 날이 밝기도 전에 일어났다. 그리고 기도를 마친 다음 불을 피우고 양배추 스프와 오트밀 죽을 끓였다. 그런 다음 찻주전자를 올려놓고, 작업복을 두른 뒤 창가의 작업대에 앉았다. 일을 하는 것보다 거리를 내다보는 시간이 많았다. 그리고 낯선 구두가 보일 때마다 허리를 펴고 지나가는 사람의 얼굴을 보려고 창 밖을 내다보았다. 새 펠트 천 부츠를 신은 짐꾼이 지나갔다. 그 다음에는 물지게꾼이 지나갔다. 그리고 곧 니콜라스 시대의 군복을 입은 노인이 삽을 들고 그의 창 가까이에 나타났다. 한때 낡고 볼품없는 펠트 천 부츠였지만 지금은 가죽을 댄 부츠. 마틴은 그 부츠만 보고서도 그가 누구인지 알 수 있었다. 스테파니치라고 불리는 노인이었다. 한 상인이 자비를 베풀어 그를 자신의 집에 머물게 하면서 짐 나르는 일을 돕도록 했다. 그 노인은 마틴의 창 앞의 눈을 치우기 시작했다. 마틴은 그를 흘깃 바라본 후 다시 일을 계속했다. 십여 바늘 꿰매고 난 마틴은 다시 창밖을 바라보고 싶은 충동을 느꼈다. 스테파니치 노인이 삽을 벽에 기대 세워놓고 있는 것이 보였다. 쉬거나 햇볕을 좀 받기 위한 것이 분명했다. 나이가 많고 쇠약한 노인이라서 눈을 다 치울 힘까지는 없는 것 같았다.

'들어오라고 해서 차 한잔 대접하면 어떨까?'

마틴은 생각했다.

'주전자의 물도 끓기 시작했잖아.'

그는 구두 송곳을 제자리에 놓고 일어나 주전자를 탁자로 가져와서 차를 만들었다. 그런 다음 손가락으로 창문을 두들겼다. 스테파니치 노인이 몸을 돌려 창문으로 다가왔다. 마틴은 그에게 들어오라고 손짓하고 문을 열어주었다.

"들어오세요."

그가 말했다.

"몸이라도 좀 녹이세요. 추워보이십니다."

"신의 축복이 있기를!"

스테파니치 노인이 말했다.

"뼈 속까지 얼어붙는 것 같았다오."

그는 안으로 들어오자 먼저 눈을 털고, 바닥에 발자국을 남기지 말아야겠다는 듯이 허리를 굽히고 그의 부츠에 묻은 눈을 털었다. 그러느라고 그는 비틀거렸고, 쓰러질 것 같았다.

"그냥 들어오셔도 괜찮습니다."

마틴이 말했다.

"낮에 바닥을 닦으면 되니까요. 항상 하는 일이죠. 자, 앉아서 차를 들어요."

두 개의 컵에 차를 따른 그는 한 잔은 노인에게 건네주고, 자신도 받침에 받친 찻잔을 들고 호호 불기 시작했다.

차를 다 마신 스테파니치는 컵을 기울여 밑에 가라앉은 설탕까지도 마셨다. 그리고 고맙다는 인사를 했다. 그러나 조금 더 마시고 싶어하는 것이 분명했다.

"한 잔 더 들어요."

마틴은 노인의 잔과 자신의 잔에 다시 차를 따랐다. 그러나 차를 마시면서도 마틴은 계속 밖을 내다보았다.

"누구를 기다리시우?"

노인이 물었다.

"누구를 기다리느냐고요? 오, 이런 말씀드리는 것이 창피하지만요, 어제 밤 나는 이상한 목소리를 들었어요. 꿈인지 환상인지 알 수가 없지만요. 그러니까 말이에요, 어제 밤 난 예수 그리스도에 관한 복음서를 읽고 있었지요. 이 세상에서 그분이 얼마나 박해받았는지, 어떤 일을 겪었는지 말이에요. 당신도 익히 들어보셨겠지요?"

"다른 사람이 그런 얘기를 하는 것은 들어보았지요."

스테파니치 노인이 대답했다.

"그렇지만 나는 무식해서, 글을 읽을 줄 모른다오."

"그러시군요. 어쨌든 말이에요, 어제 그분이 자신을 잘 대접하지 못한 바리새인의 집에 가신 부분을 읽게 되었죠. 나는 그 부분을 읽으며 그 사람이 왜 예수 그리스도를 제대로 대접하지 않았는가, 그리고 그분이 내게 오시면 어떻게 해야 하는가를 생각해보았어요. 그 바리새인은 아무 신경도 쓰지 않았죠. 그런저런 생각을 하다가 깜박 졸았던 거지요. 그때 누군가 내 이름을 부르는 소리를 들었어요. 나는 벌떡 일어났어요. 그리고 '창 밖을 보아라. 내일 내가 오리라'라는 속삭임을 들었지요. 두 번이나 들려왔다니까요. 솔직히 말씀드리자면, 그 생각이 머리 속에서 떠나질 않아요. 부끄러운 고백이지만요, 나는 그분을 기다리고 있어요. 우리의 구세주를요."

스테파니치 노인은 말없이 머리를 저으며 빈 찻잔을 옆에 내려놓았다. 그러자 마틴은 벌떡 일어나 그의 잔을 다시 채워주었다.

"고맙소, 마틴 아베데이치."

그가 말했다.

"그대는 내 영혼과 몸 모두에 필요한 음식과 평안을 주었소."

"별말씀을 다하십니다. 언제든지 오십시오. 손님이 오신다는 것은 저에게도 기쁨이니까요."

마틴이 말했다.

스테파니치 노인이 나가고, 마틴은 마지막으로 남은 차를 따라 마셨다. 그런 다음 찻잔과 주전자를 치우고, 부츠의 솔기를 꿰매기 시작했다. 그러는 동안에도 자주 창 밖을 바라보며 성경에서 읽은 구절을 생각해보았다. 그의 머리 속은 자연스레 그리스도의 말씀으로 채워졌다.

군인 두 명이 지나갔다. 한 명은 정부에서 지급하는 부츠를 신고 있었지만, 다른 한 명은 개인 부츠를 신고 있었다. 그 다음에는 번쩍거리는 덧신을 신은 이웃집 주인이 지나갔고, 바구니를 든 빵집 주인이 지나갔다. 그들이 다 지나간 다음에는 소작농들이 만든 구두에 헤진 스타킹을 신은 여인이 나타났다.

그 여인은 창 앞을 지나치다가 벽에 기대어 섰다. 마틴은 창문을 통해 그 여인을 올려다보았다. 어린아이를 안고 있는 초라한 모습의 그 여인은 낯선 인물이었다. 여인은 바람을 등지고 서서 제대로 감싸주지도 못한 아기를 따뜻하게 안아주려고 했다. 그렇지만 여인이 입고 있는 옷은, 여기저기 헤진 여름 옷이었다. 아기는 소리내 울었고, 여인은 아기를 달래려고 안간힘을 썼지만, 울음을 그치지 않았다. 마틴은 자리에서 일어나 문을 열고 그 여인을 불렀다.

"이보시오, 아주머니, 아주머니."

그 소리를 들은 여인은 몸을 돌렸다.

"아기를 안고 이 추운 날 밖에 서 계십니까? 안으로 들어와요. 따뜻한 데 들어오면, 아기도 울음을 그칠 것 같으니 이리 들어와요."

여인은 안경을 코에 걸치고 작업용 앞치마를 두른 마틴이 자신을 부르는 것을 듣고 놀랐지만 아무 말없이 그를 따라 몸을 움직였다.

그들은 함께 계단을 내려와 조그만 방 안으로 들어섰고, 늙은 마틴은 그 여인을 침대로 인도했다.

"여기 앉아요, 아주머니. 난로 가까이에요. 몸을 좀 녹이시고 아기에게 젖을 좀 줘요."

"젖이 나오질 않아요. 제가 점심도 굶었거든요."

여인은 이렇게 말하면서도, 아기에게 젖을 물렸다.

마틴은 머리를 저으며 빵과 접시를 꺼내고 접시에 야채 수프를 담았다. 오트밀 냄비도 꺼냈다. 그렇지만 오트밀은 아직 익지 않아서 식탁보를 펴고 빵과 수프만을 올려놓았다.

"앉아서 좀 들어요. 그동안 아기는 내게 맡기시고, 아이들을 키워본 적이 있어 나도 잘 본답니다. 걱정하지 말고 말이오."

여인은 성호를 긋고 음식을 먹기 시작했고, 그동안 마틴은 아기를 침대에 뉘어놓고 그 옆에 걸터앉았다.

마틴은 한숨을 쉬며 물었다.

"좀 따뜻한 옷은 없소?"

"어떻게 따뜻한 옷이 남아 있을 수 있겠어요? 어제 마지막으로 남은 숄도 몇 푼 안 되는 돈이라도 필요해 전당포에 맡겨버렸는 걸요."

여인이 말했다.

여인은 침대로 가서 아기를 안아들었고, 마틴은 침대에서 일어나

벽에 걸려 있는 옷들을 살펴보다가 낡은 외투 한 벌을 집어들었다.

"이걸 받아요."

그가 말했다.

여인은 마틴과 그 외투를 번갈아 보다가 눈물을 글썽이며 그것을 받아들었다. 마틴은 몸을 돌리고, 침대 밑을 뒤져 조그만 옷 가방을 꺼냈다. 그리고 옷 가방 속에 손을 넣어 무엇인가를 꺼내 다시 여인의 맞은편에 앉았다. 그러자 여인이 말했다.

"하느님께서 당신을 축복하실 거예요."

"이것을 받으시오."

마틴은 여인이 숄을 찾을 수 있도록 6펜스를 주었다. 여인은 다시 한번 성호를 그었고, 마틴도 그 여인을 따라 성호를 그었다. 그리고 여인이 밖으로 나가는 모습을 지켜보았다.

잠시 후 마틴은 사과 장수 노인이 창문 바로 앞에서 멈춰 서는 것을 보았다. 등에는 나무토막이 가득 들어 있는 자루를 지고 있었다. 어느 공사장에서 주워 모아 집으로 가져가려는 것이 분명했다.

자루를 메고 가는 것이 힘들었는지, 노인은 어깨를 바꿔서 지려고 했다. 그것을 인도에 내려놓고, 사과 바구니는 기둥 위에 올려놓은 다음, 나무토막이 들어 있는 자루를 흔들기 시작했다. 그 노인이 그러는 동안, 구겨진 모자를 쓴 사내아이 한 명이 달려와 바구니에 담긴 사과 한 개를 나꿔채 달아나려고 했다. 그러나 나이 많은 그 여인은 재빨리 몸을 돌려 아이의 옷소매를 잡았다. 그 아이는 팔을 빼내려고 몸부림 쳤다. 그러나 노인은 그 아이의 소매를 꼭 잡고, 다른 한손으로 아이의 모자를 벗긴 다음, 머리를 움켜잡았다. 아이는 소리를 질렀고, 노인은 꾸짖기 시작했다. 마틴은 구두 송곳을 내려놓고—그것을 제자리에 갖다놓을 생각도 하지 않고—황급히 문을 열고 나갔다. 허둥거리며 계단을 올라가는 바람에 안경이 떨어지기도 했다. 그렇지만 그는 그런 것에는 개의치 않고 거리로 달려나갔다. 노인은 사내아이의 머리를 끌어당기며, 경찰서로 끌고 가겠다고 위협했고 아이는 빠져나오려고 몸부림치며 소리쳤다.

"사과를 훔치지도 않았잖아요! 그런데 왜 때리는 거예요! 이거 놔요!"

마틴은 그들을 떼어놓았다. 그리고 사내아이의 손을 잡고 나이 많은 여인에게 말했다.

"이 아이를 놓아주세요, 할머니. 그리스도의 사랑을 생각하며, 이 아이를 용서해줘요."

"벌을 받도록 해야 해요. 그래야 앞으로 1년 동안 다시는 이런 짓 못할 것 아녜요."

마틴은 그 노인을 달래기 시작했다.

"그냥 놓아줘요, 다시는 이런 짓을 하지 않을 겁니다."

노인이 놓아주자, 아이는 달아나려고 했다. 하지만 마틴은 그 아이를 가로막았다.

"할머니에게 용서해달라고 얘기해야지. 그리고 다시는 이런 짓 말거라. 나는 네가 사과를 훔치려 하는 걸 봤어."

마틴이 말했다.

아이는 울먹이며 용서를 빌었다.

"그래야지. 자, 이 사과를 받아라."

마틴은 바구니에서 사과 한 개를 꺼내 아이에게 주었다.

"돈은 내가 내겠습니다, 할머니."

"그런 식으로 받아주는 건 아이들을 망쳐놓는 거예요. 커서 어떻게 되겠어요."

노인이 말했다.

"채찍으로 몇 대 때려줘야 1주일은 잊지 못할 것 아녜요."

"오, 할머니. 그건 우리 인간의 방식이고 하느님의 방식은 다릅니다. 저 아이가 사과 한 개를 훔친 죄의 대가로 채찍으로 맞아야 한다면,

우리의 죄에 대해 우리는 어떤 벌을 받아야 되겠습니까?"

마틴이 말했다.

노인은 아무 대꾸도 하지 못했다.

마틴은 계속해서 주인에게 많은 빚을 진 하인이 주인으로부터 용서받고 나와서, 자신에게 적은 빚을 진 사람의 멱살을 움켜잡고 괴롭혔다는 내용의 일화를 들려주었다. 그 노인도, 아이도 조용히 서서 그의 이야기에 귀를 기울였다.

"하느님께서는 우리에게 용서하라고 명하셨습니다."

마틴이 말했다.

"그렇지 않으면, 우리는 용서받을 수 없습니다. 모든 사람을 용서하십시오. 특히 철없는 어린아이들을 너그러이 받아들여야 합니다."

노인은 머리를 젓고 한숨을 쉬고 나서 말했다.

"그건 맞는 말이에요. 그렇지만 용서만 하다보면, 아이들을 망쳐놓을까봐 겁나요."

노인이 말했다.

"우리 나이 든 사람들이 좋은 본보기를 보여야지요."

마틴이 대답했다.

"내 말이 바로 그거예요. 나도 아이가 일곱이나 있었지요. 딸 하나만 지금까지 남아 있지만 말예요."

그 노인이 말했다.

그 노인은 계속해서 자신이 딸과 어디서 어떻게 살고 있는지, 또 손녀는 몇 명이나 되는지 이야기했다.

"이제 나는 힘도 없지만, 그 아이들을 위해 힘든 줄도 모르고 일한다오. 착한 아이들이지요. 저녁에 일을 마치고 집으로 돌아가면, 우르르 뛰어나와 반겨준다오. 특히 막내 아이 애니는 '우리 할머니, 이쁜 할머니!' 하며 내게서 떨어지질 않으려 한다오."

막내 손녀를 생각하는 그 노인은 노여움이 풀어진 모습이었다.

"그래요, 이 아이도 철이 없을 뿐이지요."

노인이 아이를 가리키며 말했다.

노인이 자루를 들어 어깨에 메려고 할 때, 그 아이가 앞으로 나서며 말했다.

"제가 지고 갈께요, 할머니. 저도 그쪽으로 가거든요."

노인은 머리를 끄덕이며 아이에게 자루를 건네주고, 마틴에게 사과 값을 받아야겠다는 생각은 새까맣게 잊고서, 아이와 함께 길을 따라 걸었다.

마틴은 나란히 길을 따라 집으로 향하는 그들의 뒷모습을 지켜보았다.

그들의 모습이 보이지 않게 되자, 마틴은 집 안으로 들어왔다. 계단에 떨어졌던 안경은 다행스럽게도 깨지지 않았고, 그는 자리에 앉아 다시 구두 송곳을 집어들고 일을 시작하려고 했다. 그러나 가죽을 뚫은 구멍으로 들락거리는 실이 보이지 않았다. 창 밖으로 가로등 불을 켜기 위해 바쁘게 움직이는 사람이 보였다.

"벌써 불을 켜야 할 시간이 되었구나."

그는 이렇게 중얼거리고 램프의 심지를 올려 불을 붙인 다음, 기둥에 걸어놓고 다시 일을 계속했다. 부츠 한 짝을 끝냈다. 그는 부츠를 집어들고 잘 되었음을 확인한 다음, 작업 도구를 정리하고, 부스러기를 쓸어 모으고, 실과 구두 송곳도 치운 다음, 램프를 떼어 식탁에 올려놓았다.

그리고 선반 위에 있는 성경을 집어들었다. 가죽 조각으로 표시해 놓은 어제 읽다만 부분을 펼치려고 했지만, 다른 부분이 펼쳐졌다. 찾는 부분을 다시 펼치려고 할 때, 전날의 꿈이 다시 그의 가슴속에 떠올랐다. 그리고 막 그 꿈에 대해 생각하려고 할 때 누군가가 그의 등 뒤에서 움직이는 듯한 발자국 소리가 들려왔다. 마틴은 몸을 돌렸다. 어둠에 쌓인 한쪽 구석에 여러 사람이 서 있는 것만 같았다. 그러나 그는 누가 있는지 볼 수 없었다. 그때 그의 귀에 대고 속삭이는 소리가 들려왔다.

"마틴, 마틴, 나를 모르시오?"

"누구십니까?"

마틴이 더듬거리며 물었다.

"바로 나요."

어두운 구석에서 미소 짓는 모습의 스테파니치 노인이 나타났다. 그리고 그 다음 순간 연기처럼 사라지고 보이지 않았다.

"저예요."

다시 속삭이는 소리가 들려오고, 어둠에 쌓인 구석에서 품에 아기를 안고 있는 여인이 나타났다. 그 여인은 미소 짓고 아기는 큰 소리로 웃었으나, 그들도 곧 사라지고 보이지 않았다.

"나요."

또 다른 목소리가 들려왔다. 그리고 나이 많은 여인과 손에 사과를 든 소년이 나타났다. 두 사람 모두 미소 짓고 있었으나, 그들도 곧 사라져버렸다. 마틴의 영혼은 점점 기쁨에 젖어들게 되었다. 그는 성호를 긋고, 안경을 낀 다음, 우연히 펼쳐진 페이지의 맨 위 부분을 읽기 시작했다.

내가 배고플 때 그대는 먹을 것을 주었고, 목마를 때 물을 주었다. 내가 낯선 사람이었음에도, 그대는 나를 집 안으로 맞아들였다.

그리고 마지막 부분도 읽었다.

어린아이라고 할지라도, 그대가 내 형제에게 한 것은, 내게 한 것이나 마찬가지이니라.

그때서야 마틴은 자신의 꿈이 현실로 나타났음을 깨달았다. 그리고 구세주가 그를 찾아왔었고, 그는 구세주를 정성을 다해 맞이했었음을 깨달았다.

책 임

RESPONSIBILITY

책 임 *RESPONSIBILITY*

『리어 왕』에서 셰익스피어는 일이 잘못 되었을 때, 일반적으로 사람들은 다음과 같이 말하려는 경향이 있음을 지적한다.

"재앙은 태양과 달 그리고 별의 탓이고, 인간의 악행들은 피할 수 없는 일이며, 우리의 어리석음은 하늘의 강요에 의한 것이었다고 돌려버리는 죄를 짓고 있다."

실제로 우리는 종종 문제를 운명이나 경제, 불운, 심지어 별자리 탓으로 돌린다.

책임은 우리 자신의 행동과 실행에 따른 결과를 기꺼이 받아들이는 것이다. 그것은 임무를 받아들이고, 능력을 다해 실행하며, 우리 자신이 이룬 것을 받아들인다는 의미이다. 친구, 가족, 사회 그리고 국가에 대한 약속을 지킨다는 의미이다. 책임을 아는 젊은이는 자신의 일을 다른 사람에게 미루거나, 잊어버리지 않는다. 변명하지 않으며, 책임을 전가하지 않는다.

책임이란 많은 사람들이 상대방에 대한, 혹은 스스로에 대한 의무로 알고, 그 의무를 다하는 것이라고 간단하게 이야기한다. 또 각자의 권리를 주장하는 이야기를 우리는 자주 듣는다. 그러나 그 권리에 따르는 책임에 대해서는 같은 정도로 이야기를 듣지 못하고 있다. 모든 권리에는 그에 상응하는 책임이 있다. 예를 들어, 우리는 누구나 교육받을 권리가 있다. 그리고 그 권리를 누리기 위한 책임 또한 따른다. 수업 시간에 집중하고, 주어진 과제를 열심히 공부해야 한다. 아무도 그것을 대신해줄 수 없다. 그리고 해당하는 연령이 되면 투표를 해야한다. 이때 무엇을 위해 누구에게 투표하는 것인지를 알고, 투표일에 투표하러 가는 것이 우리의 책임이다. 이러한 책임을 무시하면, 우리의 권리는 별다른 의미를 갖지 못한다.

우리는 훈련을 통해 바람직한 성격을 갖는 것과 같은 방법으로 성숙한 책임 의식을 기르게 된다: 집안 일, 숙제, 방과 후의 아르바이트 그리고 자원 봉사 등은 좋은 방법이다. 일상적인 의무를 다하며 살지 않는다면, 언젠가 우리 앞에 나타날 더 큰 의무를 수행할 자질을 갖추고 있지 못할 것이다.(「알프레드 왕과 빵」은 좋은 예이다) 또한 「편자에 박는 못 한 개」에서는 사소한 책임을 방치해두면 크게 손상된 결과를 초래하게 된다는 것을 보게 될 것이다.

우리는 차츰 성장해감에 따라 스스로에게 주어진 책임이 자신의 한 부분을 이룬다는 것을 인식하게 된다. 책임을 회피하면 인생은 윤택해지지 않는다. 오히려 실패와 성숙하지 못한 인간으로 이끌 뿐이다.

스콧 피츠제럴드가 딸에게 쓴 편지
F. Scott Fitzgerald to His Daughter

이 글에서 우리는 딸에게 자상하고 명확하게 의무를 가르쳐주는 아버지의 모습을 보게 된다.

사랑하는 딸에게:

네가 의무를 다하고 있다는 데 대해 아버지는 커다란 자부심을 느낀다. 너의 프랑스어 공부가 어느 정도 진척되었는지 좀더 자세히 이야기해주겠니? 네가 즐겁다니 나도 기쁘다—나는 기쁨이라는 것을 그다지 크게 믿지는 않지만 말이다. 비참도 마찬가지이다. 이런 감정은 네가 연극이나 영화 혹은 소설책에서나 볼 수 있는 것들이지, 실제로 네 인생에서 일어나는 일은 아니다.

인생을 살아오면서 내가 믿게 된 것은 미덕에 대한 보상—각자의 재능에 따라 달라진다—과, 의무를 다하지 않았을 때 두 배의 처벌이 따른다는 것이다. 수양관 도서실의 타이슨 부인에게 부탁해서 '썩은 백합에서 풍기는 냄새는 잡초에서 나는 냄새보다 훨씬 고약하다.' 라는 구절이 들어 있는 셰익스피어의 4행시를 찾아보아라.

오늘날 내가 많은 생각을 하지 않았다면, 주간 신문에 실린 이야기들이 인생의 전부라고 생각했겠지. 나는 언제나 너를 생각할 때면 기쁨을 느낀다; 그렇지만 나를 또 어린아이처럼 '아빠' 라고 부르는 무례를 범하면 그때마다 회초리를 꺼내 여섯 차례씩 궁둥이를 때려줄 테다. 잘 알았지?

수양관 회비는 내가 처리하겠다.

이상하게 들릴지 모르겠다만, 몇 가지 결론을 지었다.

네가 앞으로 걱정해야 할 것들:

용기에 대해 걱정하거라.

청결함에 대해 걱정하거라.

능력에 대해 걱정하거라.

승마술에 대해 걱정하거라……

네가 걱정하지 않아도 될 일들:

여론에 대해 걱정 말거라.

인형에 대해 집착하지 말거라.

과거에 대해 걱정 말거라.

미래에 대해 걱정 말거라.

자신의 성장에 대해 걱정 말거라.

자신보다 앞서가는 사람들에 대해 신경 쓰지 말거라.

승리에 대해 신경 쓰지 말거라.

자신의 실수 때문이 아니면, 실패에 대해 걱정 말거라.

모기에 대해 신경 쓰지 말거라.

파리에 대해 신경 쓰지 말거라.

일반적인 곤충에 대해 신경 쓰지 말거라.

부모에 대해 걱정 말거라.

남학생들에 대해 신경 쓰지 말거라.

실망에 대해 집착하지 말거라.

기쁨에 대해 집착하지 말거라.

만족에 대해 집착하지 말거라.

네가 생각해야 할 것들:

내가 진정으로 추구하는 것은 무엇인가?

다음 사항에 대해 다른 친구들과 비교했을 때 나는 어느 정도인가:

a) 학식

b) 나는 진정으로 다른 사람들을 이해하고, 또 그들과 잘 어울리는
가?

C) 나의 육체를 유용한 도구로 준비해놓았는가, 아니면 게을리했
는가?

사랑을 담아 아버지가

편자에 박는 못 한 개
For Want of a Horseshoe Nail

제임스 볼드윈 Adapted from James Baldwin

1485년 보스워드 전투에서 최후를 맞이한 영국 왕 리차드 3세의 이야기
를 소재로 한 이 유명한 전설과 운문은, 세익스피어가 '말! 말! 한 필의 말
때문에 왕국이 붕괴되는구나!' 라고 쓴 글 덕분에 더욱 유명하게 되었다.
이 장의 뒤 부분에 실려 있는 「알프레드 왕과 빵」과도 관련된 이 작품은 사
소한 의무를 게을리함으로써, 커다란 손실을 가져올 수 있음을 보여준다.

리차드 3세는 일생 일대의 전투에 나섰다. 리치몬드의 헨리 남작이
군대를 이끌고 진군해오고 있었다. 이제 영국의 지배자가 결정될 전
투를 피할 수 없게 된 것이다.
결전의 날 아침, 리차드 왕은 말구종을 보내 그의 애마가 준비되었
는지 알아보게 했다.
"빨리 그 말에 편자를 박으시오."
그 하인이 대장장이에게 말했다.
"왕께서 친히 선두에서 군대를 이끌 것이오."

"기다리셔야만 합니다."

대장장이가 말했다.

"지난 며칠 동안 왕의 군대의 모든 말에 편자를 박아주었습니다. 쇠를 더 가져와야만 합니다."

"한시도 지체할 수 없소."

하인이 짜증스러워하며 소리쳤다.

"적군은 지금 이 순간에도 진군해오는 중이고, 들판에서 그들과 정면으로 맞서 싸워야만 해. 그러니 지금 있는 것으로 편자를 만들도록 하시오."

대장장이는 어쩔 수 없이 허리를 굽히고 일을 시작했다. 쇠막대기를 달궈 자르고 망치질하여 말의 발에 맞도록 모양을 만들었다. 그런 다음 못으로 고정시켰다. 그런데 세 쪽의 편자를 고정시키고 난 다음, 네 번째 못이 부족하다는 사실을 깨달았다.

"못 한 개가 더 필요합니다."

대장장이가 말했다.

"다른 말에서 빼내려면 시간이 좀 걸립니다."

"기다릴 수가 없다고 했잖소."

하인은 짜증스러워했다.

"나팔 소리도 들려오잖소. 지금 있는 걸로 어떻게 해볼 수 없겠나?"

"편자를 달아놓을 수는 있습니다. 하지만 다른 편자들 만큼 안전하지는 않을 겁니다."

"편자가 붙어는 있겠소?"

"그럴 겁니다. 하지만 확신할 수는 없습니다."

"그렇다면 붙여만 주시오! 서두르게. 왕께서 우리 두 사람 모두에게 화를 내실 테니까."

하인이 소리쳤다.

양쪽의 군대가 맞붙었고, 리차드 왕은 전장을 누비며 그의 군대를 격려하고, 직접 적과 맞서 싸웠다.

"전진! 전진!"

왕은 호령하며 헨리 남작의 군대를 향해 돌진할 것을 명령했다.

전투가 벌어지고 있는 들판의 반대쪽에서 그의 군사들이 물러나는 것이 보였다. 다른 군사들이 그 광경을 보게 된다면, 그들도 사기가 떨어져 퇴각할 것이다. 리차드 왕은 그의 군사들에게 전진할 것을 독려하기 위해 말을 돌려 그 무너진 전선을 향해 달려갔다.

그가 들판을 반쯤 달려갔을 때, 말의 편자 한 개가 떨어져나갔다. 말은 쓰러졌고, 리차드 왕은 굴러떨어졌다.

왕이 일어나 고삐를 잡기도 전에 군대는 겁을 먹고 도망가기 시작했다. 리차드 왕은 주위를 돌아보았다. 그의 군대는 등을 돌리고 달아나기에 바빴고, 헨리의 군대는 그를 향해 전진해왔다.

그는 칼로 허공을 저으며 절규했다.

"말! 내게 말 한 필을 다오. 말을 주는 자에게 나의 왕국을 주겠노라!"

그러나 그가 탈 수 있는 말은 없었다. 그의 군대는 풍비 박산이 났고, 기병대는 저희들만 살겠다고 줄행랑을 놓았다. 잠시 후 헨리의 군대가 그를 에워쌌고, 전투는 끝났다.

그 후 사람들은 이렇게 노래했네,
전투 한 번에 왕국이 무너지고,
못 한 개 때문에 말굽이 떨어지고,
말굽 한 개 때문에 말을 잃게 되고,
말 한 필 때문에 전투에서 지게 되었네,
전투 한 번에 왕국이 무너지고,
이 모든 것이 편자에 박는 못 한 개 때문이었네.

이카루스와 다이달로스
Icarus and Daedalus

　유명한 이 그리스 신화는 부모가 아이들을 잘 길러야 하는 것과 마찬가지로, 아이들은 부모의 뜻에 순종해야 하는 책임이 있음을 일깨워준다. 어른은 젊은이가 모르는 많은 일들에 대해 잘 알고 있다. 이카루스가 역경에 처하게 된 것에서 보듯, 성공적인 성장을 위해서는 순종이 요구된다.

　다이달로스는 고대 그리스의 대단히 뛰어난 건축가이자 발명가였다. 그는 많은 왕궁을 건축하고, 정원을 만들었으며, 전국 각지에 놀라운 예술 작품들을 남겼다. 그가 만든 동상은 매우 정교하고 아름다워 마치 살아 있는 존재처럼 보였다. 사람들이 그 동상들을 보며 걸어다닐 수도 있으리라고 믿을 정도였다. 또한 그들은 다이달로스처럼 뛰어난 솜씨를 가진 자들은 신에게서 직접 기술을 전수받았다고 믿었다.

　바다 건너 크레타 섬에 미노스라는 왕이 살고 있었다. 그에게는 반은 황소이고, 반은 인간인 미너토라는 끔찍한 괴물이 있었는데, 그 괴물을 잡아넣어둘 장소가 필요했다. 다이달로스가 뛰어나다는 소문을 들은 왕은 그를 크레타로 초청해 그 괴물을 가둘 감옥을 지어달라고 부탁했다. 다이달로스와 그의 아들 이카루스는 배를 타고 크레타 섬으로 건너갔다. 다이달로스는 모든 통로가 꼬불꼬불하게 뒤엉키고 구부러져 들어가기만 하면 아무도 그 출구를 찾을 수 없는 미로를 만들었다. 그리고 거기에 괴물 미너토를 가두었다.

　그 미궁의 건설이 끝나자 다이달로스는 아들과 함께 그리스로 돌아가고 싶어했다. 그러나 미노스 왕은 그들을 크레타 섬에 머무르게 하고 싶어했다. 미노스 왕은 그가 곁에서 여러 가지 멋진 장치를 발명해주기를 원했던 것이다. 그래서 그들을 바닷가의 높은 탑에 가두었다.

왕은 다이달로스가 현명한 인물이므로 얼마든지 탈출할 수 있으리라고 판단하고, 크레타 섬을 출발하는 모든 배는 짐 검사를 받도록 명령을 내렸다.

다른 사람이라면 이미 포기했겠지만, 다이달로스는 그렇지 않았다. 높은 탑에 갇힌 채 그는 갈매기가 해풍을 타고 수면 위를 나는 광경을 보았다.

"미노스는 육지와 바다는 지배할 수 있을지 모르지……."

그는 이렇게 중얼거렸다.

"그러나 공중을 지배하지는 못한다. 그러므로 우리는 거기를 통과해 빠져나갈 것이다."

그는 자신의 모든 재능을 동원해 일을 시작했다. 조금씩 조금씩 그는 크고 작은 깃털을 모으기 시작했다. 그는 실로 깃털들을 이은 다음 밀납으로 붙였다. 그러자 마침내 바다 갈매기의 그것처럼 커다란 두 개의 날개가 완성되었다. 그는 그것을 어깨에 고정시키고, 두어 번 실패를 겪은 다음, 팔을 저어 하늘로 떠오르는 방법을 찾아냈다. 공중에 떠 있을 수 있게 되자, 바람을 타고 날개를 이리저리 저은 끝에, 마침내 갈매기처럼 우아하게 미끄러지듯 내려오고, 다시 솟구쳐오르는 방법을 터득하기에 이르렀다.

그리고 나서 그는 이카루스를 위해 한 쌍의 날개를 더 만들었다. 그리고 아들에게 날개를 펄럭이는 법을 가르쳐주고, 감옥 안에서 약간 떠오르게 한 다음 앞뒤로 날아보도록 시켰다. 또 기류를 타는 법과 선회하며 솟구쳐 올라가는 법, 더 나아가 공중에서 바람의 흐름에 몸을 맡기는 법을 가르쳤다. 그는 이카루스가 나는 법을 완전히 습득할 때까지 함께 연습을 계속했다.

드디어 바람의 방향이 그들에게 유리하게 부는 날이 찾아왔다. 그들은 날개를 몸에 달고 고국으로 돌아갈 준비를 했다.

"너에게 들려주었던 얘기를 한마디도 잊어서는 안 된다."

다이달로스가 말했다.

"무엇보다 중요한 것은 너무 높게 혹은 너무 낮게 날면 안 된다는 점이다. 너무 낮게 날면 파도의 물방울에 날개가 젖어 무거워지기 때문이고 너무 높이 날면 태양의 열기로 밀납이 녹아 날개가 떨어져나갈 것이다. 내 뒤를 바짝 좇아오면 안전할 것이다."

아버지는 앞에서, 아들은 그의 뒤를 따라 창공으로 올랐다. 저 아래 미움의 땅 크레타가 보였다. 밭일을 하던 사람들은 농기구를 놓고 그들이 하늘을 날아가는 모습을 보았고, 양치기들은 막대기에 기대어 올려다보았으며, 이윽고 많은 사람들이 집 밖으로 뛰어나와 산봉우리를 넘어가는 그들을 보았다. 사람들은 그들이 아폴로 신과 그 신을 뒤따르는 큐피드일지도 모른다고 생각했다.

처음에는 하늘을 나는 것이 다이달로스에게도 이카루스에게도 두려움 그 자체였다. 끝없이 드넓은 하늘은 그들에게 현기증을 안겨주고, 아래 세상에 흘깃 눈을 주는 것만으로도 머리 속이 핑 도는 것 같았다. 그러나 구름 사이를 지나면서 그들은 비상에 점점 익숙해졌고, 두려움도 잊었다. 이카루스는 바람이 그의 날개를 채우고 그를 점점 더 높이 치켜올리는 것을 깨달았고 그때까지는 전혀 몰랐던 자유로움을 느꼈다. 그는 수많은 섬과 섬 사람들을 내려다보았고, 파랗게 펼쳐진 바다와 그 바다를 수놓는 흰 돛단배들을 보았다. 그러는 동안 아버지의 경고를 잊고 점점 더 높이 솟아올랐다. 오직 기쁨 때문에 그는 모든 것을 잊고 있었던 것이다.

"돌아와라!"

다이달로스가 미친 듯이 소리쳤다.

"너무 높이 올라갔어! 태양을 잊지 마라! 내려오거라!"

그러나 황홀에 취해 흥분 상태에 빠져 있는 이카루스에게는 아무 소리도 들리지 않았다. 그는 하늘에 가장 가까이 가보고 싶었다. 그런데 태양에 가까워질수록 날개를 고정시킨 밀납이 조금씩 녹기 시작했다. 하나 둘씩 깃털이 떨어져나가 허공에 흩어지더니 한순간 모든 밀납이 녹아내렸다. 이카루스는 자신의 몸이 아래로 떨어지는 것을 느꼈다. 그는 할 수 있는 한 빠르게 팔을 휘저었지만, 그를 공중에 떠 있게 해줄 깃털이 더 이상 남아 있지 않았다. 그는 비명을 지르며 아버지의 도움을 요청했으나 이미 때는 늦었다. 공중에서 바다로 떨어진 그를 순식간에 파도가 삼켜버렸다.

다이달로스는 아들이 떨어진 곳의 주위를 맴돌았다. 그러나 보이는 것은 깃털 몇 개뿐, 그는 아들이 사라져버렸음을 인정해야 했다. 마침내 시체가 수면 위로 떠올랐고, 그는 죽은 아들을 들어올렸다. 그는 충격과 아픔을 가슴에 품은 채, 다이달로스는 천천히 집을 향해 날아갔다. 마침내 고국에 닿자 아들을 묻어주고, 신들에게 바치는 신전을 지었다. 그런 다음 날개를 떼어내 걸어놓고, 두 번 다시 하늘을 날지 않았다.

알프레드 대왕과 빵
King Alfred and the Cakes

제임스 볼드윈 Adapted from James Baldwin

알프레드 대왕은 9세기 영국의 웨스트 색슨을 통치했다. 덴마크 침략자들로부터 영국을 지키려는 단호한 의지와, 백성의 교육과 문화를 강조한 치적으로 인해 오늘날까지도 그는 영국사에서 가장 훌륭한 왕 중의 한 사람으로 꼽힌다. 이 유명한 이야기는 우리에게 작은 의무에 충실하는 것이 더 큰 의무를 수행하는 기초가 된다는 점을 상기시켜준다. 또한 지도력과 책임감은 병행한다는 점과 진정한 지도자는 사소한 의무도 태만해서는 안 된다는 점을 가르쳐준다.

오래 전 알프레드라는 왕이 영국을 통치했었다. 현명하고 공명 정대했던 알프레드 왕은 영국 역사상 훌륭한 왕으로 손꼽힌다. 오랜 세월이 흐른 지금까지도 그는 알프레드 대왕이라고 불리워진다.

알프레드가 왕위에 있던 당시의 영국은 험난한 시대였다. 덴마크 인들이 바다를 건너 침공해왔던 것이다. 덴마크 인들은 숫자도 많고 강하고 용맹하여 오랜 기간에 걸쳐 싸우는 동안 거의 모든 전투에서 승리를 거두었다. 이런 식으로 그들이 계속 승리를 거둔다면, 곧 영국 전체가 그들의 손아귀에 들어가게 될 것이었다.

수많은 전투 끝에 알프레드 왕이 이끄는 영국 군대는 붕괴되어 뿔뿔이 흩어지게 되었다. 거의 모든 병사들은 필사적으로 제 살 길을 찾아 헤매게 되었고, 알프레드 왕도 마찬가지 신세가 되었다. 그는 목동으로 변장해 숲속과 늪 지대에 몸을 숨겼다.

며칠 헤매던 어느 날 그는 나무꾼의 오두막을 발견했다. 지치고 굶주린 그는 나무꾼의 아내에게 먹을 것과 잠자리를 구걸했다.

그 여인은 동정 어린 눈으로 형편없는 몰골의 알프레드 왕을 바라보았다. 그녀는 그가 누구인지 알 길이 없었다.

"들어와요."

그 여자가 말했다.

"지금 화덕에 굽고 있는 이 빵을 봐준다면 저녁을 드리지요. 나는 나가서 젖소의 젖을 짜주어야 한답니다. 젖을 짜는 동안 잘 지켜봐요. 빵을 태우지 말아요."

알프레드는 공손하게 인사한 다음 불 옆에 앉았다. 그리고 빵에 신경을 집중하려고 했다. 그러나 곧 그가 안고 있는 문제들이 그의 머리 속을 채웠다. 어떻게 다시 군대를 모을 것인가? 그렇게 한다고 해도, 어떻게 그들을 덴마크 병사들과 대적할 수 있을 만큼 훈련시킬 것인가? 사나운 침략자들을 어떻게 영국에서 몰아낼 것인가? 생각을 거듭할수록 미래는 암담해 보이기만 했고, 마침내 싸움을 계속하는 것이 아무 소용이 없으리라는 생각까지 들었다. 그 동안 그는 오직 자신의 문제만을 생각했을 뿐, 자신이 나무꾼의 오두막에 들어와 있다는 사실도, 굶주리고 있다는 것도, 빵에 관한 것도 잊고 말았다.

잠시 후, 그 여자가 들어왔을 때 집 안은 온통 연기로 가득 찼고, 빵은 새까맣게 타 있었다. 알프레드는 화덕 옆에 앉아 타오르는 불길만 바라보고 있었다. 빵이 타고 있다는 사실 따위에는 아무 관심도 없는 모습이었다.

"아무 짝에도 쓸모없는 게으름뱅이 작자 같으니라구!"

여자가 소리를 질렀다.

"이게 도대체 뭐하는 짓이야! 먹을 것을 달라고 하면서 이만한 일도 못해준단 말이야? 이제 우리 모두 저녁을 굶게 되었어!"

알프레드의 얼굴은 수치심으로 붉어졌다.

바로 그때 나무꾼이 돌아왔다. 그는 문을 열고 들어오자마자 낯선 사람이 불 옆에 앉아 있는 것을 보았다.

"조용히 해!"

그가 아내를 향해 소리쳤다.

"당신이 누구를 꾸짖는지나 알고 이러는 거요? 이분은 우리를 통치하시는 알프레드 왕이셔."

그의 아내는 두려움에 질려 왕에게로 가까이 다가가 무릎을 꿇었다. 그리고 자신의 태도를 용서해줄 것을 간절히 빌었다. 그러나 현명한 왕 알프레드는 그 여자에게 일어나라고 말했다.

"그대에게는 나를 꾸짖을 권리가 있다."

이어서 그가 말했다.

"나는 그대에게 빵을 잘 지켜보겠다고 얘기했는데, 그 말을 지키지 못하지 않았는가. 나는 그대에게 그런 꾸짖음을 들을 만하다. 누구에게나 수행해야 하는 크고 작은 의무가 있는 법인데, 나는 그 의무를 다하지 못했다. 그러나 다시는 그런 일이 없을 것이다. 나는 왕으로서의 의무를 다하겠다."

이 일화는 알프레드 왕이 그날 저녁 식사를 했는지 하지 않았는지는 말하지 않는다. 그러나 그는 오래지 않아 다시 병사들을 모으고, 마침내 영국에서 덴마크 병사들을 몰아낸다.

성 조지와 드래건
St. George and the Dragon

베르그 에센웨인 & 마리에타 스톡커드
Retold by J. Berg Esenwein and Marietta Stockard

"아마도 곤란을 겪고 두려움에 떠는 어딘가가 있을거야." 이 말은 성 조지가 '기사만이 할 수 있는 일' 즉, 임무를 띠고 길을 떠나기 전에 하는 말이다. 여기에 항상 다른 사람들을 도우려는 '도덕적으로 훌륭한 양심' 을 소개한다. 다른 사람들을 돕기 위해 길을 나서는 사람들을 가리켜 우리는 기사, 성자, 박애 주의자라고 하고, 다른 경우에는 성직자, 교사, 코치, 경찰관 그리고 부모님이라는 이름으로 부른다.

오래 전 기사들이 활동하던 시절, 성 조지라는 기사가 있었다. 그는 다른 어떤 기사보다도 용감할 뿐만 아니라 고결하고 자상한 성품을 지녔으며, 선하기까지 하여 사람들은 그를 성 조지라고 불렀다.

그의 성에는 사람을 위협하는 겁 없는 도둑은 없었다. 사나운 야생동물은 모두 죽이거나 몰아내 어린아이들이 숲에서 아무 두려움 없이 놀 수 있었다.

어느 날, 성 조지는 말을 타고 전국을 돌아보기로 마음먹었다. 그가 가는 곳 어디나 남자들은 들판에서 열심히 일하고, 여자들은 노래를 부르며 집안 일을 했으며, 어린아이들은 즐겁게 노는 모습을 볼 수 있었다.

"모두들 안전하고 행복하게 살고 있구나. 이 사람들에게는 내가 더 이상 필요하지 않은 것 같다."

성 조지는 중얼거렸다.

"그렇지만 어딘가에 곤란을 겪고 두려움에 떠는 곳이 있을 것이다. 아이들이 맘껏 놀지 못하고, 여자들은 어딘가로 끌려가고, 심지어 괴물이 사람들을 괴롭히고 있는 그런 곳……. 당장 떠나야겠다. 오직 기사의 도리를 다할 수 있는 곳을 찾을 때까지 결코 멈추지 않을 것이다."

다음날 이른 아침, 성 조지는 투구를 쓰고 번쩍거리는 갑옷을 입은 다음 칼을 찼다. 그리고 자신의 백마를 타고 여행길에 올랐다. 가파르고 거친 길을 달릴 때도 그는 기사답게 말 위에 똑바로 앉아 강인하고 용감한 모습으로 주위를 둘러보았다.

언덕을 내려와 작은 마을을 지나치고, 들판을 가로질러 말을 달렸다. 그의 눈이 닿는 곳 어디나 이삭들이 물결치는 풍요로운 들판이 펼쳐져 있고, 평화로움과 풍족함이 흘러넘쳤다.

그는 계속 말을 달렸고, 마침내 그로서는 처음 와보는 곳에 이르게 되었다. 들에서 일하는 사람들이 전혀 보이지 않으므로 이상하다는 생각이 들었다. 집집마다 사람의 흔적은 찾아볼 수 없고, 마치 불길이 휩쓸고 지나간 듯 길가의 풀들은 검게 그을렸으며, 밀밭은 온통 타버린 채 잿더미로 변해 있었다.

성 조지는 말고삐를 당겨 멈춰 선 다음 주위를 자세히 살펴보았다. 마을 전체가 황폐함과 침묵으로 가득 차 있었다.

"도대체 무슨 일이 있었길래 사람들이 모두 도망간 것일까? 원인을 밝혀내고, 도와줄 수 있는 일이라면 힘을 아끼지 않겠다."

그러나 물어볼 사람이 없었다. 그는 계속 말을 달려 마침내 멀리 떨어진 성과 도시를 발견하게 되었다.

"여기에 분명히 모든 자초지종을 얘기해줄 수 있는 사람이 있겠지."

그는 이렇게 믿으며 그 도시를 향했다.

그가 당도하자마자 거대한 성문이 열렸고, 성 조지는 성문을 통해 많은 사람들이 웅성거리는 광경을 보게 되었다. 그들 중 몇몇은 울고 있었고, 거의 모든 사람이 겁에 질려 있는 것이 분명했다. 그는 허리에 빨간 띠를 두른 흰 드레스 차림의 예쁜 처녀가 혼자서 그 문을 통과해 성 밖으로 나오는 것을 발견했다. 성문은 다시 닫혔고, 그 처녀는 비참한 모습으로 울면서 길을 따라 걸었다. 자기를 향해 다가오는 그를 의식하지도 못했다.

"여인이여, 무엇 때문에 울고 있소?"

그녀에게 물었다.

그녀는 당당한 모습으로 말을 타고 있는 성 조지를 올려다보았다.

"오, 기사님!"

그녀가 다급하게 소리쳤다.

"빨리 이곳을 피하세요. 여기는 몹시 위험한 곳이에요!"

"위험하다고요?"

성 조지가 말했다.

"위험으로부터 도망가는 기사도 있습니까? 게다가 아름다운 여인을 홀로 남겨둔 채 도망가라고요? 기사라면 어떻게 그럴 수 있겠습니까? 무슨 일인지 얘기해주십시오. 도와드리겠습니다."

"오, 아녜요!"

그녀는 울부짖었다.

"빨리 피하세요. 당신도 목숨을 잃게 될 뿐이에요. 근처에 무서운 괴물이 있어요. 언제 나타날지 몰라요. 당신이 여기 있는 걸 알면, 그 괴물은 무서운 불을 뿜어 당신을 태워버릴 거예요. 가세요. 빨리 가요!"

"좀더 자세히 얘기해주시오."

성 조지가 완강하게 말했다.

"왜 당신만 괴물을 상대하려고 하시오? 성 안에는 남자가 한 사람도 없단 말이오?"

"오!"

그녀가 말했다.

"왕이신 제 아버님은 늙고 쇠약해지셨어요. 그분이 백성을 보살피도록 도와드릴 수 있는 사람이라곤 오직 저뿐이랍니다. 그런데 이 무서운 괴물은 사람들을 집에서 쫓아내고, 소를 잡아가고, 농사를 망쳐놓았어요. 그래서 모든 백성이 안전한 곳을 찾아 성 안으로 들어왔죠. 괴물은 벌써 몇 주 전부터 성문 가까이에서 떠나지 않고 있어, 우리는 매일 양 두 마리를 괴물에게 아침 식사로 바쳐야만 했어요."

공주는 이야기를 계속했다.

"어제는 더 이상 바칠 양이 없었어요. 그러자 괴물은 오늘 젊은 처녀를 바치지 않으면 성벽을 무너뜨리고, 성 전체를 불태워버리겠다고 위협했죠. 백성들은 왕에게 달려와서 구해달라고 울부짖었어요. 하지만 아버님에게는 아무런 힘도 없었어요. 그래서 내가 괴물의 먹이가 되려고 하는 참입니다. 그 괴물이 공주인 나를 잡아가는 대신, 우리 백성들은 살려둘지 모르니까요."

"앞장 서시오, 용감한 공주여. 괴물을 어디서 찾을 수 있는지 알려주시오."

공주는 성 조지의 타오르는 듯한 눈과 칼을 빼든 우람한 팔과 늠름한 모습을 보게 되자, 더 이상 두려워하지 않게 되었다. 공주는 몸을 돌려 반짝이는 호수로 안내했다.

"그놈은 저기에 있어요."

그녀가 속삭였다.

"물이 움직이는 걸 보세요. 괴물이 잠에서 깨어나 꿈틀거리나봐요."

성 조지는 호수의 수면 위로 내미는 괴물의 머리를 보았다. 괴물은 조금씩 모습을 나타냈다. 그리고 성 조지를 보자 노호하며 그에게로 맹렬히 덤벼들었다. 괴물의 코에서는 불과 연기가 뿜어져나왔고, 마치 기사와 말을 한입에 집어삼킬 듯한 위세였다.

성 조지는 고함을 지르며 머리 위로 칼을 휘둘렀다. 눈 깜짝할 사이에 괴물의 머리에 올라타 마구 찔러댔다. 처절한 싸움이었다.

마침내 부상당한 괴물이 몹시 고통스러워하며 몸을 흔들어 성 조지를 떨어뜨렸다. 그리고 그 커다란 입을 벌리고 덤벼들었다. 용감한 기사의 머리가 괴물의 입 속으로 빨려들어가기 직전이었다.

성 조지는 살짝 피하며 온 힘을 다해 괴물의 목을 칼로 찔렀다. 그러자 그 괴물은 말의 발 앞에 쓰러졌다. 죽은 것이다!

성 조지는 승리의 기쁨에 취해 환호성을 터뜨렸다. 그리고 공주를 불렀다. 공주는 그에게로 달려왔다.

"당신의 허리띠를 풀러주시오, 공주여!"

성 조지가 말했다.

공주는 허리띠를 풀러주었고, 성 조지는 그것으로 괴물의 목을 묶어 공주와 함께 성을 향해 괴물을 끌고 갔다. 온 백성들에게 괴물이 다시는 그들에게 해를 끼치지 못한다는 것을 보여주기 위해서였다.

사람들은 성 조지가 공주와 함께 죽은 괴물을 끌고오는 것을 보자 기쁨으로 환호성을 터뜨리고 성문을 활짝 열어주었다.

왕은 요란한 소리를 듣고서 백성들이 왜 그러는지를 알아보려고 궁전에서 나왔다.

왕은 공주가 무사히 돌아온 것을 보자, 그 누구보다도 기뻐했다.

"오, 용감한 기사여."

왕이 말했다.

"나는 늙고 쇠약해졌소. 이 성에 머물며 백성들을 안전하게 지켜주시오."

"저를 필요로 하신다면 여기에 머물겠습니다."

성 조지가 대답했다.

이렇게 해서 성 조지는 그 성에 머물며 왕이 백성들을 통치할 수 있도록 도와주었다. 왕이 죽자 성 조지가 그 뒤를 이어 왕이 되었다. 백성들은 행복했고, 그 용감한 사람이 그들의 왕으로 있는 동안 그 어느 때보다도 안전했다.

아트리의 종
The Bell of Atri

제임스 볼드윈 Retold by James Baldwin

각자가 서로에 대한 의무를 다하며 살아가는 것, 그것이 정의의 본질이다.

아트리는 이탈리아의 한 작은 마을 이름이다. 가파른 언덕의 중간 부분에 자리 잡은 매우 오래된 마을이다.

오래 전, 아트리의 왕은 커다란 종을 마련해 시장 한복판에 있는 커다란 탑에 매달아놓았다. 그 종에는 거의 땅에 닿을 만한 기다란 줄이 매달려 있었다. 필요할 때면 아이들도 그 종을 칠 수 있게 했던 것이다.

"이 종은 정의의 종이다."

왕이 말했다.

종을 달고 모든 것이 준비되자 아트리 마을 사람들은 큰 축제를 벌였다. 아트리 사람들은 정의의 종을 구경하기 위해 시장으로 몰려나왔다. 태양처럼 반짝이는 황금빛 종이었다.

"종소리를 들어봤으면!"

사람들은 입을 모아 말했다.

그때 왕이 거리로 나왔다.

"이제 왕이 종을 칠거야."

사람들은 조용히 서서 왕의 다음 행동을 지켜보았다.

그러나 왕은 종을 치지 않았다. 줄을 잡지도 않았다. 그는 탑 바로 아래에서 걸음을 멈추고 손을 들었다.

"백성들이여!"

왕이 말했다.

"이 아름다운 종이 보이는가? 이것은 너희들의 종이다. 그러나 꼭 필요한 때만 종을 울려야 한다. 너희들 중 누구든지 부당한 일을 당했을 때, 이 탑으로 와서 종을 쳐라. 그러면 재판관들이 즉시 와서 그 사람의 사연을 듣고, 정의를 행할 것이다. 부자도 가난한 사람도, 노인도 어린아이도, 그 누구도 종을 칠 수 있다. 그러나 오직 자신이 부당한 대우를 받았다고 확신하는 사람만이 이 밧줄을 당길 수 있다."

종을 달아놓은 지 오랜 세월이 흘렀다. 그 동안 여러 번 종이 울렸고, 그때마다 재판관들이 한자리에 모였으며, 잘못 된 일이 바로잡히고, 나쁜 짓을 한 사람들은 벌을 받았다. 마침내 매달았던 줄이 낡아서 끊어졌다. 그 바람에 줄이 짧아져 오직 키 큰 어른들이라야만 그 줄을 잡을 수 있었다.

"이래서는 안 된다."

어느 날 재판관들이 말했다.

"어린아이가 부당한 대우를 받았을 경우에는 어떻게 되겠는가? 종을 울려 우리에게 알려줄 수 없지 않은가?"

그들은 즉시 그 종에 새 줄을 달 것을 명령했다. 어린아이들도 종을 칠 수 있도록 바닥까지 내려오는 긴 줄이 필요했다. 그러나 아트리 마을에 그렇게 긴 줄은 없었다. 산 너머 마을로 사람을 보내 구해와야 했다. 그렇게 되면 며칠이 걸리는데, 그 전에 어린아이에게 부당한 일이 생기면 어떻게 하겠는가? 피해를 당한 아이가 종을 칠 수 없다면, 재판관들이 어떻게 그 일을 알 수 있겠는가?

"내가 해보지요."

옆에 서 있던 남자가 말했다.

그는 거기서 멀지 않은 자신의 집 정원으로 달려가서, 곧 기다란 포도 넝쿨을 가지고 돌아왔다.

"밧줄 대신에 이걸 매달아도 될 겁니다."

그 남자가 탑 꼭대기로 기어올라가 종에 포도 넝쿨을 매달아 늘어뜨렸다. 잎과 덩굴손이 그대로 달려 있는 그 포도 넝쿨은 길게 늘어져 땅에 끌릴 정도였다.

"아주 적당한 줄이다."

재판관들이 말했다.

"이걸 매달아두기로 하자."

마을 언덕에 한때 용감한 기사였던 노인이 살고 있었다. 젊은 시절에 여러 나라를 누비며 수많은 전투를 치러냈던 노인이었다. 그때 그의 가장 좋은 친구는 자신을 수많은 위험으로부터 구해내준 강인하고 혈통 좋은 그의 말이었다.

그러나 그 기사는 나이가 들어 더 이상 전장을 누빌 기력이 남아 있지 않아 용감한 행동도 할 수 없게 되었고, 이제는 오직 재물만을 생각하는 수전노로 변했다. 마침내 그는 말을 제외한 전재산을 팔고 언덕의 조그만 오두막에서 살았다. 매일 그는 돈 자루에 둘러싸여 금을 더 모으는 일만 생각했다. 그의 말은 텅 빈 마구간에서 하루하루 추위와 굶주림에 떨며 지쳐갔다.

"저런 게으름뱅이 늙은 말을 데리고 뭐하지?"

어느 날 아침 그 수전노는 중얼거렸다.

"저놈을 데리고 있으려니 돈만 많이 드는군. 팔아버려야겠어. 그런데 저런 놈을 사려는 사람도 없으니, 풀어주고 길가의 풀이나 뜯어 먹으며 살게 내버려둬야겠어. 굶주려 죽는 것보다 훨씬 나을 테니, 제놈이 알아서 하겠지."

그렇게 해서 용감했던 그 늙은 말은 먹을 것을 찾아 황량한 언덕을 헤맸다. 병들고 약한 말은 길에서 풀 한 포기 혹은 엉겅퀴를 찾으면 몹시 기뻐했다. 아이들은 그 말을 보면 돌을 던졌고, 개들은 마구 짖어댔다. 이 세상에서 그를 불쌍히 여겨주는 이는 한 사람도 없었다.

어느 더운 여름날, 거리에 아무도 없을 때, 말은 시장을 어슬렁거리게 되었다. 시장에는 아무도 없었다. 모두들 한낮의 뜨거운 더위를 피해 집 안으로 들어갔던 것이다. 문은 활짝 열려 있었고, 말은 마음껏 여기저기 돌아다녔다. 정의의 종에 매달린 포도 넝쿨이 보였다. 그 넝쿨에 매달린 잎과 덩굴손은 아직 싱싱함을 잃지 않은 초록색이었다. 넝쿨을 매단 지 얼마 되지 않았기 때문이었다. 굶주린 말에게 그것은 훌륭한 식사였다.

말은 야윈 목을 길게 늘여 자기를 유혹하는 잎을 물었다. 떼어내기 쉽지 않아 힘껏 끌어당겼다. 그러자 위쪽에서 웅장한 종소리가 울리기 시작했다. 아트리 사람들 모두가 종소리를 들었다. 종소리는 이렇게 말하는 것 같았다.

누군가	나를	학대했네!
누군가	나를	학대했네!
오, 나와서	재판을	해주세요!
오, 나와서	재판을	해주세요!
나는	학대	당했어요!

재판관들이 그 소리를 들었다. 그들은 이러한 시간에 종을 울리는 이가 누구인지 궁금해 하며 법복을 걸치고 밖으로 나와 시장으로 갔다. 활짝 열린 문을 통해 시장에 들어섰을 때, 늙은 말 한 마리가 포도 넝쿨을 뜯어먹고 있는 것이 보였다.

"저런!"

한 재판관이 소리쳤다.

"수전노의 말 아닌가. 정의를 외치려고 여기까지 왔구나. 모두들 아는 대로 말 주인이 지독한 학대를 했기 때문일거야."

"한낱 짐승에 불과한데도 자신을 아주 잘 변론하고 있구먼."

다른 재판관이 말했다.

"이번에도 정의로운 판결을 내립시다!"

세 번째 재판관이 말했다.

한편, 마을 사람들은 무슨 일인지를 알아보려고 모두 시장으로 몰려나왔다. 처음에는 말을 보고 어리둥절해지더니, 곧 그들은 말의 주인이 황금 자루에 묻혀 지내는 동안 그 말은 굶주리고 보살핌을 받지 못해 먹을 것을 찾아 헤매고 다녔다는 이야기를 하기 시작했다.

"말 주인이라는 자를 불러오라."

재판관들이 명령했다.

그 수전노가 오자, 재판관들은 그 노인을 앞에 세워놓고 판결을 내렸다.

"이 말은 오랫동안 너를 위해 봉사했다."

그들이 말했다.

"너를 수많은 위험에서 구해주었고, 네가 부자가 될 수 있도록 도와주었다. 그러므로 우리는 네가 가진 금의 절반을 떼어 이 말의 보금자리와 먹을 것, 말이 산책할 만한 초지, 그리고 이 말이 더 늙었을 때 편히 쉴 수 있도록 따뜻한 마굿간을 마련해줄 것을 명령한다."

그 수전노는 머리를 떨군 채 자신의 금을 잃게 된 것을 원통해 했다. 모여 있던 사람들은 기쁨의 환호성을 터뜨렸다. 얼마 후 그 말은 새로운 마구간으로 인도되어, 오랫동안 맛보지 못했던 맛있는 저녁 식사를 대접받았다.

궤짝 속의 유리 조각
The Chest of Broken Glass

부모와 자식간의 서로에 대한 책임은 나이가 들면서 변질된다. 인생의 어느 시기에 누군가에게 관심을 갖는다는 것은 그들을 잘 보살펴주는 것임을 보여주는 이야기를 소개한다. '부모를 공경하라.' 는 의무는, 부모가 나이 들었다고 끝나는 것이 아니다.

옛날에 아내를 잃고 홀로 살아온 노인이 있었다. 그는 일생 동안 재단사로서 열심히 일하며 살아왔다. 그러나 불행하게도 한 푼도 없는 가난뱅이로 남았고, 게다가 이제는 너무 늙어 일을 할 수도 없었다. 손이 떨려 바늘귀에 실을 제대로 끼울 수 없었고, 눈은 침침해 똑바로 꿰맬 수조차 없었던 것이다. 그에게는 아들이 셋 있었다. 그러나 그들은 모두 결혼해서 각자의 생활에 바빴으므로, 일주일에 한 번 들러 아버지와 저녁 식사를 하는 것이 전부였다.

노인은 나이가 들면서 점점 쇠약해져갔고, 아들들이 찾아오는 횟수는 더욱 드물어졌다.

"이제 그놈들은 내가 가까이에 있는 것조차 원하지 않는구나."

그는 혼자서 이렇게 중얼거렸다.

"내가 짐이 될까봐 두려운거야."

그는 앞날을 걱정하느라 밤새 잠을 이루지 못했다. 그러다가 한 가지 꾀를 생각해냈다.

다음날 아침, 그는 목수인 친구에게 커다란 궤짝을 하나 만들어달라고 부탁했다. 그리고 열쇠 장수 친구를 찾아가 오래된 자물쇠를 부탁했다. 마지막으로 유리 공장을 하는 친구를 찾아가 깨진 유리 조각을 있는 대로 달라고 부탁했다.

늙은 재단사는 궤짝을 집으로 가져와 유리 조각으로 가득 채운 후 자물쇠로 단단히 잠가 식탁 밑에 넣어두었다. 그리고 아들들이 아버지와 함께 저녁 식사를 하기 위해 찾아왔고, 발끝에 이상한 상자가 부딪치자 궁금해 하며 물었다.

"상자 안에 무엇이 들어 있어요?"

아들들이 식탁 밑을 보며 물었다.

"음, 아무것도 아니란다."

그 노인이 대답했다.

"내가 평생 동안 모아온 것일 뿐이야."

아들들은 상자를 슬쩍 밀어보며 얼마나 무거운지 알아보았다. 발로 차보기도 했다. 안에서 뭔가 부딪치는 소리가 들려왔다.

"아버지가 오랜 기간에 걸쳐 모아온 금이 들어 있는 것이 분명해."

그들은 서로에게 이렇게 속삭였다.

그들은 의논 끝에 그 보물을 지켜야 할 필요가 있다는 데 생각을 같이했다. 그래서 돌아가며 아버지와 함께 살기로 결정했다. 그렇게 하면 자연히 아버지를 보살필 수 있을 것이었다. 첫째 주에는 막내 아들이 와서 음식을 준비했다. 그 다음 주에는 둘째 아들이 그 일을 맡았고, 장남이 그 다음 차례였다. 얼마 동안 그런 생활이 계속되었다.

마침내 그 늙은 아버지는 병들어 세상을 떠났다. 아들들은 장례식을 훌륭하게 치렀다. 식탁 밑에 보물이 있으며, 그 노인을 위해 어느 정도 사용할 만한 여유는 있다고 생각했기 때문이었다.

장례식이 끝난 다음, 그들은 집 안 구석구석을 뒤져 열쇠를 찾아내 그 상자를 열었다. 물론 그 상자 속에는 깨진 유리 조각뿐이었다.

"더러운 속임수야! 자식들에게 이런 잔인한 짓을 하다니, 이래도 되는거야?"

장남이 소리쳤다.

"아버지로서는 그럴 수밖에 없었던거야. 우리는 솔직해야 해. 그 궤짝이 아니었더라면, 우리는 아버지를 돌아가시는 그날까지 내버려두었을거야."

둘째 아들이 슬픈 목소리로 말했다.

"나도 부끄러워. 아버지가 이런 속임수를 쓰도록 만든 건 우리들이 어렸을 때 아버지가 가르쳐주신 것을 실천하지 않았기 때문에, 이런 속임수를 쓰신 거잖아.'"

막내 아들이 말했다.

그러나 장남은 유리 조각들 속에 무엇인가 값진 것이 감춰져 있지 않나 확인하기 위해 주방 바닥에 유리 상자를 뒤집었다. 그리고 바닥이 들어나자 세 아들은 멍하니 상자 안을 들여다보았다. 거기에는 다음과 같은 글이 씌어 있었다.

네 부모를 공경하라.

헌신적인 아들과 도둑
The Devoted Son and the Thief

중국에서 전해내려오는 이야기이다. 한 사람의 놀라운 책임감은 감동적인 본보기가 되어 비뚤어진 사람을 가르치고, 그를 변화시킨다.

성의를 다해 과부가 된 어머니를 봉양하는 리라는 젊은이가 있었다. 어머니를 위해 음식을 만들고, 매일 저녁 약을 달여주었으며, 어머니가 말년을 쓸쓸히 보내지 않도록 어머니의 친구들을 초대하기도 했다. 일주일에 한 번 어머니와 함께 아버지의 묘로 찾아가 어머니가 조용히 회상에 젖어 있는 동안, 묘를 돌보기도 했다.

어느 날 밤, 집에 도둑이 들었다. 도둑은 리와 그의 어머니를 한쪽 구석으로 몰아놓고 집 안을 뒤지기 시작했다. 도둑은 훔쳐갈 만한 물건들을 큰 자루에 집어넣기 시작했다.

먼저 리의 비단 옷을 집어넣었다. 리의 옷들 중에서 단 한 벌뿐인 좋은 옷이었다. 그러나 리는 지켜보기만 할 뿐 아무 말도 하지 않았다.

리의 저고리를 집어넣었다. 리가 몹시 추운 날 입는 단 한 벌뿐인 옷이었다.

리는 입을 꾹 다물고 아무 말도 하지 않았다. 도둑은 리의 옥반지를 집어넣었다. 아버지에게서 물려받은 반지였다. 리의 입술이 떨렸다. 그러나 한마디 말도 하지 않았다. 도둑은 오래된 그릇을 집어들었다.

"부탁입니다만, 그 그릇만은 가져가지 마십시오. 어머니의 진지를 끓여드릴 수가 없습니다."

리가 말했다.

도둑은 그 그릇을 떨어뜨리고, 경외감으로 가득 찬 눈으로 그 젊은 이와 그의 어머니를 바라보았다.

"이런 효자가 살고 있는 집에서 도둑질을 한다면, 나는 천벌을 받을 거요."

도둑은 울먹였다. 그리고 자루를 비운 다음 뉘우치고 돌아갔다.

돌을 던진 남자
The Man Who Tossed Stones

고대 중동에 전해지는 이 이야기는 자신의 문제를 다른 누군가에게 전가해 그 책임을 면하려고 해서는 안 된다는 것을 경고해준다.

자신의 손으로 큰 집을 짓고 주위에 높은 담을 둘러쳐놓고 사는 사람이 있었다. 담 안쪽으로는 온갖 꽃과 나무가 자라는 정원이 있었다. 그는 그 무엇보다도 정원을 사랑해서 끊임없이 새로운 화단과 소로를 설치하고 샘을 팠다. 하인들은 땅을 팠고, 쓸모없는 돌이 나오면 그 부자의 명령에 따라 담 너머로 던져버렸다. 계절이 바뀌고 해가 바뀌어도, 하인들은 계속해서 정원을 꾸미고, 돌멩이는 수레에 실어 바깥 길에 쏟아버렸다.

어느 날 한 노인이 그 저택을 지나가다가 대문 앞에서 걸음을 멈추었다.

"이보시오!"

노인은 작업을 감독하고 있던 그 부자를 불렀다.

"왜 당신의 것이 아닌 땅에서 나온 돌을 당신의 땅에 버리시오?"

"무슨 말이오 노인? 이 정원은 내 것이오. 이 담 안에 있는 것 모두가 내 것이오. 담 밖에 있는 것도 마찬가지이고 말이오. 그러니 내가 어떻게 하든 무슨 상관이오?"

그 부자는 웃었다.

그 노인은 서글픈 눈으로 부자를 보았다.

"이 세상의 모든 것은 돌고 도는 것이라오"

그 노인은 이렇게 말하고 나서 몸을 돌렸다.

"거 이상한 늙은이군."

부자는 이렇게 생각하며 샘을 파고 있는 하인들을 다그쳤다.

몇 년이 지나고 어려운 시기가 도래했다. 부자의 재산도 줄어들기 시작했다. 사업은 실패하고, 그의 투자는 손실로 끝나버렸다. 오래지 않아 빚쟁이들에게 시달리게 되어 전 재산을 팔아버릴 수밖에 없었다. 아름다운 집과 정원도 팔지 않을 수 없었다. 마침내 그는 한 푼도 없는 거지 신세가 되고 말았다.

어느 날 그는 거리를 돌아다니며 먹을 것을 구걸하던 중, 한때 자신의 집이었던 아름다운 저택 앞을 지나게 되었다. 담 옆의 길은 온통 울퉁불퉁한 돌투성이였고, 맨발로 다니던 그는 돌에 찔려 피를 흘렸다. 그는 그 자리에 주저앉아 상처를 들여다보았다.

피가 흐르는 상처는 쑤셔대기 시작했다. 그는 눈을 들어 그 높은 벽을 바라보고, 다시 울퉁불퉁한 돌로 채워진 길을 보았다.

"나는 왜 담 바깥도 안쪽의 정원처럼 신경써서 다듬지 않았을까? 지금 나는 공들여 가꾼 정원을 빼앗겼을 뿐만 아니라, 내 어리석음의 쓴맛까지 보는구나."

그는 회한에 빠져들었다.

그때 갑자기 그 노인의 말이 떠올랐다.

"왜 당신의 것이 아닌 땅에서 나온 돌을 당신의 땅에 버리시오?"

다모클레스의 칼
The Sword of Damocles

제임스 볼드윈 Adapted from James Baldwin

'의무를 다할 수 없으면, 높은 지위를 탐하지 말라.' 는 교훈을 주는 오래된 이야기이다. 높은 자리를 갈망한다면 그에 수반되는 책임을 감수해야 한다는 점을 다시 생각하게 한다.

시칠리아의 가장 부유한 도시 시러큐스를 지배하는 디오니시우스라는 왕이 있었다. 그는 화려한 궁전에서 아름답고 값진 물건들에 둘러싸여 살았으며, 그의 주위에는 그가 명령만 내리면 언제나 무슨 일이든지 수행할 신하들이 있었다.

디오니시우스가 엄청난 재산과 권력을 가진 왕이었는지라, 시러큐스에는 그의 행운을 부러워하는 사람들이 많았던 것도 당연했다. 다모클레스도 그들 중 한 명이었다. 그는 디오니시우스의 가까운 친구였으며, 항상 이렇게 말했다.

"왕께서는 진정한 행운아이십니다. 세상 그 무엇도 부러울 게 없을 만큼, 모든 것을 소유하지 않았습니까? 당신은 이 세상에서 가장 행복한 사람일 것임이 분명합니다."

어느 날, 그의 끊임없는 질투에 짜증이 난 디오니시우스는 이렇게 말했다.

"이보게, 진정으로 나를 다른 누구보다도 행복한 사람이라고 생각하나?"

"물론입니다. 당신의 보석들과 권력을 보십시오. 당신은 아무 걱정도 없지 않습니까? 어떻게 그보다 더 나은 인생을 생각할 수 있겠습니까?"

디오니시우스가 대답했다.

"그렇다면 나와 신분을 바꿔보고 싶겠군."

"오, 감히 그런 생각은 해본 적도 없습니다. 그렇지만 저는 단 하루만이라도 왕이 되어 부와 기쁨을 누려볼 수만 있다면, 그 이상 아무것도 바랄 것이 없을 겁니다."

"좋다. 그렇다면 하루 동안 내 자리에 앉아보아라."

이렇게 하여, 다음날 다모클레스는 왕궁으로 인도되었다. 그리고 모든 신하들이 지시받은 대로 그를 왕으로 모셨다. 그에게 왕의 도포를 입히고, 그의 머리에는 금으로 만든 왕관을 씌워주었다. 그는 연회장의 상석에 앉았고, 그의 앞에 온갖 맛있는 음식이 차려졌다. 최고급 포도주, 아름다운 꽃, 희귀한 향수, 그리고 감미로운 음악, 더 이상 아무것도 바랄 것이 없었다. 그는 푹신한 안락의자에 앉아 편히 쉬며 이 세상에서 자신이 가장 행복한 사람이라고 생각했다.

"아, 이것이 인생이야."

그는 숨을 크게 들이쉬며 식탁의 맞은편에 앉아 있는 디오니시우스에게 말했다.

"내 인생에서 이렇게 행복했던 때는 없었습니다."

다모클레스는 포도주를 마시려고 잔을 입술에 대고 얼굴을 들었다.

순간 그의 머리 바로 위에 매달린, 끝이 날카로운 무엇인가가 그의 머리를 노리고 있었다. 뭐지?

다모클레스는 굳어버렸다. 그의 입술에서 미소가 사라졌다. 그의 얼굴은 잿빛으로 변했다. 손이 떨렸다. 맛있는 음식도, 좋은 포도주도, 감미로운 음악도 싫었다. 오직 궁전에서 나가고 싶을 뿐이었다. 아무데로나 멀리 가버리고 싶었다. 그의 머리 바로 위에는 단 한 올의 말총으로 묶어 놓은 칼 한 자루가 매달려 있었던 것이다. 그 날카로운 칼끝은 정확하게 그의 양미간을 겨누고 있었다. 그는 당장 일어나 달아나고 싶었다. 그러나 그럴 수도 없었다. 갑자기 움직이면 그 가느다란 말총이 끊어지고, 칼이 떨어질 것 같았기 때문이었다. 그는 의자에 앉은 채 얼어붙었다.

"왜 그러나, 친구?"

디오니시우스가 물었다.

"갑자기 식욕을 잃은 것 같은데?"

"저 칼! 저 칼이 보이지 않으십니까?"

"물론 나도 보고 있네. 매일 보고 있지. 항상 내 머리 위에 매달려 있다네. 누가 혹은 무엇이 언제 저 가느다란 말총을 끊어버릴지 모르지. 내 신하 중 한 사람이 내 권력을 시기해 나를 죽이려 할 수도 있고, 누군가 나에 대한 거짓된 소문을 퍼뜨려 민심을 잃게 만들 수도 있네. 이웃 왕국에서 내 왕위를 빼앗으려는 칼일지도 모른다네. 혹은 내가 스스로 내린 우매한 결정에 무너지는 칼일 수도 있지. 자네가 왕이 되고 싶다면, 이 모든 위험 부담을 감수해야 한다네. 권력에 수반되는 의무지. 이해하겠나?"

"네."

다모클레스가 말했다.

"지금껏 잘못 생각하고 있었음을 깨달았습니다. 당신에게는 재산과 권력, 그외에도 숙고해야 할 일이 아주 많다는 것을 알지 못했습니다.

당신의 자리에 앉으십시오. 그리고 저를 집으로 돌아갈 수 있도록 허락해주십시오."

다모클레스는 죽는 날까지 결코 단 한순간이라도 왕과 자리를 바꾸고 싶어하지 않았다.

우 정

F R I E N D S H I P

우 정 *FRIENDSHIP*

　우리는 왜 친구를 원하는가? 그 대답은 명백하다. 친구는 우리에게 행복을 주기 때문이다. 그들은 인생을 흥미롭고 즐겁게 해준다. 새로운 체험과 소망을 함께 나누고, 유머 감각을 공유한다.

　그러나 진정한 우정은 함께 어울려 다니며 키득거리는 것, 그 이상이다. 고대 그리이스 철학자 아리스토텔레스는 이렇게 말했다:

　"누군가를 향한 우호적인 느낌이란, 자신이 좋은 것이라고 믿는 일을 자기 자신이 아니라 그를 위해서, 가능하다면 실제로 일어나도록 해주는 것—이라고 말할 수 있다."

　달리 설명하면, 진정한 친구는 서로에게 미덕을, 아리스토텔레스가 표현한 '좋은 것' 을 준다. 친구들은 이 장에 나오는 「조나단과 데이비드」에서처럼 친구는 서로에게 '충직함' 을 준다. 「다몬과 피시아스」에서 보듯 서로에게 신뢰를 준다. 「룻과 나오미」의 내용 대로 필요한 때 도와주기도 한다.

　친구들은 당연히 서로를 더 나은 사람으로 발전시켜주려고 한다. 올바른 결정을 하고, 가치 있는 목표를 향해 나아가도록 도와준다. 친구가 된다는 것은, 친구가 원하는 일을 해야만 한다는 것을 뜻하지 않는다. 오히려 친구를 위해 최선이라고 믿는 일을 해주는 것을 뜻한다.

　이 모든 것은 현명하게 친구를 선택해야 한다는 의미이다. 친구들은 우리 자신에 관해 많은 이야기를 해준다. 우리가 어떻게 달라져야 할 것인가를 이야기해준다. 좋은 친구는 우리가 발전할 수 있도록 도와주지만, 나쁜 친구는 당신을 끌어내린다. 만약 그들이 나쁜 습관을 가지고 있다면, 우리 역시 똑같은 습관을 갖게 될 가능성이 크다. 그러므로 그러한 친구들의 태도를 바꾸도록 설득할 수 없다면, 새로운 친구를 찾는 것이 더 낫다.

물론, 어떤 사람들에게는 많은 경우, 새로운 친구를 찾아 우정을 발전시키는 일 자체가 매우 어려운 일일 수 있다. 그렇지만 친구를 사귀고, 친구가 되어주는 일에 대해 지나칠 정도로 신중하게 생각하지 않는다면, 그렇게까지 어려움을 느낄 필요는 없다. 사람들이 자신에게 관심을 갖도록 해서 친구를 사귀려고 하는 것보다, 당신 스스로 다른 사람들에게 관심을 갖는다면 더 많은 친구를 사귈 수 있다. 그리고 다른 누군가에 대해 진정으로 관심을 갖게 되면, 우정이 우리에게 단지 행복만을 가져다주는 것이 아님을 알게 될 것이다. 우리를 더 훌륭한 사람으로 고양시켜줌으로써 보다 나은 행복을 가져다주는 것이다.

어린 시절
Childhood and Poetry

파블로 네루다 Pablo Neruda

칠레의 시인 파블로 네루다(1904 – 1973)는 우리가 낯선 사람에게 우정을 줄 때마다, 온 인류의 형제애가 확장된다는 것을 보여준다.

어렸을 때 한 번은 테무코의 우리 집 뒤뜰에서 나만의 세계를 이루고 있는 보잘것없고, 작은 존재들을 자세히 살펴보던 중에, 담장에 뚫린 조그만 구멍을 보게 되었다. 나는 그 구멍을 통해 밖을 내다보았다. 우리 집 뒤뜰처럼 아무도 손보지 않아 거친 풍경을 보게 되었다. 나는 무슨 일인가 일어나리라는 막연한 생각이 들어 몇 걸음 뒤로 물러났다. 그때 갑자기 손 하나가 나타났다. 내 나이 또래 소년의 손이었다. 내가 가까이 다가가자 그 손은 사라졌고, 그 자리에 거짓말처럼 하얀 양이 놓여 있었다.

털은 해지고 바퀴는 빠져버렸지만, 그 때문에 오히려 소중하게 느껴지는 장난감 양이었다. 그처럼 예쁜 양은 본 적이 없다. 다시 구멍을 통해 밖을 내다보았지만, 그 소년은 사라지고 보이지 않았다. 나는 집으로 돌아가 내 보물을 가지고 왔다. 내 보물은 송진 냄새로 가득 찬 벌어진 솔방울이었다. 나는 그것을 거기에 놓아두고 그 양을 가지고 돌아왔다.

나는 그 손도 그 소년도 두 번 다시 보지 못했다. 그렇게 멋진 양도 보지 못했다. 그 장난감도 뒷날 화재로 잃고 말았다. 그렇지만 내 나이 거의 쉰 살이 된 1954년인 지금에 와서도 장난감 가게 앞을 지날 때면 흘깃 진열장을 들여다보곤 한다. 소용 없는 일이다. 지금은 더 이상 그런 양 장난감을 만들지 않는다.

나는 운이 좋은 사람이다. 친밀한 형제애를 느낀다는 것은 인생에서 너무나 멋진 일이다. 사랑하는 사람으로부터 사랑을 느끼는 것은 인생을 밝혀주는 등불과도 같은 것이다. 그러나 우리가 모르고, 우리를 모르는 사람들, 그리고 우리의 잠과 외로움과 위험, 약함을 지켜본 사람들로부터 느끼는 애정은 훨씬 더 크고, 아름답다. 그것은 우리 존재의 영역을 확장시켜주고, 살아 있는 모든 것들을 하나로 결합시켜 주는 것이므로.

어린 시절의 선물 교환은 나로 하여금 최초로 온 인류는 하나로 연결되어 있다는 의미 있는 인식을 하도록 만들었다. 그 경험은 훨씬 훗날 내게 다시 찾아왔다. 그것은 어려움과 박해의 상황을 놀라울 정도로 잘 견뎌내게 했다.

내가 형제애를 나누기 위해 송진 냄새가 나는 것이나 흙 따위의 유쾌한 무엇인가를 준다고 해도 당신은 놀라지 않을 것이다. 담장 밑에 솔방울을 놓아두었던 것처럼 감옥에 갇힌 사람들, 추적당하는 사람들, 혹은 외로운 사람들, 내가 모르는 사람들의 문 앞에 내 글을 남겨둔다.

외로운 집 뒤뜰에서의 어린 시절의 그 경험은 나에게 큰 교훈이 되어주었다. 어쩌면 그것은 서로를 모르는 두 아이가 인생에서 무언가 좋은 것을 서로에게 주고 싶어했던 단순한 장난에 불과했는지도 모른다. 그리고 그 조그맣고 신비로운 선물 교환은 내 가슴속 깊이 파괴되지 않는 모습으로 남아 내 시에 빛을 더해주고 있는지도 모른다.

다몬과 피시아스
Damon and Pythias

이 이야기는 기원전 4세기 시라쿠사에서 있었던 일이다. 오늘날까지도 다몬과 피시아스의 이야기는 어떠한 상황에서도 의심의 여지없이 확신을 갖는 절대적인 우정의 표본이 되고 있다.

  다몬과 피시아스는 어린 시절부터 매우 친한 사이였다. 그들은 형
제처럼 서로를 믿었으며, 두 사람 모두 진심으로 친구를 위해 하지 못
할 일은 없다고 생각했다. 마침내 그들의 이러한 우정을 입증해 보일
때가 찾아왔다. 그 일은 이렇게 시작되었다.
  시라쿠사의 통치자 디오니시우스는 피시아스의 연설 내용 때문에
몹시 화가 나 있었다. 젊은 학자 피시아스는 군중들에게 누구도 다른
사람에 대해 무제한적인 권력을 행사해서는 안 되며, 그러한 절대적
인 독재자는 부당한 왕일 수밖에 없다고 연설했던 것이다. 화가 치밀
어오른 디오니시우스는 피시아스와 그의 친구를 불렀다.
  "도대체 너는 무슨 권한으로 백성들 사이에 동요를 일으키고 다니
느냐?"
  "저는 진실을 얘기했을 뿐입니다. 잘못 된 점이라곤 전혀 없습니다."
  피시아스가 대답했다.
  "왕이 너무 많은 권력을 가졌고, 그 법은 백성들에게는 부당하다는
것이, 너의 진실이 주장하는 바란 말이냐?"
  "왕이 백성들의 허락을 받지 않고 권력을 쥐었을 경우 그렇다는 것
이 제 연설의 요지였습니다."
  "이건 반역 행위다!"
  디오니시우스가 소리쳤다.
  "너는 나를 무너뜨리려고 음모를 꾸몄다. 당장 네가 한 얘기를 취소
하라. 그렇지 않으면, 그 대가가 어떤 것인지를 보게 될 것이다."
  "어떤 것도 취소하지 않겠습니다."
  피시아스가 대답했다.
  "그렇다면 너를 사형에 처한다. 마지막으로 부탁할 것은 없느냐?"
  "있습니다. 저를 며칠간만 집으로 보내주셔서 아내와 아이들에게

작별 인사를 하고, 집안 일을 정리할 수 있도록 허락해주십시오."

"너는 나를 부당한 왕이라고 생각할 뿐만 아니라, 어리석기 그지없다고 여기는가 보구나."

디오니시우스가 코웃음을 쳤다.

"시라쿠사를 떠날 수 있도록 허락해주면, 네가 어디론가 숨어버릴 것은 뻔하지 않은가."

"맹세하겠습니다."

"다시 돌아온다는 너의 확신을 어떻게 보증하겠다는 거냐?"

디오니시우스가 물었다.

그 순간, 조용히 옆에 서 있던 그의 친구 다몬이 앞으로 나섰다.

"제가 보증하겠습니다. 저를 피시아스가 돌아올 때까지 이곳 시라쿠사의 감옥에 가두십시오. 우리 사이의 우정을 잘 아시지 않습니까? 당신이 저를 붙잡아두는 한, 피시아스가 돌아올 것을 확신하실 수 있습니다."

디오니시우스는 말없이 그 두 젊은이를 살펴보았다.

"좋다."

마침내 그가 말했다.

"그렇지만 네가 기꺼이 친구를 대신할 생각이라면, 그가 약속을 지키지 않을 경우에는 네가 대신 죄값을 치러야 한다. 만약 피시아스가 시라쿠사로 돌아오지 않는다면, 네가 그를 대신해 죽어야 한다."

"그는 약속을 지킬 것입니다. 저는 그 점에 대해 전혀 의심하지 않습니다."

다몬이 대답했다.

피시아스는 집에 다녀오는 것을 허락받았다. 그리고 다몬은 감옥에 갇혔다. 며칠이 지났으나 피시아스는 돌아오지 않았다. 그러자 호기심을 이기지 못한 디오니시우스는 감옥으로 갔다. 다몬이 그 약속에 대해 후회하고 있지 않은지 알아보기 위해서였다.

"약속한 날짜가 거의 다 되었다."

디오니시우스가 말했다.

"자비를 베풀어달라고 빌어봤자 소용 없다. 친구의 그런 약속을 믿다니 너는 어리석었다. 너는 진정으로 그 친구가 너나 혹은 다른 누구를 위해서, 죽음이 기다리는데도 돌아오리라 믿었느냐?"

"그는 단지 늦는 것뿐입니다."

다몬은 차분하게 대답했다.

"폭풍 때문에 배가 늦어지고 있거나, 혹은 길에서 사고를 당했을 겁니다. 그러나 최선을 다해 그는 제 시간에 도착할 것입니다. 내가 나의 존재를 믿듯이 그의 도덕성을 믿습니다."

디오니시우스는 그의 확신에 당황하지 않을 수 없었다.

"음, 곧 알게 되겠지."

그는 이렇게 말하고서 감옥을 나왔다.

운명의 날이 되었다. 감옥에 갇혀 있던 다몬이 사형 집행인 앞으로 끌려나왔다. 디오니시우스는 득의에 찬 미소를 지으며 다몬을 바라보았다.

"네 친구는 돌아오지 않을 것 같구나."

그는 웃었다.

"이제는 그를 어떻게 생각하느냐?"

"그는 제 친구입니다. 저는 그를 믿습니다."

그가 대답하는 동안에 문이 열리고, 비틀거리며 피시아스가 들어왔다. 창백하고 온몸에 멍이 든 그는 지쳐서 제대로 말을 할 수도 없는 상태였다. 그는 친구의 품으로 달려갔다.

"너는 죽지 않아도 돼. 신에게 감사드리자."

그가 헐떡이며 말했다.

"운명이 우리 사이를 갈라놓으려 하는 것 같았어. 배가 폭풍우를 만나 난파되었고, 그 다음에는 길에서 도적을 만났지. 그렇지만 나는 희망을 잃지 않았고, 마침내 시간에 맞춰 이렇게 돌아왔네. 나는 죽을 준비가 되어 있어."

디오니시우스는 매우 놀라워했다. 그리고 그의 눈과 가슴이 열렸다. 그러한 불변의 우정을 저버린다는 것은 그로서도 불가능했다.

"사형을 취소한다."

그는 선언했다.

"나는 친구 사이에 이러한 신뢰와 성실한 우정이 존재하리라고 결코 믿지 않았다. 그대들은 내가 얼마나 잘못 생각하고 있었는가를 보여주었다. 그러니 자유를 보상받아 마땅하다. 하지만 그에 대한 보답으로 내게 큰일을 한 가지 해줄 것을 부탁한다."

"요청이 무엇입니까?"

두 친구가 물었다.

"어떻게 그런 소중한 우정을 나눌 수 있는지 가르쳐다오."

헬렌 켈러와 앤 설리번
Helen Keller and Anne Sullivan

학생과 교사 사이의 우정보다 더 신성한 것은 없을 것이다. 그러한 우정의 훌륭한 모범들 중의 하나는 헬렌 켈러(1880 – 1968)와 앤 맨스필드 설리번(1866 – 1936) 사이의 우정이다.

질병이 두 살도 안 된 헬렌 켈러의 시력과 청력을 앗아가고, 그녀를 외부 세계와 단절시켰다. 그리고 그 후의 5년 동안의 생활을 헬렌 켈러는 다음과 같이 묘사하고 있다. 나는 거칠고 제멋대로 살았다. 혼자 키득거림으로써 기쁨의 감정을 나타냈고, 그 반대의 감정은 발로 차거나 할큄으로써 표현했다. 그리고 가끔 주위를 감싼 정적으로 인해 농아처럼 괴성을 지르기도 했다.

　보스턴 소재의 맹아학교인 퍼킨스 학교로부터 앤 설리번이 앨러배머 주에 있는 헬렌 켈러의 집에 찾아옴으로써 헬렌의 인생은 바뀌게 된다. 자신도 눈의 질병으로 인해 거의 실명 상태에까지 이르렀다가 완전히 회복되지 못한 경험이 있는 앤 설리번의 끊임없는 헌신과 사랑 덕택이었다. 그녀는 촉감을 통해 그 어린 소녀의 마음에 가 닿을 수 있었고, 3년이 채 지나지 않는 기간 동안에 헬렌에게 점자로 읽고 쓰는 법을 가르쳤다. 열여섯 살이 되었을 때 헬렌은 예비 학교와 대학에 들어갈 수 있을 만큼 말을 할 수 있게 되었다. 1904년에 래드클리프 대학교를 우등으로 졸업한 후, 앤 설리번이 그랬던 것처럼 나머지 인생을 농아와 맹아를 돕는 데 바쳤다. 두 여인 사이의 특별한 우정은 앤 설리번이 죽을 때까지 계속되었다.

　헬렌은 그녀의 자서전 『내가 살아온 이야기』에서 앤 설리번이 처음 찾아왔을 때를 이렇게 쓰고 있다.

　내 인생에서 가장 중요했던 날로 기억되는 날은 내 선생님 앤 맨스필드 설리번이 내게 온 날이다. 나는 하나로 연결된 두 인생 사이의 표현할 길 없는 조화를 떠올릴 때마다 경이감에 사로잡히곤 한다. 그날은 내가 일곱 번째 생일을 맞기 3개월 전인 1887년 3월 3일이었다.

　결코 잊지 못할 그날 오후, 나는 멍하니 그러나 무엇인가를 기대하면서 현관에 서 있었다. 어머니의 몸짓이나, 집안 사람들이 분주하게 돌아다니는 것으로부터 무언가 예사롭지 않은 일이 있으리라고 느꼈으므로, 현관 계단 위에서 기다리고 있었던 것이다. 오후의 햇살이 현관을 덮고 있는 인동 덩굴 사이로 치켜든 내 얼굴을 따사롭게 비춰주었다. 나는 부드러운 남부의 봄날을 맞이하기 위해 막 피어나는 잎새와 꽃들을 무의식적으로, 그렇지만 익숙한 손놀림으로 쓰다듬고 있었다. 나에게 앞으로 어떤 놀라움이, 경이로움이 일어날지 나는 모르고 있었다. 분노와 쓰디쓴 고뇌가 몇 주 동안이나 지속적으로 나를 괴롭혔고, 그 격렬한 번민 다음에는 극단적인 무관심이 그 뒤를 이었다.

당신은 짙은 안개에 휩싸인 바다에 가본 적이 있는가? 마치 만질 수 있을 것 같은 하얀 어둠에 쌓여 있고, 배는 긴장과 불안 속에서 추와 측연선에 의지해 해변을 향해 조심스럽게 나아가고, 당신은 알 수 없는 어떤 일이 일어날 것만 같아 두려워해본 적이 있는가? 교육이 시작되기 전의 나는 그 배와 같았다. 더욱이 나는 나침반과 측연선도 없었고, 항구까지 얼마나 떨어져 있었는지조차 몰랐다.

"빛! 나에게 빛을 줘!"

내 영혼의 소리없는 울부짖음이었다. 그리고 바로 그 순간 사랑의 빛이 내게 찾아왔다.

나는 내게로 다가오는 발걸음을 느끼고, 어머니라고 생각하며 손을 내밀었다. 누군가 내 손을 잡았다. 그리고 나는 그녀의 팔을 꼭 잡았다. 내게 모든 것을 가르쳐주기 위해, 무엇보다도 나를 사랑해주기 위해 온 그녀의 팔을 잡았다.

다음날 아침, 선생님은 나를 자신의 방으로 데리고 가서 내게 인형을 주었다. 나중에야 안 사실이지만 퍼킨스 학교의 눈먼 어린아이가 보내주고, 로라 브리그먼이 옷을 입힌 인형이었다. 내가 잠시 인형을 가지고 놀자 선생님은 내 손바닥에 천천히 '인형'이라고 써주었다. 나는 즉시 이 손가락 놀이에 흥미를 느끼고, 그 움직임을 흉내내려고 했다. 그리고 마침내 글자를 똑바로 쓰게 되었을 때는 어린아이 특유의 기쁨과 자부심으로 빨갛게 달아올랐다. 계단을 뛰어내려가 어머니에게로 가서 손을 쳐들고 '인형'이라는 단어를 써보였다. 그러나 나는 내가 단어를 쓰고 있다는 것을 몰랐고, 그 단어가 존재한다는 것도 깨닫지 못했었다. 단지 손가락으로 원숭이처럼 흉내낼 뿐이었다. 그 후 이해도 못한 채 매우 많은 단어의 철자법을 배웠다. 그때 배운 단어들 중에는 핀과 컵 등의 단어가 포함되어 있었고, 앉다, 서다, 걷다와 같

은 몇 가지 동사도 있었다. 그러나 내 선생님이 몇 주일에 걸쳐 끈기
있게 가르친 끝에, 나는 모든 사물에는 이름이 있다는 것을 이해하게
되었다.

　어느 날, 내가 새 인형을 가지고 놀고 있을 때, 설리번 선생님은 그
큰 헝겊 인형을 내 무릎 위에 올려놓아주고, '인형'이라고 써준 다음
이 단어가 두 인형 모두에게 해당됨을 이해시키려고 애썼다. 그날 오
전에는 '머그'라는 단어와 '물'이라는 단어를 가지고 씨름했다. 선생
님은 '머그'는 큰 컵을 가리키는 단어이고, '물'은 물이라는 점을 이
해시켜주려고 무던히 애를 썼지만 내가 계속 그 두 개를 혼동했던 것
이다. 좌절감에 사로잡힌 그녀는 그 문제를 당분간 뒤로 미루었다. 그
러나 그것은 기회만 오면 다시 시도하겠다는 의미였다. 나는 그녀의
반복되는 시도에 짜증을 내게 되었고, 새 인형을 쥐어뜯으며 마루에
내동댕이쳤다. 그리고 내 발에 인형의 조각이 닿았을 때 나는 기뻤다.
슬프지도 않았고, 후회도 없었다. 나는 그 인형을 특별히 좋아하지도
않았다. 내가 살고 있는 고요한 어둠의 세계에는 강렬한 감정이나 상
냥함 따위는 없었던 것이다. 나는 선생님이 벽난로 한쪽으로 그 조각
들을 치우는 것을 느낄 수 있었다. 그리고 나는 나를 불편하게 했던
원인이 제거된 데 대해 만족감을 느꼈다. 선생님이 내 모자를 가져왔
고, 나는 따뜻한 햇빛이 있는 바깥으로 나가게 되리라는 것을 깨달았
다. 그러한 생각은―소리없는 어떤 느낌을 생각이라고 말할 수 있다
면―나를 기쁨으로 팔딱팔딱 뛰게 만들었다.

　우리는 길을 따라 걸어 우물가로 갔다. 그곳은 우물의 지붕을 뒤덮
고 있는 인동 덩굴의 매혹적인 향기로 가득 차 있었다. 누군가 펌프질
을 하고 있었는데, 선생님은 내 손을 잡아 흘러나오는 물 밑에 대주었
다. 차가운 물이 내 손을 적시며 흘러넘쳤고, 그녀는 나의 다른 손바
닥에 '물'이라고 썼다. 처음에는 천천히, 그 다음에는 빠르게. 나는 잠
자코 그대로 선 채, 내 온 신경을 그 손가락의 움직임에 집중했다. 갑

자기 잊고 있던 무엇인가가 어렴풋이 되살아나는 것을 느꼈다—이전의 생각이 되돌아올 때의 전율을 느꼈던 것이다. 언어의 신비가 나에게도 찾아온 것이었다. 비로소 '물'이라는 단어가 내 손을 시원하게 적시고 흘러넘치는 무엇인가를 의미하는 것임을 깨달았다. 그 살아 있는 단어는 내 영혼을 깨우고, 빛과 희망과 기쁨을 주고, 나를 자유롭게 해주었다. 아직 장벽은 남아 있었다. 그것은 사실이었다. 하지만 때가 되면 모두 허물 수 있는 장애물들이었다.

나는 배우고자 하는 열망을 가득 안고 우물가를 떠났다. 모든 것에는 이름이 있다. 그리고 각각의 이름은 내게 새로운 생각을 낳게 해주었다. 우리가 집으로 돌아오는 동안 내 손에 닿는 모든 물체는 살아 숨쉬는 것 같았다. 나를 찾아온 신비롭고 새로운 시력으로 사물을 보게 되었던 것이다. 문을 들어서면서 찢어서 던져버렸던 인형에 생각이 미쳤다. 더듬거리며 벽난로 옆으로 간 나는 인형 조각을 집어 다시 맞추어보려고 했다. 물론 헛된 일이었다. 그 순간 내 눈에 눈물이 고였다. 내가 무슨 짓을 했는지를 깨달았고, 처음으로 후회와 슬픔을 느꼈다.

그날 나는 매우 많은 단어를 배웠다. 그것들 모두를 기억하지 못하지만 어머니, 아버지, 동생, 선생님이라는 단어가 있었다는 것은 기억한다. 꽃으로 장식된 아론의 요술 지팡이처럼 나를 위해 이 세상이 피어나는 것 같은 느낌을 나에게 안겨주던 그 모든 단어들…… 그날 밤 작은 침대에 누운 나만큼 행복한 아이를 이 세상에서 찾아보기는 어려웠으리라. 나는 기쁨으로 떨었고, 처음으로, 다가올 새로운 날을 기다렸다.

앤 설리번은 편지에 그녀가 지켜보았던 헬렌에게 일어난 '기적'에 대해 이렇게 썼다.

오늘 아침 나는 더할 수 없이 기뻤어. 기적이 일어났어! 내 어린 꼬마의 가슴에 이해력의 빛이 비치기 시작했고, 오, 모든 것이 변화되었지!

2주 전까지만 해도 거칠기만 하던 꼬마 괴물이, 이제는 상냥한 아이로 변한거야. 내가 편지를 쓰는 동안 내 옆에 앉아서 조용하고 행복한 얼굴로 스코틀랜드 산 털실로 붉고 긴 고리를 뜨고 있어. 그 아이는 이번 주에 뜨개질을 배웠는데, 벌써 많이 익숙해졌어. 방 저쪽 끝까지 닿을 만한 길이의 고리를 뜬 다음 자기의 팔을 톡톡 쳐보고, 자신의 첫 작품을 사랑스럽게 뺨에 대고 비벼보더구나. 이제 그 아이는 내가 키스하는 것을 받아주고, 특히 기분이 좋을 때면 잠시 내 무릎에 앉아 있기도 한단다. 하지만 아직 내 보살핌에 대한 감사를 표할 줄은 모르지. 그렇지만 중요한 첫걸음은 내디딘 셈이야. 그 꼬마 괴물이 순종이라는 첫번째 교훈을 배우고, 그것이 쉬운 일이라는 것을 알기 시작한거야. 이제 그 어린 영혼 속에서 움트기 시작하는 아름다운 지성의 형태를 잡아주고, 이끌어주는 임무만이 남아 있을 뿐이야. 이미 많은 사람들이 헬렌의 변화를 눈치 채기 시작했어. 아이의 아버지는 아침 저녁으로 출퇴근하는 길에 들르고, 그 아이가 구슬을 꿰거나 재봉 카드에 선을 그리는 모습을 보게 되면, 매우 만족해 하며 이렇게 말씀하셔.

"야, 우리 헬렌 참 얌전하구나!"

내가 처음 왔을 때의 그 아이의 행동은 걷잡을 수 없을 정도여서 모든 사람들이 그 애를 비정상적이고, 괴상한 아이라고까지 여겼었거든. 또한 잘 먹지도 않아서, 그 애 아버지는 그 점이 걱정된 나머지 아이를 집으로 데려가고 싶어했지. 집을 그리워해서 그렇게 되었다고 생각했지만 나는 그 의견에 동의하지 않았어. 난 누구나 일찍 독립하는 것이 바람직하다고 생각해.

헬렌은 이번 주에 몇 가지 명사를 더 배웠어. '머그'와 '우유'를 명확히 이해하는 데 다른 어떤 때보다 어려움을 겪었지. '우유'라고 쓰고는 머그 컵을 가리키고, '머그'라고 쓴 다음 마시거나 따르는 시늉을 했는데, 그것은 그 애가 두 단어를 혼동하고 있다는 뜻이지. 그 아이는 아직 모든 사물에 이름이 있다는 사실을 이해하지 못해.

1887년 4월 5일

아주 중요한 일 때문에 오늘 아침에 편지를 쓴다. 헬렌이 교육 과정에서 매우 중요한 두 번째 걸음이 시작되었단다. 모든 사물에 이름이 있다는 것과 알파벳이 그 애가 알고 싶어하는 모든 것의 열쇠가 되어준다는 사실을 깨닫기 시작한 거지.

지난번 편지에 헬렌이 특히 '머그'와 '우유'를 혼동한다고 썼었지? 그 아이는 그 두 명사와 동사 '마시다'를 혼동하고 있었던거야. 그 아이는 '마시다'라는 단어를 몰랐는데도 불구하고 '머그' 혹은 '우유'라는 단어를 쓰고서 흉내를 내며 그 단어를 표현했던거야. 오늘 아침 그 아이는 세수를 할 때 '물'의 이름을 알고 싶어했어. 그 아이는 무언가 이름을 알고 싶은 것이 있으면, 그것을 가리킨 다음 내 손을 톡톡 치는거야. 나는 '물'이라고 써주었지. 그리고 아침 식사를 할 때까지 그 일을 잊고 있었어. 그러다가 갑자기 그 일이 '머그'와 '우유'를 혼동하는 문제를 해결하는 데 도움이 되어줄 수 있을 것 같다는 생각이 들었지. 그래서 그 아이를 우물가로 데리고 가서, 내가 펌프질을 하는 동안 흘러나오는 물을 머그 컵으로 받아보게 했어. 그리고 차가운 물이 컵을 채우고 흘러넘칠 때, 나는 그 아이의 다른 손에 '물'이라고 써주었어. 그 단어가 손을 적시는 차가운 물의 감촉과 너무나 가까이 느껴지는 것이 그 아이를 놀라게 하는 것 같았어. 머그 컵을 떨어뜨리고, 한동안 그 자리에 꼼짝 않고 서 있었지. 아이의 얼굴에 새로운 빛이 떠올랐지. 그 아이는 '물'이라고 몇 번이나 써보더구나. 그런 다음 땅바닥에 주저앉아 땅의 이름을 물었고, 그 다음에는 펌프와 격자 울타리를 가리키더니, 갑자기 돌아서서 내 이름을 묻더구나. 나는 '선생님'이라고 써주었지. 바로 그때 보모가 헬렌의 어린 여동생을 데리고 우물로 왔고, 헬렌은 '아기'라고 쓴 다음 보모를 가리켰어. 집으로 돌아오는 내내 그 아이는 손에 닿는 모든 것의 이름을 알고 싶어했지. 그래서 불과 몇 시간만에 서른 개나 되는 새로운 단어를 배웠지. '문', '열다', '닫다', '주다', '가다', '오다'와 그 밖의 다른 많은 단어들을.

추신: 어제 밤에 부치려고 바삐 쓰다보니 다 얘기하지 못했어. 그래서 몇 줄 더 적는다. 오늘 아침 밝게 빛나는 요정 같은 모습으로 일어난 헬렌은, 날아다니듯 돌아다니며 손에 닿는 모든 것의 이름을 물어보았어. 그리고 기쁨에 넘쳐 내게 입맞추더구나. 어제 밤에도 침대에 누워 있는 내 품으로 들어와 처음으로 내게 입맞추었어. 그 순간 내 가슴은 기쁨으로 터질 것만 같았지.

요나단과 다윗
Jonathan and David

제스 라이먼 헐버트 Retold by Jesse Lyman Hurlbut

때때로 친구에 대한 의무가 다른 사람에 대한 책임감이나 애정과 충돌하기도 한다. 성경 사무엘 상권의 요나단 이야기는 그 좋은 예이다. 요나단은 이스라엘 사울 왕의 큰아들로 후계자였다. 또한 다윗과 우정을 맹세한 친구이기도 했다. 다윗이 골리앗을 죽인 후, 사울은 그의 명성을 질투했고, 언젠가 그가 왕이 되기 위하여 자신을 죽일지도 모른다며 두려워했다. 아버지에 대한 의무도 다해야 했으며 물려받을 왕좌도 지켜야 하기 때문에,

친구를 변호해주기 위한 요나단의 노력은 매우 고통스러웠다. 이 이야기는 우정과 충직함의 좋은 본보기가 되고 있다.

다윗이 골리앗을 죽이고 그 거인의 목을 손에 든 채 사울 왕 앞에 불려나갔다. 사울 왕은 그 대담한 용사가 몇 년 전까지만 해도 자신의 앞에서 뛰어놀던 어린 소년이었다는 것을 알아보지 못했다. 그는 다윗을 왕궁으로 데리고 가서 그의 군대의 지휘자로 임명했다. 다윗은 거인을 대적할 때와 마찬가지로 지휘자로서도 현명하고 용감했으므로, 얼마 되지 않아서 1천 군사를 통솔하는 장군이 되었다. 사울의 왕궁에서도, 군대에서도, 그는 모든 사람의 사랑을 한몸에 받았다. 다윗에게는 모든 사람의 마음을 끄는 힘이 있었다.

다윗이 블레셋 사람들과의 전쟁에서 돌아왔을 때, 이스라엘 여인들은 악기를 들고 성 밖으로 나와 춤추고 노래하며 그를 맞이했다.

"사울은 수천 명을 죽였으나,
다윗은 수만 명을 죽였네."

사울은 몹시 분노했다. 그는 질투심에 휩싸였고, 자신의 영혼조차 믿을 수가 없었다. 하느님이 그에게서 왕국을 빼앗아 더 훌륭한 자에게 주리라는 사무엘의 말이 그의 머리를 떠나지 않았다. 그는 하루 아침에 백성들의 인기를 독차지하며 나타난 이 젊은이가 왕이 되려고 할지도 모른다는 생각에 시달리기 시작했다.

예전의 불행했던 느낌이 또다시 사울을 엄습했다. 그는 미친 사람처럼 혼잣말을 중얼거리며 궁 안을 돌아다녔다. 다윗이 음악에도 조예가 깊다는 것을 알고 있던 사람들은 그로 하여금 괴로워하는 왕 앞에서 하프를 타며 노래하게 했다. 그러나 광기에 사로잡힌 사울은 다윗의 노래를 들으려고 하지 않았다. 그리고 두 번이나 다윗을 향해 창을 던졌지만, 그때마다 다윗은 이를 피했고, 창은 벽에 박혔다.

사울은 다윗을 두려워했다. 하느님이 자신을 떠나 다윗과 함께하는 것을 느꼈기 때문이었다. 그는 다윗을 죽일 수도 있었지만, 모든 사람이 다윗을 좋아하므로 감히 그렇게 할 수가 없었다. 그러다가 한 가지 생각이 떠올랐다.

'내가 직접 그를 죽일 수 없다면, 블레셋 사람들로 하여금 그를 죽이게 하리라.'

그는 다윗을 위험한 전쟁터로 보냈다; 그러나 다윗은 무사히 돌아왔고, 매번 싸움에서 승리할 때마다, 더 위대해지고 더욱 큰 환영을 받았다. 사울이 다윗에게 말했다.

"네가 블레셋 사람들과 싸워준다면, 내 딸 메랍을 아내로 주겠다."

다윗은 블레셋 사람들과 싸웠다; 그러나 그가 돌아왔을 때 그와 정혼했던 메랍은 이미 다른 사람의 아내가 되어 있었다. 사울에게는 미갈이라고 하는 다른 딸이 있었다. 그녀는 다윗을 사랑했고, 자신의 마음을 그에게 보인 적도 있었다. 이번에는 사울은 다윗에게 사람을 보내 이렇게 전했다.

"네가 만일 블레셋 사람 1백 명을 죽이고 돌아오면, 내 딸 미갈을 네 아내로 주겠다."

다윗은 다시 전쟁터로 나가 블레셋 군인 2백 명을 죽였다; 사람들은 그 소식을 사울에게 전했다. 사울은 그에게 자신의 딸 미갈을 아내로 삼도록 해주었다; 그러나 사울은 다윗의 힘이 점점 강력해지고, 자신의 권좌를 점차 위협한다고 느끼자 공포에 사로잡혔다.

한편, 사울은 다윗을 미워했지만, 사울의 아들 요나단은 다윗의 용기에 호감을 가졌다. 그는 영혼이 다윗의 영혼과 맺어지는 것을 느꼈으며, 마치 자신의 영혼을 사랑하듯이 마음 깊은 곳으로부터 그를 아꼈다. 그는 왕족 신분의 상징인 겉옷과 칼 그리고 활을 벗어 모두 다윗에게 주었다. 그의 아버지 사울이 다윗을 질투한다는 사실은 요나

단에게 커다란 슬픔이었다. 그래서 아버지에게 이렇게 말했다:

"왕이시여, 다윗을 해하지 마소서; 다윗은 왕께 충성을 다했으며, 이 나라를 위해 큰일을 했습니다. 그는 위험을 무릅쓰고 전장에 나아가 블레셋 사람들을 무찌르고, 주님과 온 백성을 위해 큰 승리를 거두었습니다. 왜 왕께서는 아무 죄도 없는 사람을 해하려 하십니까?"

요나단의 호소를 들은 사울이 말했다.

"하느님이 살아 계심과 마찬가지로, 다윗은 죽음의 늪에 떨어지지 않으리라."

다윗은 다시 왕자들과 함께 왕의 식탁에 앉게 되었고, 사울이 다시 괴로워하자 다윗은 하프를 연주하며 노래했다. 그러나 또다시 질투와 분노에 찬 사울이 창을 집어 다윗을 향해 던졌다. 다윗은 긴장을 늦추지 않고 있었고 민첩했다. 예전과 마찬가지로 그는 옆으로 비켜섰고, 창은 벽에 꽂혔다.

사울은 다윗을 사로잡기 위해 부하들을 다윗의 집으로 보냈다. 그러나 사울의 딸이자 다윗의 아내인 미갈은 다윗이 창문을 통해 빠져나갈 수 있도록 도와주었다. 그리고 나서 다윗이 침대에 누워 있는 것처럼 꾸미고 시트를 덮었다. 사울 왕의 부하들이 들어오자 이렇게 말했다.

"다윗은 병이 나서 침대에서 내려오지 못합니다."

그들이 사울에게 그 말을 전하자, 사울이 명령했다.

"침대째 그를 데려와라."

침대가 거짓으로 꾸며졌다는 것이 밝혀졌을 때, 다윗은 이미 멀리 떨어진 안전한 장소에 있었다. 다윗은 라마에 있는 사무엘에게로 갔고, 거기에서 하느님을 경배하고 찬송하며 하느님의 말씀을 이야기하는 예언자들과 함께 지냈다. 다윗이 그곳에 있다는 것을 알게 된 사울은 병사들을 보내 그를 데려오도록 시켰다. 그러나 라마에 도착한 그들은 사무엘과 선지자가 찬양하고 기도하는 것을 보게 되었는데, 성령이 그들에게도 함께하여, 그들도 하느님을 찬양하고 기도하게 되었다. 사울은 다른 병사들을 보냈다. 그러나 그들도 예언자들이 있는 곳에 다다르자 똑같은 성령의 힘을 느끼고, 하느님을 경배하게 되었다.

마침내 사울은 이렇게 말했다.

"누구도 다윗을 내게 데려올 수 없다면, 내가 직접 가서 그를 잡아오리라."

마침내 사울은 라마로 떠났다; 그가 하느님을 찬양하고 기도하며 설교하는 숭배자들의 무리에 가까이 갔을 때, 성령이 그에게도 임했다. 그 역시 찬양과 기도에 동참했으며, 하루 밤낮을 그곳에 머물며 간절하게 하느님을 경배했다. 다음날 그는 기브아에 있는 자신의 궁전으로 돌아왔을 때, 그의 마음은 변화되어 다시 다윗을 우호적으로 받아들이게 되었다.

그러나 다윗은 사울의 가슴 속 깊은 곳에는 자신을 죽이려고 하는 생각이 들어 있으며, 광기가 돌아오는 즉시 자신을 죽이려고 할 것임을 알고 있었다. 그는 궁전으로부터 멀리 떨어진 들판에서 요나단을 만났다. 요나단은 다윗에게 이렇게 말했다:

"며칠 동안 왕에게서 멀리 떨어져 있게. 내가 자네에 대한 아버지의 생각을 알아내 얘기해주겠네. 아마도 이제 아버지는 자네의 친구가 되어줄 수도 있을 걸세. 그러나 아버지가 자네의 적이 된다 해도, 하느님이 자네와 함께 있으니 왕은 절대로 뜻을 이룰 수 없으리라는 것을 나는 아네. 그러니 죽는 그날까지 나를 저버리지 않을 것이며, 나에게만이 아니라, 내가 죽은 다음에는 내 자손들에게도 그렇게 해주겠다고 약속해주게."

요나단은, 다른 많은 사람들과 마찬가지로, 다윗이 언젠가는 이스라엘의 왕이 되리라는 것을 알고 있었다. 그리고 자신이 왕이 될 권리를 다윗을 위해 기꺼이 포기했다. 이것은 다윗에 대한 그의 지극한 애정이었다. 그날 두 사람은 그들 자신과 그들의 아이들 그리고 그 다음

대까지도 언제까지나 친구로 남는다는 언약을 맺었다.

요나단이 다윗에게 말했다.

"내가 자네에 대한 아버지의 심중을 알아보고 기별해주겠네. 사흘 후 나는 활과 화살을 가지고 이리로 오겠네. 그리고 어린 소년 한 명을 자네가 숨어 있는 곳 가까이로 보낸 다음 세 개의 화살을 쏠 걸세. 내가 그 소년에게 '가서 화살을 찾아오라, 네 옆에 떨어졌다.' 라고 말하면, 왕이 자네를 해치지 않을 거라는 의미니 안심하고 나와도 좋네. 그렇지만 내가 소년에게 '화살은 네가 있는 곳을 넘어갔다.' 라고 소리치면, 위험하니 왕의 눈을 피해 숨어 있으라는 뜻으로 받아들이게."

다윗은 이틀 동안 왕 앞에 모습을 나타내지 않았다. 처음에 사울은 그의 부재에 대해 아무 말도 하지 않다가, 마침내 입을 열었다:

"왜 이새의 아들은 어제오늘 보이지 않느냐?"

요나단이 말했다.

"다윗은 제게 그의 고향인 베들레헴에 가서 그의 맏형을 만나보고 싶다고 부탁했습니다."

그러자 사울 왕이 노하여 소리 질렀다.

"너는 아버지를 거역하는 아들이구나! 왜 이 아버지의 적을 소중한 친구로 사귀느냐? 그가 살아 있는 한 네가 왕이 될 수 없다는 사실을 모르느냐? 당장 사람을 보내 즉시 내 앞에 잡아들여라. 그를 죽이고야 말겠다."

사울은 너무나 분노한 나머지, 자신의 아들 요나단을 향해 창을 던졌다. 그의 친구 다윗이 너무도 걱정되어 아무것도 먹을 수 없던 요나단은 식탁에서 일어났다. 다음날, 약속한 대로, 요나단은 소년 한 명을 데리고 들판으로 나갔다. 그는 소년에게 말했다.

"저기로 달려가서 내가 활을 쏜 화살을 찾아오도록 해라."

그 소년이 달려가자, 요나단은 소년의 머리 너머로 활을 쏜 다음 외쳤다.

"화살은 너를 훨씬 넘어선 곳에 떨어졌다; 빨리 뛰어가 찾아와라!"

소년은 뛰어가 화살을 찾아서 요나단에게 가져다 주었다. 요나단은 그 소년에게 활과 화살을 주면서 이렇게 말했다.

"이걸 가지고 성으로 들어가라. 나는 잠시 여기에 남아 있겠다."

그 소년이 시야에서 사라지자마자, 다윗은 숨어 있던 곳에서 나와 요나단에게로 달려갔다. 그들은 서로 끌어안고 함께 울었다. 다윗이 더 이상 사울의 손으로부터 안전할 수 없음을 알게 되었기 때문이었다. 그는 아내가 있는 집을 떠나야 했고, 친구들도, 아버지의 집도 멀리해야 했다. 사울 왕의 미움으로부터 피할 수 있는 곳에 숨어야 했던 것이다. 요나단이 말했다.

"무사하길 비네; 우리가 '하느님이 자네와 나, 그리고 우리 아이들 가운데 언제까지나 함께하리라.'고 언약한 것을 잊지 말게."

그런 다음 요나단은 궁전으로 돌아갔고, 다윗은 은신처를 찾아 떠났다.

룻과 나오미
Ruth and Naomi

제스 라이먼 헐버트 Retold by Jesse Lyman Hurlbut

구약성서의 룻기는 남편과 아들을 잃은 히브리인 시어머니 나오미를 따라, 용기 있게 고향인 모압을 떠나기로 결심한 미망인의 이야기이다. 룻이 나오미에게 한 얘기는 지금까지의 문학을 통틀어 우정과 충직을 가장 잘 나타내주는 문구로 유명하다: '어머니가 가시는 곳에 저도 가겠습니다; 어머니가 머무는 곳에 저도 머물겠습니다; 어머니의 백성이 저의 백성이며, 어머니의 신이 저의 신입니다. 어머니가 죽으시는 곳에서 저도 죽어 거기 묻히겠습니다.' 룻의 정숙함과 친절함은 유다에서 보아스의 사랑으로 보상받고, 그와의 결혼으로 다윗 왕의 증조 할머니가 되었다.

이스라엘 사사들의 시대에, 예루살렘에서 남쪽으로 6마일 정도 떨어진 유대 땅 베들레헴에 엘리멜렉이라는 남자가 살았다. 그의 아내는 나오미였고, 말론과 기룐이라는 두 아들이 있었다. 몇 년 동안 흉년이 계속되어 이스라엘에 식량이 부족하게 되자, 엘리멜렉은 유다와는 사해를 사이에 두고 반대편에 위치한 모압 땅으로 가족을 데리고 갔다.

그들은 그곳에서 10년을 살았으며, 그 동안 엘리멜렉은 죽었다. 두 아들은 모압의 여인들과 결혼했는데 한 명은 오르바였고, 다른 한 명은 룻이었다. 그러나 그 두 젊은이 또한 모압 땅에서 죽었으며, 나오미와 두 며느리는 모두 과부가 되고 말았다.

나오미는 하느님이 유다 땅에 다시 좋은 날씨와 풍족한 식량을 허락하셨다는 소식을 듣게 되었다. 그래서 그녀는 모압을 떠나 자신의 고향인 베들레헴으로 돌아가고자 했다. 그녀의 두 며느리는 시어머니를 사랑했으므로, 모압이 고향인 그들에게는 유다가 낯선 곳이긴 했지만, 나오미를 따라나섰다.

나오미가 그들에게 말했다.

"너희들의 고향으로 돌아가라, 딸들아. 너희들이 남편과 내게 잘해 주었던 것처럼, 주께서 너희들에게 잘 대해주시기를 바란다. 주께서 너희들 각자에게 새로운 남편을 찾아주시고, 행복한 가정을 꾸미도록 해주시길 바라마."

나오미는 그들에게 작별의 키스를 했고, 세 여인은 서로를 부둥켜 안고 울었다.

두 며느리가 말했다.

"당신께서는 좋은 시어머니이었습니다. 저희는 어머니와 함께 갑니다. 가서 어머니의 백성들 속에서 살겠습니다."

"아니다, 너희들은 젊고 나는 늙었다. 돌아가서 너희 백성들과 함께 행복하게 살거라."

나오미가 말했다.

결국 오르바는 나오미에게 입맞추고, 자신의 고향으로 돌아갔다. 그러나 룻은 나오미를 떠나려고 하지 않았다.

"저를 보내려고 하지 마세요. 저는 결코 떠나지 않을 테니까요. 어머니가 가시는 곳에 저도 가겠습니다; 어머니가 머무는 곳에 저도 머물겠습니다; 어머니의 백성이 저의 백성입니다; 어머니의 신이 저의 신입니다. 어머니가 죽으시는 곳에서 저도 죽어 거기에 묻히겠습니다. 오직 죽음만이 어머니와 저를 갈라놓을 수 있을 뿐이에요."

나오미는 룻의 마음이 확고하다는 것을 깨닫자, 그녀를 설득하려던 것을 포기했다. 이윽고 두 여인은 함께 길을 나섰다. 그들은 사해를 빙 돌아 요단강을 건너고 유다의 산들을 넘어 베들레헴에 도착했다.

나오미가 베들레헴을 떠난 것은 10년 전이었다. 그녀의 친구들은 그녀를 다시 보게 되자 모두들 반갑게 맞이했다.

"이이가 그 옛날의 나오미란 말인가?"

나오미는 '즐거움' 이라는 뜻이었다. 나오미가 말했다:

"나를 나오미라고 하지 말아요; '마라' 라고 불러줘. 주께서는 내 인생을 고통스럽게 하셨지. 떠날 때는 남편과 두 아들과 함께였죠; 그런데 보다시피 지금은 혼자 돌아왔지. 그러니 나를 '즐거움' 이라고 부르지 말아요; '쓰라림' 이라고 불러줘."

나오미가 원한 '마라' 라는 이름은 '쓰라림' 을 의미했다. 그러나 뒷날 나오미는 '즐거움' 이라는 이름이 자신에게 적절한 이름이라는 것을 깨닫게 된다.

당시에 베들레헴에는 보아스라는 매우 부유한 사람이 살고 있었다. 그는 풍성한 수확을 거둘 수 있는 넓은 토지를 소유한 남자였다; 그리고 나오미의 남편인 엘리멜렉과는 친척 관계이기도 했다.

이스라엘에서는 추수할 때 이삭들을 조금 남겨두는 것이 관습처럼 되어 있었다. 낫을 들고 일꾼들의 뒤를 따라다니는 가난한 사람들을 위해서였다. 나오미와 룻이 베들레헴에 자리를 잡았을 때는 보리 수확기였다; 룻은 남겨진 이삭을 줍기 위해 들판으로 나갔다. 그런데 그 밭은 그 부유한 보아스의 농지였다.

일꾼들이 일하는 것을 보기 위해 마을로 나온 보아스가 그들에게 말했다.

"주께서 그대들과 함께하시길";

그들 또한 화답했다.

"주께서 당신을 축복하시길."

보아스는 감독관에게 물었다.

"밭에서 이삭을 줍는 저 젊은 여인은 누구인가?"

감독관이 대답했다.

"모압 땅에서 나오미와 함께 온 여자입니다. 일꾼들이 지나간 다음 이삭을 줍도록 해달라고 청하여, 어제부터 이삭을 모으고 있습니다."

보아스가 룻에게 말했다.

"이보시오, 여인이여. 이제부터 다른 밭에는 가지 말고, 이곳의 젊은 여인들과 함께 지내시오. 아무도 당신을 해치지 않을 것이오; 그리고 목이 마르면 우리 물통의 물을 마시도록 하오."

룻은 보아스에게 머리 숙여 인사하며, 그의 친절함에 감사했다. 이스라엘에서 그녀는 이방인이었으므로 더욱더 고마웠던 것이다:

"나는 당신이 고향을 떠나 시어머니 나오미와 함께 이곳까지 왔으며, 나오미에게 얼마나 진실되게 행했는지를 들었소. 이제 하느님께서 그분의 나라 밑으로 들어온 당신에게 보상해주시길 바라오."

정오가 되어 그들이 쉴 겸 식사하기 위해 앉았을 때, 보아스는 그녀에게 먹을 것을 나누어주었다. 그리고 자신의 일꾼들에게 일렀다:

"추수를 할 때 그녀를 위해 몇 다발 남겨두도록 하시오; 곡식 단에서 곡물을 좀 덜어 그녀에게 주시오."

그날 저녁 룻은 나오미에게 자신이 주운 이삭을 보여주며, 부자 보아스가 그녀에게 얼마나 친절했는지를 얘기해주었다. 그러자 나오미가 말했다.

"그 사람은 우리의 가까운 친척이다. 추수가 끝날 때까지 그의 경작지를 떠나지 말거라."

그리하여 룻은 추수가 끝날 때까지 보아스의 땅에서 계속 이삭을 주었다.

추수가 끝나갈 즈음, 보아스는 탈곡장에서 잔치를 베풀었다. 그리고 잔치가 끝나갈 때, 나오미의 권유에 따라 룻이 그에게로 가서 말했다.

"당신은 제 시아버님 엘리멜렉과 제 남편의 가까운 친척이십니다. 그분들을 생각하셔서 저희에게 자비를 베풀지 않으시겠어요?"

보아스는 그녀에게 사랑을 느꼈다; 그리고 얼마 뒤 그녀를 아내로 맞았다. 나오미는 룻과 함께 보아스의 집에서 살게 되었다. 이제 나오미의 인생은 더 이상 고통스럽지 않고, 기쁨에 찼다. 보아스와 룻은 아들을 낳았으며, 그 아들에게 오벳이라는 이름을 지어주었다; 뒷날 오벳은 이새를 낳았다; 이새는 왕이 된 목동 소년 다윗의 아버지였다. 이렇게 해서 이스라엘의 백성과 그들의 하느님을 선택한 모압의 젊은 여인 룻은 왕들의 어머니가 되었다.

곰과 여행자
The Bear and the Travelers

이 솝 Aesop

기원 전 6세기 이솝의 시대에는 다급할 때 믿을 수 없는 친구들이 매우 흔했다고 한다. 오늘날에도 그런 친구는 흔하다. 우리는 그런 친구를 구분하는 법을 배우고, 또 자신은 그러한 사람이 되지 말아야 할 것이다.

두 명의 여행자가 함께 길을 가고 있는데, 갑자기 곰 한 마리가 그곳에 나타났다. 곰을 발견하자 그들 중 한 명은 재빨리 길 옆의 나무를 타고 올라가 가지 사이에 몸을 숨겼다. 다른 한 명은 그 친구처럼 몸이 재빠르지 못했다; 위기에 처한 그는 땅바닥에 엎드려 죽은 척했다. 다가온 곰이 냄새를 맡으며 그의 주위를 맴돌았다. 그는 숨을 죽이고 꼼짝도 하지 않았다; 곰은 결코 시체를 건드리지 않는다는 이야기를 들은 적이 있기 때문이었다. 곰은 그를 진짜 시체라고 생각했는지 그대로 지나쳐버렸다. 곰이 시야에서 사라지자, 나무 위에 숨었던 친구가 내려와 곰이 그의 귀에 대고서 무슨 말을 속삭이더냐고 물었다. 그러자 죽은 척하고 있었던 친구가 대답했다.

"위험이 닥쳤을 때 친구를 버리고 떠나는 자와는 함께 여행하지 말라더군."

역경은 우정의 진실함 정도를 드러내 보여준다.

노 동

W O R K

노 동 *WORK*

   우리는 성장해감에 따라 다양한 일들이 삶의 점점 더 많은 부분을 차지하게 된다는 것을 깨닫게 된다. 수업 시간은 길어지고, 숙제는 더 어려워지고 많은 시간이 든다. 부모님은 여러분에게 집안 일을 몇 가지 더 맡긴다. 마침내 여러분은 긴 여름 방학 기간 동안 아르바이트를 하게 된다. 게다가 자신보다 불우한 사람을 위해 시간을 할애해서 뭔가 자원 봉사 활동도 하고 싶어한다.

   노동은 필요한 일이며, 피할 수 없는 삶의 요소이다. 또한 이 장에 실린 이솝 우화 「헤라클레스와 마부」의 내용처럼, 그 누구도 여러분의 일을 대신해주지 않는다. 처음 미국에 이주해 정착한 영국인들도 그 사실을 배웠다. 그들 중 대부분은 열심히 일하는 것에 익숙하지 않은 '신사'들이었고, 그러한 습관을 그대로 지닌 채 버지니아 주의 제임스 타운에 왔다. 지도자였던 존 스미스 선장이 '자발적으로 돕지 않는 자는 이민단의 식량을 배급받지 못한다.'라는 새로운 규정을 공표하기 전까지, 육체 노동에 대한 그들의 의욕은 매우 저조했다. '일하지 않으려면 먹지 말라.'라는 규정으로 인해, 많은 사람들이 커다란 동기를 부여받게 된 것이다.

   차츰 더 많은 시간을 노동(학습)에 사용하게 되면 당연히 놀 시간은 줄어든다. 하지만 걱정하지 말 것. 그것은 생활이 덜 재미있다는 의미가 아니다. 실제로는, 여러분이 노동 혹은 학습에 올바른 태도로 임한다면, 오히려 그 반대이다. 인생은 더욱 풍요롭고, 충만하고, 좀더 유쾌해진다. 노동과 학습에는 언제나 보상이 따르기 때문이다. 이솝 우화 「농부와 두 아들」에서처럼 금전적인 대가를 받기도 한다. 그러나 이솝은 금전보다 값진 정신적인 가치를 말하고 싶었을 것이다. 훌륭하게 해낸 일로부터 얻는 만족감에 대해. 그러한 만족감보다 더 즐거운 경험은 없다. 그러한 체험을 놓친다는 것은 삶에서 최상의 순간을 놓치는 것이다.

노동 혹은 학습에 접근하는 마음가짐은 일을 얼마나 잘 해내느냐 하는 점과, 또 그 일을 즐길 수 있느냐 없느냐 하는 점에서 매우 중요하다. 완벽하게 해낼 수도 있고, 혹은 오류 투성이로 해낼 수도 있다. 즐거운 마음으로 할 수도 있고, 나쁜 기분으로 할 수도 있다. 그것은 전적으로 자신에게 달린 문제이다. 많은 사람들이 보통의 경우 일 그 자체가 아니라, 그 일에 착수하는 개인의 태도가 좋은 경험이 될지 나쁜 경험이 될지를 결정한다는 점을 깨닫지 못하는 실수를 범한다.

많은 사람들이 범하는 또 다른 실수가 있다. 일만 아니라면 삶이 아무래도 훨씬 더 나으리라는 생각에 일을 회피하려고 애쓴다는 점이다. 「일요일만 있는 한 주일」을 읽어보라. 대부분의 사람들은 일이 없으면 따분해 한다. 그리고 노동하지 않는 삶은 대부분의 사람에게 '나는 쓸모없는 존재야.' 라는 비감에 젖게 한다. 노동은 삶을 위엄 있게 만들어준다.

물론 불쾌한 일도 있다. 그런 일은 피하고 싶지만, 선택의 여지가 없다. 이때 최선의 방법은 부지런히 일해서 싫은 일을 극복해버리는 것이다. 여기에 한 가지 유의해야 할 중요한 교훈이 있다. 삶은 노동의 연속이므로 가능하다면, 자신이 좋아하는 일을 선택하는 것이 의미 있는 선택이라는 것이다.

대부분의 사람들에게 이 교훈은, 만족스러운 인생을 위한 중요한 단서가 된다. '직업', '소명' 등을 뜻하는 단어 'vocation'의 라틴어 어원이 '부르다(to call)'임을 기억해두자. 여러분의 직업은—삶 속의 노동은—자신의 시간을 바쳐 기꺼이 하고 싶어하는 그런 일이기 바란다. 오하이오의 자전거 공장에서 즐겁게 기계를 주무른 끝에, 마침내 노스 캐롤라이나 주의 키티 호크로 진출하게 되었던 라이트 형제를 보라. 그들의 경우처럼, 일에 대한 사랑은 인생을 커다란 기쁨과, 성취에로 이끌어준다.

헤라클레스와 마부
Hercules and the Waggoner

불평하지 말고, 열심히 일해야 한다.

한 마부가 짐을 가득 싣고 일행과 함께 진흙길을 따라가고 있었다. 그러던 중 마차 바퀴가 진창에 빠졌는데, 말들이 아무리 힘을 써도 끌어낼 수가 없었다. 난처해진 마부는 우두커니 서서 사이를 두고 몇 차례 헤라클레스를 불러 도움을 청하거나 할 뿐이었다. 그러자 헤라클레스 신이 나타나 그에게 말했다.

"네 어깨를 마차 바퀴 밑에 대고 말들을 움직여보라. 그래도 안 되면 그때 도와달라고 불러라. 너는 스스로를 돕기 위해 손가락 하나 까딱하지 않으면서, 나 헤라클레스나 다른 누구의 도움을 요청해서는 안 된다."

하늘은 스스로 돕는 자를 돕는다.

아우게이아스 왕의 외양간을 청소하는 헤라클레스
Hercules Cleans the Augean Stables

그리이스의 영웅 헤라클레스가 그의 사촌인 미케네의 에우리스테이우 왕의 명으로 행한 열두 가지 일 중, 아우게이아스 왕의 외양간 청소는 다섯 번째 해당되는 일이다. 우리는 일반적으로 헤라클레스를 떠올리면 그의 힘을 생각한다. 그러나 이 이야기를 읽으면, 거의 불가능한 일에 덤벼드는 그의 놀라운 힘과 더불어 그의 영리함에도 경탄하게 된다.

150 ❧ 준비하는 이들을 위한 덕목의 책

헤라클레스의 다섯 번째 노동은 유명한 아우게이아스 왕의 외양간을 청소하는 일이었다. 엘리스의 왕인 아우게이아스에게는 3천 마리의 젖소가 있었으므로 이를 위에서 길이가 몇 마일이나 되는 외양간을 지었다. 해가 거듭되면서 소떼는 불어났고, 그는 외양간을 돌볼 만한 사람들을 충분히 구할 수가 없었다. 오물 때문에 소들은 외양간에 들어갈 수 없었고, 들어간다고 하더라도 산처럼 쌓인 오물 때문에 밖으로 다시 나올 수 없을 지경이었다. 그 외양간은 30년 동안이나 청소한 적이 없다고 사람들은 수근거렸다.

헤라클레스는 젖소의 10분의 1을 주면 하루만에 외양간을 치워주겠다고 나섰다. 아무리 위대한 영웅이라도 그토록 짧은 시간 안에 해낼 수 없다고 생각한 아우게이아스는, 그의 어린 아들이 보는 앞에서 그 제안에 동의했다.

외양간은 알페우스 강과 페네우스 강에 인접해 있었다. 헤라클레스는 거대한 수로를 뚫어 두 강의 강물을 하나로 모아 외양간으로 물줄기가 흘러들어가게 했다. 외양간으로 흘러들어간 물은 순식간에 오물을 씻어냈고, 왕은 그 광경에 경악했다. 그는 처음부터 약속을 지킬 의도가 없었으므로, 그런 약속이 없었던 것처럼 가장했다.

그 싸움은 재판관이 있는 법정으로까지 이어졌다. 헤라클레스는 아우게이아스 왕의 아들을 증인으로 불렀고, 그 소년은 진실을 말했다. 그로 인해 분노를 터뜨린 아우게이아스 왕은 그의 아들과 헤라클레스를 국외로 추방했다. 이렇게 해서 엘리스를 떠난 헤라클레스는 열두 가지 노동을 계속했다. 그러나 그의 가슴속에는 신의 없는 왕에 대한 경멸이 가득 차 있었다.

언덕을 넘어 날아라
Kill Devil Hill

해리 콤즈 Harry Combs

　여기에 미국 최고의 성공담을 소개한다. 어린 시절 고무줄로 작동되는 헬리콥터에 매료되었던 경험이 있는 윌버 라이트(1867 – 1912)와 오빌 라이트(1871 – 1948) 형제는, 궁극적으로 인류가 이룬 업적 중 가장 위대한 업적이라고 할 만한 위대한 성공을 이룬다. 1900년, 라이트 형제는 그들이 제작한 글라이더를 노스 캐롤라이나 주 아우터 뱅크에 위치한 키티 호크로 가지고 갔다. 그곳의 해풍과 높은 언덕은 기이하게 생긴 비행 기구를 시험하는 데 이상적인 환경을 제공해주었다. 1903년 12월 17일, 여러 번의 실험과 몇 차례의 '실패'를 거듭한 다음, 오빌 라이트는 120피트 상공까지 나는 동력 비행에 최초로 성공한다. 그리고 같은 날 가장 긴 시간 동안 행해진 비행인 네 번째 시도에서 윌버는, 여기에 소개된 대로, 59초 동안 852피트 비행을 기록한다. 우리가 불가능해 보이는 목적을 향해 나아가는 데 어떤 영감이 필요하다면, 라이트 형제의 이야기로부터 그것을 발견할 수 있으리라. 이 위업은 천재성에 의해 시작되었지만, 그것은 노동에 의해 완결된 것이다.

　키티 호크 사람들은 윌버와 오빌에게 언제나 관대하고 친절했다. 호의적인 태도로 음식과 여러 가지 물품들을 나누어주었고, 그들의 생활에 불편함이 없도록 도움을 아끼지 않았으며, 두 형제에 대한 존경심을 감추지 않았다. 그러나 라이트 형제가 날 수 있다는 사실에는 그다지 확신을 갖는 편은 아니었다. 키티 호크에서 비행에 대한 전반적인 반응으로 말하자면, '만약 인간이 날기를 하느님이 원하셨다면, 날개를 달아주셨을 것이다.' 라는 귀에 익은 표현이 당연하게 받아들여지는 그런 곳이었다.

처음에는 라이트 형제와 가까웠던 친구 빌 테이트는 1903년 12월 17일의 캠프에 참여하지 않았다. 그것은 라이트 형제에 대한 신뢰가 결여되었기 때문이 아니라, '이처럼 바람이 부는 날 비행을 시도한다는 것은 미친 짓'이라고 생각했기 때문이었다.

라이트 형제의 생각은 달랐다. 12시가 되기 조금 전, 네 번째 비행 시도를 위해 윌버가 조종석에 자리를 잡고 앉자, 엔진은 요란한 진동과 함께 예의 그 이상한 천둥 소리를 냈다. 끝이 뾰족한 비행 모자를 누르며 그를 향해 평지를 가로질러 불어온 바람은 마치 사포로 문질러대는 듯한 느낌을 불러일으켰다. 앞서의 비행에서처럼 강풍 속의 비행기는 60피트나 되는 활주로에서 뒤뚱거리며 흔들렸다. 몸을 조종석에 고정시키고, 발은 편안히 뒤쪽으로 놓고, 손으로 조종간을 잡은 그는 세 개의 계기판을 자세히 검토했다. 그런 다음 날개 가까이에 아무도 없다는 사실을 확인하기 위해 양편을 돌아보았다. 글라이더를 띠울 때와는 달리 양쪽 날개를 잡아주는 조수는 없었다. 윌버는 자신이 하는 일에 익숙해지기 전에는 그 무엇에도 손을 대서는 안 된다고 믿었으며, 나아가 독자적인 이륙을 원했기 때문이었다. 그는 비행기가 공중으로 날아오르면 오직 강풍과 40피트 정도의 활주로만이 필요하다는 것을 알고 있었고, 또한 그것을 단언해마지 않았다.

윌버는 해변 지역을 살펴보기 위해 고개를 돌렸다. 오늘은 다른 날과 달랐다. 그가 느끼기에는 겨울 바람 때문에 새들의 수가 훨씬 줄어든 것 같았다. 아침에 그들이 잠에서 깨어난 이후 내내 그랬다. 무거운 하늘을 배경으로 친근한 갈매기 몇 마리만이 바다 위를 날고 있을 뿐이었다.

윌버는 다시 한번 양쪽을 살펴보고, 그의 동생을 향해 고개를 끄덕여 보였다. 모든 것이 준비되었다. 윌버는 팔을 뻗어 제어 장치의 전선을 느슨하게 잡아당겼다. 순간 비행기는 앞으로 나아갔고, 그가 기대한 대로 공중으로 떠오르면서 활주로 40피트 아래로 내려갔다. 그는 거의 모든 바람의 변화에 대비했었다. 그러나 겨울 바람이 몹시 강했으므로, 그는 끊임없이 조종 장치를 조절해야 했다. 비행기가 날개 달린 황소처럼 위아래로 요동치자 100피트를 가르키는 표시가 지나쳐갔다. 비행 출발 지점으로부터 200피트 떨어진 곳에서 비행기의 요동은 더욱 격렬해졌다. 갑자기 비행기가 밑으로 당겨지면서 백사장을 향해 곤두박질치는 듯했다. 지표와 단지 몇 피트의 사이를 둔 지점에서 윌버는 승강키를 올렸고, 비행기는 다시 떠올랐다.

300피트—요동이 잦아들기 시작했다.

그러자 다섯 명의 목격자와 오빌이 큰소리로 외치며 부산하게 몸을 움직였다. 확실히 윌버는 공중의 보이지 않는 어떤 장벽을 넘었다. 거의 400피트되는 지점에서 그는 지상 15피트 상공의 안전 고도를 유지하고 있었다. 기체는 더 이상 흔들림 없이 어림잡아 8–15피트의 고도를 유지하며 순풍을 타고 있었던 것이다.

초침은 계속 째각거리며 움직였고, 윌버가 활주를 시작하여 15초가 흐른 지금 아무 문제도 없었다. 이제 비행기는 자체의 동력 고도를 유지하고 있었다.

비행기는 날고 있었다!

기다리던 순간이 찾아온 것이다. 바로 이 순간, 여기에서.

500피트.

600피트.

700피트!

오, 하느님, 그는 키티 호크에 가까워지고 있었다! 거의 4마일밖에 남지 않았다. 그것은 정말로 윌버가 해보고 싶어하던 일이기도 했다. 그는 눈앞에 펼쳐진 집들과 나무들을 향해 계속 나아갔다.

800피트……

여전히 날고 있었다. 울퉁불퉁한 지표면과 모래 언덕이 나타났다. 윌버는 언덕을 넘을 수 있는 고도를 확보하기 위해 승강키를 당겼다.

그 지점만 통과하면 확 트인 멋진 비행이 가능했으므로, 그는 기체를 서서히 상승시켰다. 그런데 강풍 앞에서 모래 언덕이 이상한 조짐을 보였다. 언덕으로부터 바람이 솟구쳐오르고, 소용돌이치는 모래 바람은 보이지 않는 손을 뻗어 비행기를 내리누르는 것 같았다. 비행기가 하강하기 시작했다. 비행기 앞머리가 빠른 속도로 떨어지고 있었다; 윌버는 순간적으로 승강키를 당겼고, 그 순간 다시 요동이 시작되어 비행기 앞머리가 매우 심하게 위아래로 흔들렸다. 격렬한 바람과 그 마찰 때문에 생긴 흔들림이 매우 심해서 비행기는 나중에 오빌이 설명한 대로, '갑자기 땅으로 곤두박질치는 것' 같았다.

그들은 달리면서 예정된 착륙 때보다 그 충격이 훨씬 크리라는 것을 예상할 수 있었다. 활주부가 땅에 처박히며, 비행기 전체에 무게가 가해졌다. 바람 소리와 함께 목재로 만든 부분이 부러지고 파편이 튀는 소리가 났다. 비행기는 바람과 자체의 타성에 의해 한 번 더 튀어오르더니 모래 속에 처박혔다. 승강키는 비스듬하게 죄어 있다가 부러져서 날개의 면이 귀퉁이에 걸리게 되었다. 그는 무사한 채 놀라울 정도로 오랜 시간을 날았다. 그리고 비행을 더 계속하지 못함을 조금 안타까워했다. 모래 바람이 얼굴을 때렸고, 이제 그다지 요란하지는 않게 덜컹거리고 부르릉대는 친근한 소음과 함께, 아직 돌아가는 엔진 소리가 들려왔다. 윌버는 팔을 뻗어 동력을 껐다. 프로펠러는 소리를 내며 선회하는 속도가 점점 줄어들었다. 체인 소리가 또렷하게 들려오더니 다음 순간 바람 소리만 들려왔다. 바람 소리, 그 자신의 옷이나 지면을 스치고 지나가는 바람 소리, 한두 마리 갈매기의 울음소리가 들려왔다. 그리고 윌버 자신의 심장 박동 소리를 분명히 들을 수 있었다.

해냈다. 그는 59초 동안 비행한 것이다.

출발에서 착륙까지의 비행 거리는 852피트였다.

공중에서의 거리는 대기 속도와 바람, 그 밖의 다른 여러 요인들을 감안해 계산한다면, 반 마일 이상이다.

그가—그들이—그 일을 해냈다.

마악 공중 시대가 열렸다.

불과 56일 전, 벤야민 프랭클린 이후 미국 과학자로서, 프랑스 연구소의 준회원으로 등록된 유일한 미국인 과학자인 사이먼 뉴콤은 〈인디펜던트〉지에 「공격받을 수 없는 논리」라는 제목의 글을 통해, 인간의 비행은 불가능하다고 주장했었다.

그들은 윌버가 우뚝 서서 기다리고 있는 비행기를 향해 뛰어갔다. 누구도 그 순간에 윌버 라이트가 어떤 말을 했는지 기록해두지 않았다. 그것들을 알아내기 위한 충분한 조사도 이루어지지 않았다. 불행하게도, 그것들은 영원히 잊혀졌다.

오빌과 윌버 라이트 형제는 추위에 온몸이 얼어 붙은 채 숙소로 돌아와 점심 식사를 했다. 그런 다음 몇 분간 휴식을 취한 그들은 설거지를 마친 뒤, 자신들의 성과에 대해 알릴 준비를 했다. 오후 2시쯤 4마일 정도 떨어진 키티 호크 기상대로 갔다. 조셉 J. 도셔가 운영하는 그 기상대에서는 정부 시설을 경유해 노퍽으로 전신을 발송할 수 있었고, 노퍽에서는 전화로 데이턴 부근의 상업 전신국으로 전달될 수 있었다. 그때 데이턴에서 받은 메시지는 다음과 같다:

176 C KA CS 33 PAID. 노퍽을 경유해서 전달

키티 호크 N C 12월 17일

M. 라이트 주교

　　　호손 가 7번지

목요일 오전 네 차례의 비행 성공 풍속 21마일에 저항 엔진 동력만으로 출발 공중 추정 속도 31마일 최장 비행 시간 57초 표시된 주소로 연락 바람 ##### 크리스마스

　　　　　　　　　　　　오빌 라이트 525P

비행 시간이 59초가 아니라 57초로 되어 있는 것을 포함해 몇 군데 오류가 있는 이 전문이 전송되는 동안, 라이트 형제는 근무중인 직원과 이야기를 나누기 위해 근처에 있는 인명 구조대를 찾아갔다. 그 시설의 감독관인 S.J. 패인 소장은 라이트 형제에게 그들이 지표면 위로 떠오르는 광경을 망원경으로 보았다고 말했다.

오빌과 윌버는 우체국으로 가서 그들에게 물자를 공급해주는 등, 여러 면으로 도움을 준 우체국장과 홉스 부인을 방문했다. 그리고 닥터 콕스웰 의사와 잠시 시간을 보낸 다음, 그들의 숙소로 돌아왔다. 그들이 비행기를 해체하여 통 한 개와 상자 두 개에 나누어 담는 데는 며칠이 걸릴 테지만, 그래도 그들은 평상시와 마찬가지로 빈틈없이 작업을 했다. 그 모습은 이상할 정도로 차분했는데, 라이트 형제는 그들이 비행했던 곳을 바라보기 위해 단지 몇 차례 밖으로 나가보았을 뿐이었다.

농부와 두 아들
The Farmer and His Sons

이 숍 Aesop

죽음을 앞둔 한 농부가 중요한 비밀을 남기기 위해 두 아들을 곁에 불러놓고 말했다.

"아들들아, 난 곧 죽을 것 같구나. 이제 너희들에게 포도 밭에 보물이 숨겨져 있다는 사실을 알려주어야겠구나. 파보아라, 그러면 찾게 될 것이다."

아버지가 세상을 뜨자 두 아들은 삽과 괭이를 가지고, 그곳에 숨겨져 있다는 보물을 찾기 위해, 과수원의 땅을 온통 파헤쳤다. 그러나 아무것도 발견할 수 없었다: 결국 땅을 일구었으므로, 포도나무는 그 어느 해보다도 많은 수확을 냈다.

수고 없이는 보물도 없다.

가난한 사람의 씨앗
The Poor Man and His Seeds

동 아프리카에 전해지는 이 이야기는, 왕왕 예기치 못한 보답은 행운이
라기보다는 열심히 일한 데 대한 대가임을 깨우쳐준다.

얼마 되지 않는 좁은 땅과 조그만 자루에 든 씨앗밖에 가진 것이
없는 사람이 있었다. 밭을 갈아 씨를 뿌릴 때가 되었을 때, 그는 새벽
같이 일어나 성의껏 자신의 보잘것없는 땅을 갈았다. 한낮이 되어 태
양이 그의 어깨 위에 뜨겁게 내리쬐자, 그는 나무 그루터기 옆에서 일
을 멈추었다. 그가 그 그루터기에 앉으려고 할 때였다. 자루에서 씨앗
이 쏟아져 그만 그루터기에 난 구멍으로 들어가버리고 말았다.
　"저런 곳에서는 씨앗이 싹틀 수 없는데."
　그 사람은 깊은 한숨을 내쉬었다.
　"나는 단 몇 톨의 씨앗이라도 잃을 수 없는 형편이야."
　그래서 그는 그 나무 밑을 파기 시작했다. 날씨는 점점 더 뜨거워져
땀이 그의 등허리를 타고 흘러내렸지만, 그는 쉬지 않고 땅을 팠다.
마침내 그의 씨앗이 보이기 시작했을 때, 그는 그 씨앗이 파묻혀 있는
상자 위에 놓여 있음을 발견했다. 뚜껑을 열자 상자 속에는 금이 들어
있었다―평생을 부유하게 살 수 있을 만큼의 많은 금이었다.
　그 후 사람들이 그에게 이렇게 말했다.
　"자네는 이 세상 최고의 행운아일세."

그는 이렇게 대답하곤 했다.

"그래, 나는 운이 좋았어. 첫새벽에 나는 밭에 나가 일을 했지. 그리고 한 톨의 씨앗도 버릴 수 없어서, 그 더운 날씨에도 쉬지 않고 땅을 팠고."

위장에 대한 반란
The Rebellion Against the Stomach

이 이야기와 유사한 이야기들은 전 세계 여러 나라에서 찾을 수 있다. 이솝 우화에도 포함되어 있고, 사도 바울이 고린도 교회에 보낸 첫번째 편지에도 사용되었으며, 셰익스피어의 희곡 코리오라누스에도 이 이야기가 나온다. 이 이야기는 두 가지 교훈을 준다. 다른 사람을 비판하는 것보다 자기 자신을 돌아보는 편이 낫고, 큰일을 치르는 데는 협동과 공동의 노력이 요구된다는 점이 그것이다.

한 남자가 자신의 손과 발, 입 그리고 뇌가 위장에 대항해 반란을 일으키는 꿈을 꾸었다.

"너는 아무짝에도 쓸모없는 게으름뱅이야!"

손이 말했다.

"우리는 톱질하고, 망치질하고, 무거운 물건을 들어 나르는 등 하루 종일 애써 일하지. 저녁이 되면 온통 물집 투성이고, 여기저기 긁힌 자국에, 관절 마디마디는 쑤시고 먼지로 불결해져 있지. 그러는 동안 너는 거기 가만히 앉아서 먹어대기만 하잖아."

"동감이야!"

발도 동의했다.

"하루 종일 걷는 게 얼마나 피곤한지 한 번 생각해봐. 그런데 너는 욕심꾸러기 돼지처럼 꾸역꾸역 먹어대기만 해서 데리고 다니는 데 힘이 든다구. 무거우니 말이야."

"맞아!"

입이 볼멘 소리로 맞장구를 쳤다.

"네가 그토록 좋아하는 음식이 다 어디로부터 온다고 생각하니? 씹어서 넘겨주는 건 바로 나야. 그리고 내가 보내주면 너는 혼자 받아먹기나 하는데, 그게 공평하다고 생각해?"

"난 또 어떻고?"

뇌가 외쳤다.

"내가 여기 있으면서, 다음번에 네가 먹을 것을 어디서 찾을까 생각하는 것은 쉬운 일이라고 생각하니? 그런데도 나는 아무 대가도 받지 못하잖아."

온몸의 다른 부분들도 비록 말은 하지 않았지만 그들의 의견에 동조하고 나섰다.

"나한테 좋은 생각이 있다."

마침내 뇌가 선언했다.

"우리 모두 게으른 위장에 대항한다는 의미로 전혀 아무 일도 하지 말기로 하자."

"근사한 생각이야!"

모든 신체 조직과 기관이 뜻을 같이했다.

"우리가 얼마나 중요한 기관들인지를 너한테 보여줄 참이야, 이 돼지야!"

그렇게 해서 그들 모두 일하기를 그만두었다. 손은 물건을 들고 나르는 것을 거절했다. 발은 걷는 것을 거절했다. 입은 단 한입도 씹거나 삼키지 않겠다고 마음먹었고, 뇌는 더 이상 좋은 생각을 하기를 마다했다. 처음에 위장은 배고플 때면 그렇듯이 약간 꾸르륵댔다. 그러나 곧 잠잠해졌다.

그러자 꿈꾸던 그 남자는 놀랍게도, 자신이 걸을 수 없게 된 것을 깨달았다. 손으로 무엇인가를 집을 수도 없었다. 심지어 입을 열 수조차 없었고, 갑자기 병이 난 것 같은 생각이 들기 시작했다.

이 꿈은 며칠 계속되었다. 그리고 하루하루 지남에 따라, 그 남자는 상태가 더욱 나빠졌다.

"이 반란을 더 이상 오래 끌지 않는 것이 좋겠어."

그는 자신이 병에 걸렸다는 것을 알았다.

"아니면 굶어 죽겠는걸."

한편, 가만히 누워 있는 손과 발, 입과 뇌는 차츰 약해져가고 있었다. 처음에 그들은 가끔씩 일어나 위장을 약올릴 수 있었다. 그러나 오래지 않아 그럴 힘마저 남지 않게 되었다.

마침내 그 남자는 발치 쪽에서 들려오는 희미한 목소리를 듣게 되었다.

"우리가 잘못 생각했나봐."

발이 말한 것이다.

"위장도 나름대로의 방식으로 일을 하고 있었던 것 아닐까?"

"나도 바로 그런 생각을 하고 있었어."

뇌가 말했다.

"그가 모든 음식을 그저 받아 먹은 것은 사실이야. 그런데 곰곰이 생각해보니까, 위장은 그 음식 대부분을 우리에게 돌려주고 있었나봐."

"우리는 우리가 실수했다는 걸 인정해야 해."

입이 말했다.

"위장도 손이나 발, 머리나 이빨만큼 일을 하고 있었던거야."

"그럼 우리 모두 다시 전처럼 일하자."

그들 모두가 이구동성으로 외쳤다. 그리고 그 소리에 그 남자도 깨어날 수 있었다.

다행스럽게도 그는 다시 두 발로 걸을 수 있었다. 손으로 물건을 집고, 입으로 음식을 씹을 수 있었으며, 뇌로 명확하게 생각할 수 있었다. 그는 몸이 훨씬 좋아지는 것을 느꼈다.

"오, 이건 내게도 좋은 교훈이야."

그는 아침 식사로 위장을 채우며 혼잣말을 했다.

"우리가 함께 힘을 모아 일하지 않으면, 아무것도 제대로 되지 않는단 말이지."

일요일만 있는 한 주일
The Week of Sundays

이 오래된 이야기는 우리가 훔치게 되는 빈둥거리는 시간과 땀 흘린 다음에 얻게 되는 여가의 시간이 어떻게 다른가를 말해준다. 사실인즉슨, 할 일이라고는 아무것도 없는 사람들은 보통 가장 불만이 많은 사람들이다. 그들은 항상 따분하기 때문에 그럴 수밖에 없는 것이다. 반면에 여가란 많은 노동 후 얻게 되는 것이므로, 얼마든지 즐겁게 보낼 수 있는 것이다.

옛날에 꼭 해야 하는 일이 아니면 절대로 손가락 하나 까딱하지 않는 보비 오브라이언이라는 사람이 있었다.

"이보게 보비. 일 좀 열심히 하면 어디가 덧나기라도 하는가? 자네는 일이라면 마치 흑사병을 대하듯이 몸을 사리니 하는 말이네."

그의 친구들이 말하곤 했다.

"친구들, 나도 일에 관한 한 아무 반감도 없는 사람이야."

보비는 대답하곤 했다.

"실제로 일만큼 매력적인 것도 없다고 생각해. 자네들이 기회만 준다면, 하루 종일 여기 앉아 지켜볼 수도 있다니까."

사정이 이러했으므로, 집에서조차 그가 아무 도움이 안 되는 것은 당연했다.

"당신은 부끄럽지도 않아요?"

어느 날 오후, 그의 아내 케이트가 짜증을 냈다.

"애들에게 그럴 듯한 본보기를 보여줘야 할 것 아녜요! 커서 당신 같이 아무 짝에도 쓸모없는 사람이 되면 좋겠어요?"

"일요일이잖아. 오늘은 쉬는 날이라고. 쉬려는 사람을 왜 귀찮게 하는 거요? 솔직히 말해서 일주일 중에서 침대에서 내려오지 않아도 되는 날은 일요일 단 하루뿐이라고. 안타까운 문제는 일요일은 너무 빨리 끝나버리고, 다시 한 주일이 시작된다는거야."

보비가 대답했다. 그는 많은 시간을 마음대로 누릴 수 있는 놀라운 철학자였다.

그날 밤 온 가족이 불 앞에 둘러앉아 수프가 끓기를 기다리고 있을 때, 창문을 두드리는 소리가 들려왔다. 보비가 자리에서 일어나 문고리를 풀자 젠 체하며 걷는 수탉만한 사람이 들어왔다.

"저는 다만 지나가던 길이었죠."

그 작달만한 남자가 말했다.

"뭔가 맛있는 냄새가 나길래 조금 얻어먹을 수 있을까 해서요."

"마음껏 들도록 하시지요."

보비는 너무나 외소한 그 사람이 기껏해야 한두 숟가락 이상은 먹을 수 없을 것이라고 생각하며 말했다. 그 작은 남자도 불 옆에 앉았다. 그런데 케이티가 한 접시 떠주자마자 눈 깜짝할 사이에 먹어치우고, 또 한 접시를 부탁했다. 케이티가 다시 한 접시 떠주자, 그 사람은 처음보다 더 빨리 마셔버렸다. 그녀가 다시 세 번째 접시를 미처 채우기도 전에 마시는 것이었다.

"작은 돼지인걸."

보비가 생각했다.

"잘하면 우리 저녁 식사를 다 먹어치우겠군. 하지만 내가 들어오라고 한 손님이니, 어찌해볼 수도 없고."

그 작은 사람은 다섯 그릇인가 여섯 그릇을 비운 다음에야 입술을 닦으며 자리에서 일어났다.

"당신들은 정말 친절하시군요. 이제까지 제가 만난 사람들 중에서 가장 인정이 많으신 분들입니다. 저는 이제 가보겠습니다. 감사의 표시로, 이 집안에서 첫번째로 말해지는 소원 한 가지를 들어드리겠습니다."

그가 웃으며 말했다.

그리고는 창문을 훌쩍 뛰어넘어 어둠 속으로 사라졌다.

가족들은 각자 서로 다른 소원을 원했다. 한 아이는 사탕 한 봉지를 원했고, 다른 아이는 장난감 한 상자를 원했다. 케이티는 지금 사용하는 침대가 곧 주저앉을 지경으로 낡아서, 새 침대를 달라고 하고 싶어했다. 보비는 갖고 싶은 것을 열두 가지도 넘게 생각할 수 있었다. 무엇보다도 새 낚싯대나 초콜릿 케이크가 떠올랐다.

"우리 모두 좀더 시간을 두고 생각해보자. 문제는 내일이 월요일이라는 점이다. 내일이 되면 이런저런 일을 해야 될 테니 생각할 여유가 없겠지. 충분히 심사숙고할 수 있게, 한 주일이 온통 일요일만 있으면 얼마나 좋을까?"

그가 선언했다.

"맙소사, 방금 말해버렸잖아요!"

케이티가 소리쳤다.

"일주일 내내 매일 일요일이었으면 좋겠다는 쓸데없는 소원을 빈 거라구요! 그런 소원을 말하기 전에 당신의 나쁜 머리가 좋아지기를 바라는 편이 더 나을 뻔했을거예요!"

"오, 그런가. 하지만 그렇게 나쁜 소원만은 아니군. 일요일만 있는 한 주일, 그것도 아주 괜찮아. 난 좀 쉬어야 한다구. 그러니 잘된 일이지."

그제서야 자신이 큰소리로 소원을 말해버렸다는 점을 깨달은 보비가 말했다.

"이 게으름뱅이 양반아, 당신은 휴식이 필요 없는 사람이야!"

화가 난 케이티는 휙 돌아서서 아이들을 침대로 데리고 갔다.

다음날 아침, 눈을 뜬 보비는 교회 종소리를 들었다. 그리고 그 순간 앞으로 일주일 동안 아무 일도 하지 않고 지내도 된다는 것을 기억해냈다. 그는 생각해낼 수 있는 소원들 중에서 가장 현명한 소원을 말했던 것이다. 케이티가 아이들을 데리고 교회에 다녀오는 동안, 그는 오전 내내 침대에서 뒹굴었다. 그리고 그가 일요일 저녁 식사 때 오븐에서 통통한 닭이 구워지는 구수한 냄새를 맡기까지, 그녀는 하루 종일 그를 깨우지도 않은 채 내버려두었다.

"아주 멋진 소원이었어!"

그는 하품을 하고 기지개를 켜면서 식탁에 앉았다.

"솔로몬 왕 같은 현자라 할지라도 온통 일요일만 있는 한 주일 같은 놀라운 생각은 하지 못했을거야."

실컷 먹고 난 그는 밖으로 나가 어슬렁거리다가, 가장 좋아하는 나무 밑에서 잠을 잤다.

그 다음날도 그는 다시 오전 내내 누워 지냈고, 교회의 예배가 끝날 즈음에야 비로소 자리에서 일어났다. 그러나 케이티가 식탁에 남겨놓은 것은 전날 저녁 식사로 보비가 먹고 남긴 닭뼈가 전부였다. 다음날은 더 지독했다. 보비는 끓어오르는 참을 수 없는 허기를 느끼며 식탁에 앉았지만, 그의 앞에 놓인 것은 오트밀 죽과 감자가 전부였다.

"무슨 식사가 이래? 오늘이 무슨 요일인지 잊어버렸나? 오트밀 죽과 감자는 일요일에 먹는 음식으로 적합하지 않다고 생각하는데?"

그가 물었다.

"그럼 뭘 기대했죠? 마을의 모든 가게가 일주일 내내 일요일이라 문을 닫았는데 어디서 닭을 사오란 말이에요? 우리 찬장에 남아 있는 것은 이게 전부예요. 그러니까 이거라도 맛있게 먹어두는 것이 좋을 걸요"

케이티가 빈정거리며 말했다.

다음날 아침, 심한 배고픔으로 뱃속이 꼬르륵거리는 바람에 일요일의 습관과는 달리 아침 일찍 일어나지 않을 수 없었다. 그는 주방을 어슬렁거리며 먹을 것이 없나 찾아보았다. 그렇지만 찬장에는 상한 빵 한 조각이 남아 있을 뿐이었다.

"당신도 알겠지만. 생각해봤는데, 나도 운동 좀 해야 할 것 같아. 그래서 정원에 나가 저녁 식사 거리로 감자 몇 알이라도 캐오려고 해."

그가 말했다.

"당신은 그런 일은 못할 걸요. 이웃집 사람들이 모두 교회에 가는 일요일 아침에 당신이 감자나 캐도록 내버려둘 수는 없다고요. 말도 안 되고 말고요."

케이트가 딱 잘라 말했다.

"하지만 집에 먹을 거라곤 상한 빵 한 쪽뿐이잖소."

보비는 울상이 되었다.

"일요일만 있는 한 주일을 원한 당신 탓이니, 불평 말아요."

케이티가 말했다.

다음날 새벽같이 일어난 보비는 집 주위를 어슬렁거리다가 손가락으로 창문을 두들겨 아이들을 깨웠다. 아이들은 그가 가는 곳이면 어디든지 그를 따라다녔다. 그런데 교회의 종소리가 들리자, 갑자기 투정을 부리며 그칠 줄 모르고 울기 시작했다.

"애들이 도대체 왜 이럴까? 예의 범절이라곤 모두 잊어버린 것 같애."

보비가 투덜댔다.

"그럼 당신은 이렇게 될 줄 몰랐나요?"

케이트가 외쳤다.

"불쌍하게도 저 가련한 애들은 당신이 1년 동안 코를 골아대는 것보다 더 많은 설교를 일주일 내내 들어야 했어요. 딱딱한 나무 의자에 앉아 있느라 등이 아프고, 가진 돈 모두를 헌금 바구니에 넣어야 했다 구요."

"아이들은 학교에 있어야 하잖아?"

보비가 따지듯 말했다.

"묻겠는데, 그럼 그게 누구 탓일까요?"

케이티가 어이없어하며 물었다.

여섯 번째 일요일, 이제 안절부절 못하며 따분해진 보비는 가족들을 따라 교회에 가기로 했다. 그가 교회에 들어서서 자리를 찾고 있는데 모여 있던 사람들 모두가 고개를 돌려 그를 보았다.

"바로 저 사람입니다!"

설교단에 서 있던 전도사가 소리쳤다.

"한 주일 내내 매일 밤 나로 하여금 머리를 짜내 주일 설교를 준비하게 만든 악당이 나타났군요. 성가대원들의 목소리를 쉬게 하고, 오르간 반주자의 손가락을 닳아빠지도록 만든 문제의 장본인입니다. 당신이 해놓은 일의 결과를 보고 싶어 온 것 같은데, 기분이 어떻소?"

예배가 끝났을 때, 보비는 그와 인사하기 위해 줄을 서서 기다리고 있는 이웃 사람들을 발견했다.

"이보시오, 매일같이 일요일이면 우리가 어떻게 추수를 해들이겠는가, 응?"

한 사람이 말했다.

"일주일 내내 가게 문을 닫으면, 도대체 우리가 어떻게 먹고 살아가겠소? 말 좀 해보시오"

푸줏간 주인과 빵집 주인이 항의조로 말했다.

"빨래하고 다림질하고 수선하는 것은 어떻고요?"

이번에는 한 여자가 소리쳤다.

"다음 월요일에는 얼마나 일이 쌓이게 될지 알기나 알아요? 물론 월요일이 다시 온다면 하는 말이에요."

"말이 나온 김에 하는 말이지만, 당신은 아이들의 공부는 봐주고 있습니까? 읽고 쓰는 걸 잊어버리게 되면 어쩔 셈입니까?"

교장 선생이 말했다.

보비는 있는 힘을 다해 서둘러 집으로 돌아왔다.

"이제 일요일이 하루밖에 남아 있지 않아서 정말 다행이야!"

집 안으로 들어와 안전해지자 그는 한숨을 내쉬었다.

"일요일이 하루만 더 있어도 큰일 나겠어!"

마지막 일요일은 보비 오브라이언의 인생에서 가장 괴로운 날이었다. 1분이 1시간 같았고, 1시간은 마치 영원처럼 느껴졌다. 보비는 손가락을 만지작거리기도 하고, 한쪽 발로 서보기도 하고, 원을 그리듯 걸어다니기도 하다가 시계를 보았다.

"이 시계 고장인가?"

그는 벽난로 위에 놓인 시계를 잡고서 부품들이 부딪치는 소리가 들릴 정도로 마구 흔들어보았다.

"시간이 이토록 더디 가는 게 말이 되오!"

"당신이 한 번이라도 일요일이 빨리 끝나기를 원해본 적 있나요? 내일이 월요일이라는 걸 잊은 건 아니겠죠?"

케이티가 물었다.

"월요일이라는 걸 잊었느냐고? 내가 생각하는 것은 오직 그것뿐이야! 내 인생에서 월요일 아침을 이번처럼 간절히 기다린 적은 없었어."

저녁 어스름이 천천히 정원을 덮기 시작하더니, 마침내 해가 졌다. 하늘에 첫 번째 별이 떴을 때, 일주일 전에 그의 집을 찾아왔던 그 조그만 사람이 창문을 두드렸다.

"소원대로 즐거웠나요?"

그 사람이 보비에게 물었다.

"즐거웠다니요, 전 두려웠어요."

보비가 대답했다.

"정말인가요?"

그 작은 사람이 놀라워하며 물었다.

"그럼 당신은 먹을 것과, 일요일만 있는 한 주일을 절대 바꾸지 않겠군요?"

"절대로, 결코! 내가 원하는 휴식은 돈을 벌기 위해 일한 엿새가 지난 다음날, 그 하루뿐입니다. 그 교훈을 얻는 데 일주일이 걸렸어요. 그러니 그 교훈을 쉽게 잊을 수는 없을 겁니다. 내 소원을 들어준 당신에게 감사하고 있어요."

보비가 소리쳤다.

그 말에 작은 사람은 사라졌고, 두 번 다시 나타나지 않았다.

용 기

C O U R A G E

용 기 *COURAGE*

  용기에 관한 일반적인 오해 한 가지. 용기는 두려움 없는 감정이라고 생각한다는 것이다. 그러나 실제로 용기는 감정과 아무 관계도 없다. 그것은 느낌이 아니라 행동에 관한 문제이다.

  모든 인간의 내면에는 공포가 숨어 있다.—그것은 지극히 자연스러운 현상이다. 낯선 곳에 혼자 있거나 누군가에게 데이트를 신청할 때, 혹은 잘못된 이야기를 해서 사람들이 자신을 비웃지 않을까 두려워한다. 두려움은 피할 수 없는 인생의 한 단면이다.

  문제는, 공포에 직면했을 때 어떻게 대처하는가 하는 점이다. 도망가서 숨어버릴 것인가, 혹은 그 상황에 정면으로 맞설 것인가.

  두려워도 꼭 해야 한다고 믿는 일을 하는 것, 이것이 용기의 본질이다. 위대한 철학자 아리스토텔레스는 말했다:

  "우리는 용기 있는 행동을 통해 용감해진다."

  이 말은 용감한 행동을 하면서 자신의 용기를 인식조차 하지 못할 수도 있다는 의미를 담고 있다. 그럼에도 불구하고 용기 있게 행동하고, 올바른 일과 필요한 일을 하는 동안, 우리는 용기 있는 사람이 되는 것이다. 그것이 두려움을 극복하는 유일한 길이기도 하다.

  용기는 훈련을 필요로 한다. 두려움을 똑바로 쳐다보고 해야 한다고 믿는 일을 한 번에 한 걸음씩, 조금씩 조금씩 행동으로 옮기기 위해 노력해야 한다. 연습해나가는 과정에서 두려움이 점차 사라지게 된다. 그리고 우리는 훨씬 성숙해진 자기 자신을 보게 된다. 여러분은 행동함으로써, 스스로 생각했던 것보다 더욱 용기 있는 사람이 되는 것이다.

또한 용기는 지혜를 요구한다. 두려움을 극복하기 위해 필요한 행동을 실행하는 것만큼, 그 두려움의 실체를 파악하는 것도 중요하다. 이때 정직이라는 미덕이 필요하게 된다.

이 장이 보여주고 있듯이, 용기에는 여러 종류가 있다. 돌리 매디슨의 이야기처럼 급박한 순간에 오히려 냉정하고 침착함을 잃지 않는 것도 일종의 용기이다. 로자 파크스와 수잔 B. 앤소니처럼 정당한 것을 옹호하는 것도 용기이다. 다윗이 골리앗을 대항해 싸울 때처럼 신앙에 따라 행동하는 것도 용기이다. 대다수의 사람들이 정의롭지 않을 때, 스스로에 대한 확신을 갖고 그들을 따르지 않는 것도 용기이다. 그러나 이런저런 거짓된 용기도 있으므로 경계를 게을리해서는 안 된다. 마치 자신이 용기 있는 사람이라는 듯이 큰소리로 떠드는 것도 거짓된 용기의 한 모습이 된다. 그 예를 「챈티클리어와 파트리트」에서 볼 수 있으며, 그것은 종종 허영심으로부터 비롯된다. 약자를 박해하는 것도 거짓 용기의 한 형태이다. 「표범의 복수」의 내용처럼, 사실 그러한 태도는 비겁 이외에 다른 아무것도 아니다. 또한 재미를 위해서 혹은 과시하기 위해서, 어리석거나 불필요한 위험 부담을 감수하는 것은 용기와 아무 관계도 없는 행동이다. 진정한 용기란 두렵지만 맞서야만 하는 상황과, 당연히 피해야 하는 상황을 구분할 줄 아는 지혜를 요구한다는 것을 다시 한 번 말해두고 싶다.

알라모에서의 호소
An Appeal from the Alamo

윌리엄 배럿 트래비스 William Barret Travis

텍사스 주 샌안토니오의 알라모 요새는 미국인의 굽힐 줄 모르는 용기와 자기 희생의 상징이 되었다. 독재에 대항한 멕시코 장군 안토니오 로페즈 데 산타 안나의 혁명 직후인 1835년 말, 일단의 텍사스 군이 그 요새를 점령했다. 1836년 초 윌리엄 배럿 트래비스 중령과 요새의 수비대는 6천 명의 멕시코 군에게 포위되었다. 2월 24일, 트래비스는 연락병으로 하여금 긴급 지원을 호소하는 편지를 가장 가까운 텍사스 마을로 보내기로 결정했다. 알라모 수비대를 위해 적진을 통과할 연락병으로 30명도 안 되는 병사가 차출되었다. 결론을 말하면, 3월 6일 산타 안나의 군대에 의해 그 요새가 점령되는 것으로 상황은 종결되었다. 이때 사령관 트래비스, 제임스 보위, 데이비 크로켓을 포함한 180명의 수비대 전원이 전사했다.

텍사스 알라모 요새 사령부

1836년 2월 24일

텍사스 주민에게

전세계의 모든 미국인에게.

동료 시민과 민간인 여러분에게

우리는 1천 명 혹은 그 이상의 산타 안나 휘하 멕시코 군에게 포위되어 있습니다. 지난 24시간 동안 그들의 대포 공격을 받았지만, 사상자는 없습니다. 적군은 무조건 항복을 요구합니다; 그렇게 하지 않으면 수비대를 몰살하겠다고 위협하고 있습니다. 우리는 대포를 쏘아 대답을 대신했고, 성곽 위에는 아직 우리 쪽 기가 펄럭입니다. 우리는 절대로 항복하거나, 후퇴하지 않을 것입니다. 그리고 자유와 애국심,

미국인의 자부심에 호소합니다. 조속히 원군을 보내주십시오. 적군은 나날이 증강되어 4, 5일 후에는 3천 명 혹은 4천 명에 이를 것으로 예상됩니다. 만일 이 호소가 받아들여지지 않는다고 해도, 전 대원은 자신과 미국의 명예를 위해 군인의 임무를 잊지 않고 버틸 수 있을 때까지 사수할 각오를 하고 있습니다.

승리 아니면 죽음을

사령관 윌리엄 배럿 중령

챈티클리어와 파트리트
Chanticleer and Partlet

J. 베르그 에센웨인과 마리에타 스톡커드

Retold by J. Berg Esenwein and Marietta Stockard

이 이야기는 제프리 초서의 작품 캔터베리 이야기 중 「수녀와 사제 이야기」에서 발췌한 것이다. 거짓 용기는 자신의 허영심에서 비롯되기도 한다는 점을 깨우쳐준다.

어느 작은 골짜기 숲 가까운 곳에 있는 농가의 앞마당에 챈티클리어라는 수탉 한 마리가 살았다. 벼슬은 산호처럼 빨갛고, 깃털은 반짝이는 황금색이었으며, 목청은 매우 우렁찼다. 매일 동틀 무렵 그의 호기로운 울음소리가 골짜기에 울려퍼졌고, 일곱이나 되는 그의 아내들은 감탄스러워하며 그 노랫소리에 귀를 기울였다.

어느 날 밤, 그가 가장 사랑하는 암탉인 데임 파트리트 옆에 있는 횟대에 나란히 앉아 있을 때였다. 갑자기 그가 아주 이상한 목청 소리를 냈다.

"무슨 일이에요? 겁에 질린 소리 같아요."

데임 파트리트가 물었다.

"아! 아주 무서운 꿈을 꿨어. 내가 숲속을 돌아다니고 있는데, 개처럼 생긴 어떤 짐승이 튀어나오더니 나를 잡아채는거야. 색깔은 붉고 코는 작은데, 눈은 타오르는 석탄 불처럼 이글거렸어. 휴! 정말 무서웠다니까."

챈티클리어가 말했다.

"쳇, 고작 꿈 때문에 그렇게 두려워하는 걸 보니 겁쟁이군요? 뭐 잘못 먹은 거 아녜요? 내 변함없는 사랑을 받고 싶으면, 현명하고 용감해야만 된다구요."

데임 파트리트는 꼬꼬댁거리며 천천히 깃털을 쓰다듬고, 빨간 눈을 조용히 내리감았다. 아침 잠을 방해받아 성가셔하는 것 같았다.

"물론 당신 말이 맞아. 하지만 꿈은 현실로 나타나기도 한다는 얘기를 들었거든. 그리고 왠지 불길한 일이 생길 것 같은 예감이 들어. 하지만 이제 그 얘기는 그만하자구. 당신 옆에 있으니까 아주 행복해. 당신은 정말 아름다워."

데임 파트리트는 졸린 눈을 슬며시 뜨고 즐거워하며 목청 깊숙한 곳으로부터 꼬꼬댁거렸다.

다음날 아침, 챈티클리어는 횟대에서 내려와 아침 식사를 하기 위해 아내들을 불렀다. 그리고 의젓하게 걸으며 옥수수 알갱이들을 발견할 때마다 그것을 가리키며 먹으라고 권했다. 그는 자신을 감탄스럽게 바라보는 아내들의 시선을 느끼자 더욱 으스댔다. 그리고 햇빛을 받으며 당당한 모습으로 걷다가, 날개를 자랑할 양으로 몇 차례 퍼덕이기도 했다. 종종 머리를 뒤로 젖히고 환희에 찬 소리를 질러대기도 했다. 그렇게 하는 동안 그는 간밤의 꿈 따위는 잊어버렸다. 그의 가슴에는 어떤 두려움도 남아 있지 않았다.

한편, 여우 레너드는 헛간에서 가까운 숲 가장자리에 몸을 숨기고 있었다. 챈티클리어가 점점 그가 숨어 있는 곳 가까이 다가오고 있었다. 그는 갑자기 풀밭에서 날아오르는 나비를 보았고, 그 나비를 향해 목을 내밀다가 숨어 있는 여우를 보게 되었다.

"꼬꼬댁! 꼬꼬!"

그는 잔뜩 겁에 질려 소리를 지르며, 달아나기 위해 몸을 돌렸다.

"이봐 친구, 왜 가려고 하나?"

레너드가 정중한 목소리로 말했다.

"나는 오직 자네의 노랫소리를 한 번 들어보려고 여기까지 한달음에 달려왔다네. 자네 목소리는 정말 천사의 음성 같군. 자네 부모님도 우리 집을 한번 방문했던 적이 있지. 자네를 여기서 이렇게 보게 되다니 말할 수 없이 기쁘군. 자네가 자네 아버지의 노랫소리를 기억하는지 궁금하네. 자네 아버지가 발끝으로 서서 그 가늘고 긴 목을 쭉 빼고 장엄하게 노래하던 모습이 눈에 선하다네. 자네 아버지는 노래하기 전에 언제나 눈을 지그시 감고 날개를 펄럭였지. 자네도 그런 식으로 노래를 부르나? 한 번 해보지 않겠나? 들어보고 싶어서그러네. 자네도 자네 아버지만큼 노래를 잘하는지 당장 들어보고 싶군."

챈티클리어는 여우의 아부에 매우 기분이 좋아졌다. 그는 날개를 펄럭이며 발끝을 들고 서서 눈을 지그시 감고 온힘을 다해 큰소리로 노래를 불렀다.

그가 목청을 돋우기가 무섭게, 레너드는 쏜살같이 튀어나와 그의 목을 낚아채 어깨에 메고, 숲속에 있는 자신의 집을 향해 뛰기 시작했다.

암탉들은 챈티클리어가 물려가는 것을 보자 요란하게 울어댔고, 그 바람에 근처에 있던 사람들이 여우를 뒤쫓아 뛰어가기 시작했다. 개가 그 소리를 듣고 컹컹 짖으며 뒤쫓았다. 소도 뛰고, 암소도 뛰고, 돼지도 꿀꿀대며 뛰었다. 오리와 거위는 겁에 질려 꽥꽥거리며 나무 위로 날아올랐다. 이처럼 요란한 소동을 처음 접해보는 여우 레너드는 약간 겁이 나기 시작했다.

"당신 정말 잘 뛰는군."

챈티클리어가 그의 등 뒤에서 말했다.

"내가 당신이라면 말이지, 당신을 잡겠다고 쫓아오는 저 느림보들을 놀려주고 가겠어. 저들을 향해 이렇게 소리치는거야. 너희들은 달팽이처럼 기어오는구나! 나는 이렇게 빨리 달리는데 말이야. 너희들이 아무리 그래봤자, 나는 이 닭으로 잔치를 벌일거야!'"

레너드는 이 말을 듣자 그럴 듯하다고 생각했다. 그래서 입을 벌리고 추적자들을 향해 외쳤다; 그러자 수탉은 그의 입에서 빠져나와 훌쩍 날아올라, 여우가 닿을 수 없는 나뭇가지 위에 안전하게 몸을 피했다.

사냥감을 놓쳤다는 사실을 깨달은 여우는 다시 한 번 조금 전에 쓴 그 속임수를 사용하기 시작했다.

"나는 네가 농가에 얼마나 중요한 존재인가를 증명해주고 싶어서 그랬을 뿐이야. 우리가 어떤 소동을 일으켰는지 보라고! 난 널 겁주려는 게 아냐. 내려와. 나하고 함께 우리 집에 가자. 아주 재미있는 걸 보여줄게."

"흥미없어."

챈티클리어가 말했다.

"다시는 나를 잡을 수 없을 걸. 봐야 할 때 눈을 감아버리는 자는 장님이 되어도 할 말이 없는 법이지."

챈티클리어의 지원군들이 점점 가까이 다가오고 있었으므로 레너드는 달아나야 했다.

"침묵을 지켜야 할 때 말을 하는 사람은 얻은 것을 잃어도 할 말이 없지."

그는 숲속 한가운데로 도망치며 이렇게 중얼거렸다.

다윗과 골리앗
David and Goliath

J. 베르그 에센웨인과 마리에타 스톡커드

Retold by J. Berg Esenwein and Marietta Stockard

신앙의 힘을 빌어 용기를 발휘한 한 젊은이의 이야기이다.

옛날 베들레헴 땅에 이새라는 사람이 살았다. 그에게는 건장한 여덟 명의 아들이 있었는데, 그중 막내가 다윗이었다.

어린아이였음에도 불구하고, 다윗은 혈색이 좋고 얼굴이 아름다웠으며, 단단한 몸을 갖고 있었다. 그는 형들이 양떼를 몰고 다닐 때면 형들을 따라다녔다. 매일 그는 언덕을 뛰어다니며 졸졸 흐르는 시냇물 소리와 새들의 노랫소리에 귀를 기울였다. 그의 팔다리는 점점 강해지고, 기쁨과 용기로 꽉 찬 가슴을 가진 젊은이로 자라났다. 가끔 그는 보고 들은 것들을 아름다운 노래로 만들기도 했다. 그러한 그의 눈매는 날카로웠고, 두 손은 강인했으며, 그의 목표는 확고했다. 또한 무릿매질을 하면 표적에서 빗나가는 법이 없었다.

어느 시점까지 성장하게 되자, 그는 양떼의 일부를 맡아 보살피게 되었다. 어느 날 그가 언덕에 누워 양떼들을 지켜보고 있을 때, 숲에서 느닷없이 사자 한 마리가 튀어나와 양 한 마리를 잡아갔다. 다윗은 벌떡 일어나 그쪽으로 뛰어갔다. 그의 가슴에는 어떤 두려움도 없었다. 오직 양을 구해야겠다는 한 가지 생각뿐이었다. 그는 맨손으로 사자에게 덤벼들어 갈기를 움켜잡고, 다른 무기는 없었으므로 억센 손에 든 장대로 사자를 때려 눕혔다. 또 어느 날은 곰이 그들을 덮쳤다. 그때도 다윗은 그 곰을 때려 눕혔다.

이런 일이 있은 후 얼마 지나지 않아, 블레셋 군대가 언덕을 넘어와 이스라엘의 아이들을 붙잡아갔다. 사울 왕은 군대를 모아 그들과 대적하러 나갔다. 다윗의 세 형은 왕과 함께 전쟁터로 갔지만, 다윗은 양을 돌보기 위해 남았다.

"너는 아직 어려; 그러니 집에 남아 양들이나 안전하게 보살피는 게 좋겠다."

그들이 다윗에게 말했다.

40일이 지나도록 전쟁터로부터 아무 소식이 없었다; 다윗의 아버지는 아들을 불러놓고 일렀다:

"이 식량을 네 형들에게 갖다주거라. 그리고 진지까지 가서 상황이 어떤지 살펴보고 오너라."

다윗은 아침 일찍 집을 떠나 군대가 진을 치고 있는 언덕으로 갔다. 군대의 함성이 하늘을 찌를 듯하고, 군사들은 이미 전투 태세를 갖춘 뒤였다. 진영을 헤매고 다니던 끝에 마침내 그가 형들을 찾아냈다. 그런데 그가 형들과 이야기를 하고 있을 때, 갑자기 사울 왕의 군대가 조용해졌다: 건너편 언덕에서 거대한 거인이 모습을 드러내고 있었다. 거인은 언덕 위아래를 성큼성큼 활보하고 다녔으며, 그의 갑옷과 투구는 햇빛을 받아 번쩍거렸다. 그의 방패는 사울 왕의 군사들 중 가장 힘센 자도 들어올릴 수조차 없을 만큼 무거워 보였다. 그가 옆에 차고 있는 칼 역시 너무 커서 아무리 강한 팔이라도 휘두를 수 없을 것 같았다.

"저자가 골리앗이라는 거인이야."

다윗의 형이 그에게 말해주었다.

"저자는 매일 저기서 어슬렁대며 이스라엘 군사들에게 덤벼보라고 소리치고 있지. 하지만 우리 군사들 중에서 감히 저 거인 앞에 나설 자가 없어."

"뭐라고요? 이스라엘의 군사들이 두려워한다고요?"

다윗이 물었다.

"살아 계신 하느님의 군대를 무시하는데도 블레셋 군사들을 그냥

보고만 있다는 말입니까? 나가서 저자와 대적할 군사가 아무도 없다는 말씀입니까?"

그는 형들을 번갈아 찾아다니며 물었다.

다윗의 큰형인 엘리압은 그가 말하는 소리를 듣고서 화를 냈다.

"정말 버릇이 없고 오만하기 짝이 없군. 너는 대단한 전쟁 구경이나 하려고 여기까지 왔겠지만, 남아 있는 양들을 누가 돌본단 말이냐?"

"양치기들이 지키고 있습니다. 그리고 아버지께서 나를 여기로 보내셨고, 나는 기쁜 마음으로 달려왔어요."

다윗이 말했다.

"내가 저 거인과 한번 싸워보겠습니다. 이스라엘의 하느님이 나와 함께하실 거예요. 나는 저 골리앗만이 아니라, 그의 군대 모두라고 해도 두렵지 않습니다."

그때 옆에서 이 말을 들은 군사 한 명이 사울 왕에게로 달려가 다윗의 이야기를 전했다.

"그자를 내 앞에 데려오도록 하라."

사울 왕이 명령했다.

다윗이 불려왔을 때, 사울 왕은 그가 아직 어린 티를 벗지 못한 젊은이인 것을 보고, 그를 설득해 돌려보내려고 했다. 그러나 다윗은 맨주먹으로 사자와 곰을 때려 눕힌 이야기를 했다.

"그 짐승들로부터 나를 지켜주신 하느님은, 저 블레셋 사람의 손으로부터도 지켜주실 것입니다."

이윽고 사울 왕이 말했다.

"가라, 하느님께서 그대와 함께하시리라!"

왕은 다윗에게 자신의 청동 투구와 쇠사슬 갑옷을 내주고, 자신의 칼도 주었다. 그러자 다윗이 말했다.

"저는 이 무기들로 잘 싸울 수 없습니다. 사용하는 데 익숙하지 못하기 때문입니다."

그는 그것들을 내려놓았다. 다윗은 누구든지 자신만의 무기로 싸워서 이겨야 한다는 것을 알고 있었다.

그는 장대를 손에 쥐고 목동의 자루와 투석기는 어깨에 멨다. 그리고 이스라엘 진영을 떠났다. 그는 언덕을 가뿐하게 달려내려왔고, 산 밑을 흐르는 개울가에 이르자 걸음을 멈추고 매끈한 돌멩이 다섯 개를 골라 자루에 담았다.

한쪽 언덕에 진을 치고 있는 이스라엘 군사들과, 맞은편 언덕에 진을 치고 있는 블레셋 군사들은 놀라움과 침묵 속에서 지켜보고 있었다. 거인은 다윗을 향해 성큼성큼 걸어왔다. 골리앗은 다윗이 혈색 좋고 아직 솜털이 보송보송한 젊은이에 불과하다는 것을 알게 되자 분노를 터뜨렸다.

"막대기를 가지고 오다니, 내가 개냐?"

그가 소리쳤다.

"내 상대로 이런 어린애를 보내다니, 이스라엘 녀석들이 나를 놀리는 건가? 돌아가라, 아니면 네놈을 하늘의 새들이나, 들판의 짐승들에게 먹이로 던져버릴 테니."

골리앗은 자신의 신들의 이름으로 다윗을 저주했다.

그러나 다윗의 가슴에는 어떤 두려움도 없었다. 그는 용감하게 외쳤다:

"칼과 창 그리고 방패를 가지고 덤벼라: 나는 이스라엘 군대의 하느님의 이름으로 너와 싸울 것이다. 그이는 내게 너를 물리칠 힘을 줄 것이다. 오늘 하느님이 너를 내 손아귀로 보내신 것이다. 나는 너를 무찌를 것이다. 이제 이스라엘에 여호와가 있다는 사실을 온 세상이 알게 될 것이다."

골리앗이 다윗을 향해 돌진해왔고, 그보다 더 빠르게 다윗은 골리앗에게 대적하기 위해 달려들었다. 그는 재빨리 자루에 손을 넣어 돌을 꺼내 무릿매에 쟀다. 그의 날카로운 시선이 거인이 쓰고 있는 투구

바로 밑 부분을 겨눈 다음, 강한 오른팔로 무릿매를 돌리다가 돌을 힘차게 던졌다.

돌은 쌩, 하는 소리를 내며 허공을 날아 정확하게 골리앗의 이마에 깊숙이 박혔다. 거인의 거대한 몸 전체가 흔들리는가 싶더니 그대로 땅에 엎어졌다. 거인이 땅에 얼굴을 박고 쓰러지자, 다윗은 재빨리 뛰어가 거인의 칼을 빼들고, 그의 거대한 목을 벴다.

이 광경을 지켜보던 이스라엘 군사들은 함성을 지르며 언덕 아래로 돌진해왔고, 겁에 질린 채 마구 달아나는 블레셋 군사들을 물리쳤다. 그들의 위대한 전사 골리앗이 젊은이 한 명에게 당해 힘없이 쓰러지자, 그들은 혼비백산해 막사를 비롯한 모든 것을 내버려두고 자신들의 나라로 달아났다.

전투가 끝났을 때, 사울 왕은 다윗을 불러오게 했다:

"그대는 고향으로 돌아가지 말고 아들처럼 내 곁에 있도록 하라."

이렇게 해서 다윗은 사울 왕의 막사에 머물렀으며, 마침내 왕의 군대를 지휘하는 사령관이 되었다. 모든 이스라엘 백성이 그를 칭송했고, 뒷날 그는 사울 왕의 뒤를 이어 이스라엘의 왕이 되었다.

돌리 매디슨, 국가의 자존심을 지키다
Dolley Madison Saves the National Pride

도로시아 페인 매디슨 Dorothea Payne Madison

1814년 8월, 미국의 수도를 불태워버림으로써 1812년에 시작된 전쟁을 끝낼 수 있으리라고 여긴 영국 군대가 워싱턴 D. C.로 진군해 들어왔다. 빨간 군복을 입은 군대가 가까이 다가옴에 따라 그 도시는 공포에 휩싸이기 시작했다. 독립 선언문을 포함한 많은 공식 문서는 이미 자루들 속에 가득 담겨 마차로 운반되어, 버지니아 주를 벗어난 곳의 한 빈집에 안전하게 쌓아올려졌다. 이제 도시에서 나오는 길은 퇴각하는 미국 군인들과 정치인 그리고 그들의 가족과 중요한 물건들을 실은 마차들로 메워졌다.

미국 제4대 대통령 영부인 돌리 매디슨은 침착하게 백악관의 철수에 따른 세부 사항을 지시했다. 식당에 길버트 스튜어트가 그린 조지 워싱턴의 초상화가 걸려 있었다. 그 초상화가 영국인들의 손에 들어간다는 것은 더할 수 없는 불명예였다. 매디슨 부인은 수위와 정원사에게 초상화를 떼어내라고 지시했다. 그런데 거대한 액자는 벽에 단단히 고정되어 있어서 누구도 그림을 떼어낼 수가 없었다. 그들이 초상화를 두고 씨름하는 동안 시간은 계속 흘러갔다. 마침내 누군가 도끼를 가져왔고, 그들은 그것으로 표구를 떼어낸 다음, 초상화를 분리해 안전한 곳에 보관했다. 얼마 지나지 않아 컬럼비아 특별 지구에 영국군이 들어왔고, 그들은 의사당과 백악관에 불을 놓았다.

워싱턴 대통령의 초상화를 보호한 현명한 조치는 곧, 미국 역사상 참으로 영웅적인 행동 중의 한 예로 받아들여지고 있다. 도시가 함락되는 동안 씌어진, 돌리 매디슨이 여동생 안나에게 보낸 아래의 편지는, 후퇴라는 대혼란 속에서도 시종 일관 냉정함과 침착성을 잃지 않는 참 용기를 보여준다.

1814년 8월23일 화요일

사랑하는 나의 자매에게:

남편(매디슨 대통령)은 어제 윈더 장군을 만나기 위해 나가셨어. 떠나기 전, 내일 또는 자신이 돌아올 때까지 백악관을 지켜낼 용기 혹은 단호함이 있는지, 그리고 두려움 없이 자신과 우리 군대의 승리를 기다려줄 수 있겠는가를 걱정스럽게 물으시더구나. 그리고 몸조심할 것과 공문서와 개인 문서가 들어 있는 캐비닛을 잘 간수할 것을 당부하며 떠나셨어; 그 이후 연필로 쓴 그분의 전갈을 두 차례 받아보았어. 두 번째 전갈은 매우 긴박했어. 처음 보고받은 것보다 영국군이 훨씬 강했고, 또 그들의 의도는 수도를 불태우려는 것으로 밝혀졌으므로, 즉시 마차를 타고 떠날 준비를 하라는 내용이었거든. 나는 지시를 따랐지; 트렁크마다 서류를 가득 채웠어. 우리의 개인적인 물품은 포기해야 했지. 그것을 운반할 마차를 구할 수 없었으니까.

남편과 함께 떠나기 위해, 남편의 안전을 알 때까지 나는 떠나지 않기로 결심했어. 그분에 대한 불평을 많이 듣고 있던 터이기 때문이지. 우리 주위는 불신 풍조가 만연해 있어. 친구와 친지들은 모두 떠났고, 포위당한 이후 호위병처럼 나를 지켜주던 커넬 C.도 남편과 함께 떠났어. 충직한 하인 프렌치 존은 평상시처럼 행동하며, 결의에 찬 모습으로 정문의 대포 화문을 막고 화약을 뿌려놓을 것을 제안했어. 그러면 백악관에 들어오는 영국군을 날려보낼 수 있다며. 나는 그의 제안을 긍정적으로 받아들이면서도 거절했어. 전시임에도 불구하고 우리에게 유리한 모든 방법을 동원하지 않는다고 이상해 하는 그에게 내 태도를 납득시키지는 못했어.

수요일 오전 12시. 나는 해가 떠오른 이후 줄곧 소형 망원경으로 주위를 살폈지. 걱정이 끊이지 않는 마음을 안고, 사랑하는 남편과 그의 친구들이 보이기를 바랐어. 하지만, 오! 단지 보이는 것은 무기가 없다는 듯이, 혹은 그들의 보금자리를 지키기 위해 싸울 용기를 찾아보려는 듯이 어슬렁거리는 일단의 군인들뿐이었어.

3시, 내가 이런 말을 하면 믿을까? 블래던스버그 근처에서 소규모 전투가 벌어졌어. 그리고 나는 대포 소리를 듣고 있어. 남편은 오지 않았고, 하느님, 우리를 보호하소서! 먼지를 잔뜩 뒤집어 쓴 연락병 두 명이 들어오더니 도망가라고 지시했어; 하지만 나는 여기서 남편을 기다려야 해……. 늦은 시각에 마차를 구했어. 식기를 비롯해 운반이 가능한 백악관 소유의 중요한 물품들을 마차에 실었어. 그것들이 목적지인 '매릴랜드 뱅크'에 닿을 수 있을지, 혹은 영국군의 손에 들어갈지는, 상황에 따라 달라지겠지. 우리의 자상한 친구 미스터 캐롤이 도착해서 출발을 재촉했지. 나는 매우 불안했어. 조지 워싱턴 장군의 초상화가 안전하게 보관되는 것을 확인해야 했기 때문이야. 위급한 순간이었는데, 그 초상화를 떼어내는 데 오랜 시간이 걸렸어; 나는 표구를 깨뜨려 초상화를 떼어내라고 지시했어. 그런 다음 그 귀중한 초상화를 안전하게 보관해줄 뉴욕의 두 신사에게 맡겼어. 이제 나도 집을 떠나야겠어. 그러지 않으면, 길을 가득 메운 퇴각하는 군인들 틈에 섞여 꼼짝달싹 못할 테니까. 언제 너에게 편지를 쓸 수 있을지, 혹은 내일 내가 어디에 있을지 나도 알 수가 없구나!

돌리

안네 프랑크의 일기 중에서
Excerpt from the Diary of Anne Frank

안네 프랑크는 1929년에 독일에서 태어났다. 그 후 나치의 유태인 박해가 시작되자 1933년에 그녀의 가족은 네델란드 암스테르담으로 이주했다. 1942년 나치가 네델란드를 점령하자, 프랑크 일가는 안네 아버지 사업체의 비밀 별관에 은신했다. 2년 후 그들은 발각되어 체포되었으며, 안네는 집단 수용소에서 죽었다.

'키티'에게 보내는 편지 형식으로 된 안네의 일기는 가장 감동적인 인간 정신의 용기의 증언으로 남아 있다. 이 발췌문에서 언급되고 있는 '피터'는 그의 부모님과 함께 프랑크 일가의 은신처에 함께 숨어 지내던 사내아이이다.

1944년 3월 7일

키티에게

1942년인 지금 내 인생을 생각해보면, 그 모든 것이 현실이 아니었던 것 같아. 천국 같은 인생을 살았던 안네는, 이 벽 속에서 성장하면서 현명한 아이가 된 안네와는 전혀 다른 아이인 것처럼 보여. 그래, 그 시절은 천국 같은 삶이었지. 언제든지 남자 친구들이 있었고, 내 나이 또래의 친구와 아는 아이들이 스무 명은 되었거든. 선생님들은 모두 나를 귀여워해주셨고, 어머니와 아버지는 나를 끔찍히 사랑해주셨으며, 항상 과자가 있었고, 용돈도 충분했으니, 어린아이로서는 더 이상 바랄 것이 없는 생활이었거든.

너는 분명히 내가 그 모든 사람들을 어떻게 내 주위로 끌어들였는지 궁금해 할거야. 피터가 얘기하는 '매력적'이라는 말은 정확한 표현은 아니야. 선생님들은 나의 똑똑한 대답, 재치 있는 얘기, 미소 짓는 얼굴, 그리고 궁금해 하는 내 얼굴을 보며 즐거워하셨지. 그래, 나는 지독한 장난꾸러기에다 애교 넘치는 재치 있는 아이였어. 그러한 태도는 주위의 모두에게 나에 대해 좋은 느낌을 갖게 만들었어. 나는 부지런하고 정직하고 솔직했으며, 다른 누구의 것을 훔친다는 것은 단 한 번도 생각해본 적이 없었어. 그리고 마음 좋게 다른 아이들과 내 과자를 나누어 먹었고, 자만하지도 않았지.

많은 것들에 감동하면서 성장한 것이 아니었을까? 그 와중에, 한창 때인 그때, 그토록 쾌활했다는 것은 너무도 좋은 일이었어. 그러던 내가 갑자기 현실을 직시해야 했고, 더 이상 감동하지 않는다는 사실에 익숙해지기까지 1년 이상의 기간이 필요했어.

학교에서의 나는 어땠을까? 기분 나빠하는 때가 없고, 우는 법도 없고, 항상 새로운 농담과 장난을 생각해내는 나는 '우리 성의 왕'이었지. 모두가 내 주위에 유쾌하게 몰려드는 것이 전혀 이상한 일도 아니었고, 그리고 나는 그들의 시선을 한몸에 받았어.

그때의 안네를 돌아보면 매우 재미는 있지만, 이제 환상 속의 소녀일 뿐이야. 지금의 안네와는 아무 상관도 없는 한 소녀라고 생각해.

피터는 그때의 나에 관해 이렇게 얘기해:

"너를 볼 때마다 너는 한두 명의 남자 친구, 그리고 여러 명의 여자 친구들에게 둘러싸여 있었어. 너는 항상 웃었고, 모두의 중심이었지."

그 소녀의 어떤 점이 남아 있을까? 걱정할 것은 없어. 나는 웃는 방법을 잊어버리지 않았고, 똑똑히 대답할 수도 있으니까. 그리고 다른 사람을 평가하는 것도 더 나아졌으면 나아졌지, 그때보다 못하지는 않으니까. 지금도 원하기만 하면, 얼마든지 애교를 부릴 수 있지. 그렇지만 나는 하룻밤만이라도, 아니 며칠, 혹은 한 주일만이라도 그때의 안네로 돌아갔으면 좋겠어; 그토록 명랑하고 쾌활했던 인생으로. 주말이면 나는 지칠 대로 지쳐서, 누군가가 해주는 그럴 듯한 얘기를 듣는 것만으로도 고마워할거야. 나는 부하를 원하는 것이 아니라, 아부하는 미소를 지으며 호감을 사려고 하는 대신 자기 성격대로 행동하는 친구를 원해.

나는 주위의 친구들이 훨씬 적어지리라는 것을 알고 있어. 하지만 진정한 친구 몇 명이 그대로 남아 있다면 뭐가 문제겠어.

그렇지만 나는 1942년에 그 모든 것이 있었음에도 전적으로 행복하지는 않았지. 가끔 버림받았다는 느낌도 들었어. 그러나 나는 하루 온종일 바빠서, 그러한 느낌들을 깊이 생각해보지 않았고, 할 수 있는 데까지 놀려고만 했지. 의식적이었건 무의식적이었건간에, 내가 느꼈던 그 공허감을 농담과 장난을 치며 피해버리려고 했던거야. 지금 나는 인생에 관해, 내가 해야 하는 일들에 관해 심각하게 생각하고 있는 중이야. 내 인생의 한 시기는 영원히 끝났어. 즐거웠던 학교 생활은 지나갔고, 영원히 돌아오지 않을거야.

나는 더 이상 그때를 그리워하지도 않아; 그 시절은 지나갔으니까. 다만 내 진실된 어떤 부분을 그 장소들에 남겨두었으므로, 즐겁게 지낼 수 없을 뿐이야.

나는 새해가 될 때까지 내 인생을 성능 좋은 확대경을 통해 들여다보았어. 집에서의 밝기만 했던 생활, 그러다가 1942년에 이곳으로 오게 되었지. 급격한 변화, 말다툼, 부부 싸움. 나는 이해할 수 없어. 놀라울 뿐이지. 나는 이러한 상황을 일종의 뻔뻔스러운 태도를 보이며 견뎌내기나 할 수 있을 뿐.

1943년의 상반기: 울고 싶은 기분과 외로움. 나는 지금 너무 늦게 내 잘못을 인식하고 부족한 점을 깨달아. 지금에야 그것들이 크고 중요한 것들이었음을 다시 생각하게 돼. 그날 나는 의도적으로 아무 얘기나 막 했어. 내가 생각했던 것과는 거리가 먼 얘기들이었지. 핌을 나한테 끌어들이기 위해서였어; 하지만 그렇게 되지는 않았지. 나는 내 자신의 변화라는 어려운 국면을 홀로 감당해야 해. 끊임없이 남을 비웃는 것도 그만두었어. 하지만 그 때문에 숨이 막힐 것 같고, 나는 지독하게 낙심했지.

후반기에 들어서는 조금씩 형편이 나아지기 시작했어. 나는 어린 숙녀가 되어가고 있는 중이었고, 어른 대접을 받게 되었어. 그리고 난 생각하고, 이야기를 지어내서 쓰기 시작했지. 그리고 이제는 다른 사람, 그 누구에게도 나를 인도산 고무공처럼 가지고 놀다가 던져버릴 권리는 없다는 결론을 얻기에 이르렀어. 내 자신이 원하는 대로 변화되는거야. 그렇지만 아빠가 언제든지 믿음직한 그런 존재가 다시는 될 수 없다는 사실은 아주 큰 충격이야. 이제 나는 내 자신 외에는 아무도 믿을 수 없게 된거야.

새해가 시작되었다: 두 번째로 나타난 큰 변화는 나의 꿈……: 그 꿈 덕분에 내가 무엇을 열망하는지를 깨닫게 되었어. 걸 프렌드가 아니라, 보이 프렌드를 원한다는거야. 또한 내면적인 행복과, 단지 자기 방어에 지나지 않는 표면적인 쾌활함도 발견할 수 있어. 그러는 가운데에서 모든 아름답고 소중한 가치에 대한 무한한 나의 열망을 깨닫기도 했어.

저녁에 침대에 누워 '하느님, 아름답고 귀하고 소중한 것들에 대해 감사드립니다.' 라는 기도를 끝냈을 때, 나는 기쁨에 젖어. 그리고 숨어 살게 된 상황과 나의 건강함에 대한 신의 '선'하심을, 내 전 존재를 다해 베드로의 '은총'을 떠올리게 되지. 또 아직 유치하고 민감한 단계라서 우리들 중 누구도 감히 이름을 부르거나, 손을 대지 못하지만, 언젠가는 찾아올 사랑, 미래, 행복 그리고 이 세상에 존재하는 것들—세상과 자연, 아름다움, 절묘하고 놀라운 그 모든 것들의 '미'를 생각해.

나는 전에는 어떤 비참도 생각하지 않았지. 오직 고요한 아름다움만을 생각했을 뿐이야. 그것이 어머니와 내가 근본적으로 다른 점이지. 어머니는 누군가가 우울해 하면 이렇게 조언하셔: '이 세상의 모든 비참을 생각해보고, 네가 그 비참 속에 빠져 있지 않다는 점을 감사해야 해.' 라고. 하지만 나는 이렇게 충고하지: '밖으로 나가. 들로 나가. 햇빛과 자연을 즐겨. 밖으로 나가서 네 자신 속에 있는 행복을, 하느님으로부터의 행복을 다시 붙잡으면 돼. 남아 있는 아름다운 것들과 너를 둘러싼 모든 아름다움을 생각해 봐. 그러면 너는 행복해질 거야.'

나는 어머니의 의견이 어째서 옳을 수 있는지 모르겠어. 그러면 비참함을 겪어내야 할 때 우린 어떻게 하면 좋을까? 우리는 지고 마는 거야. 반면에 나는 어떤 아름다움은 자연 속에, 햇빛 속에, 자유 속에, 그리고 우리 자신 속에 항상 남아 있다는 것을 깨달았어. 그것들이 너를 도와줄거야. 그러한 것들을 다시 한 번 봐. 그러면 네 자신과 하느님을 다시 찾게 되고, 균형을 되찾게 될거야.

그리고 행복한 사람은 다른 모든 사람들을 행복하게 변화시켜 줄 수 있지. 믿음과 용기가 있는 사람이라면, 결코 비참에 무릎 꿇지 않는 법이야!

안네로부터

로자 파크스
Rosa Parks

케이 프라이즈 Kai Friese

버스에서 뒷자리로 옮기라는 백인들의 요구를 거부한 로자 파크스의 행동은 미국 인권사에 한 획을 그었다. 파크스의 용기는 미국 흑인들에게 커다란 변화를 가져다 주었다.

1955년 12월 1일 목요일이었다. 하루 일과가 끝나는 시간, 몽고메리 거리를 달리는 초록색과 흰색 줄이 쳐진 버스에는 많은 사람이 타고 있었다. 몽고메리 페어 백화점에서 하루 종일 서서 셔츠를 꿰매고 다렸던 로자 파크스는 몹시 피곤했다. 그녀는 자신을 집으로 데려다줄 클리블랜드 애버뉴 버스를 탔을 때 마지막 남은 빈자리에 앉게 되자 운이 좋다고 생각했다.

곧 버스의 안쪽은 사람들로 꽉 찼고, 몇몇은 뒤쪽에 서서 갔다. 버스는 남부 연합의 날 내내 아프리카에서 데리고 온 흑인들을 경매하던 코트 광장을 가로질러 엠파이어 극장 앞에서 멈추었다. 다음 승객은 버스 앞쪽 통로에 섰다. 백인 남자 승객이었다.

그 백인 승객이 서서 가야 한다는 사실을 깨달은 버스 운전수 제임스 E. 블레이크는 백인 전용 좌석 바로 뒷자리에 앉아 있는 흑인 네 명에게 소리쳤다. 그리고 백인들을 위해 자리를 내주라고 했다. 그러나 누구도 일어나지 않았다.

"순순히 일어나 자리를 양보하는 것이 좋을거야."

운전수가 위협조로 말했다. 흑인 남자 세 명은 자리에서 일어나 버스 뒤쪽으로 가서 섰다. 그러나 로자 파크스는 꼼짝도 하지 않았다. 한두 번 겪어보는 상황이 아니었다. 그리고 그때마다 자리를 양보해야 했었다. 또한 그때마다 모욕감을 느꼈다.

"내가 정당한 요금을 내고서도 항상 부당하게 자리를 비켜줘야 하다니, 우리는 버스를 탈 권리밖에 없다는 말이 아니고 뭡니까?"

그녀는 말했다.

운명의 장난인지, 버스 운전수는 12월의 어느 날 저녁 골칫덩어리 로자 파크스가 문제를 일으켜 뒷문으로 타는 것을 저지함으로써 문제를 해결한 적이 있는 제임스 E. 블레이크였다. 그것은 오래 전 1943년의 일이었다. 로자 파크스는 오늘 또다시 밀려다녀야 한다는 사실을 깨닫고 기분이 언짢았다. 그녀는 그 백인 전용 좌석에 앉아 있는 것도 아니니, 자리를 양보할 생각이 없다고 운전수에게 말했다.

블레이크는 규칙을 알고 있었다. 운전수가 지정하는 곳이 곧 백인 좌석이라는 것을 알고 있었다. 백인들이 많이 타면, 그는 뒤쪽까지 백인 전용으로 확장하고, 흑인들은 모두 서서 가게 할 수도 있었다. 그는 로자 파크스에게 일어나 뒤로 가라고 소리쳤다. 그러나 로자 파크스는 미동도 하지 않았다. 버스 승객 모두가 숨을 죽이고, 결과를 지켜보았다. 마침내 블레이크는 그녀를 인종 분리 규범을 위반한 죄로 신고하겠다고 말했다. 그녀는 나지막하지만 단호한 목소리로 자신은 움직이지 않을 테니 하고 싶은 대로 해보라고 말했다.

블레이크는 버스에서 내려 몽고메리 경찰서의 경찰관 한 명을 데리고 돌아왔다. 그리고 그 경찰관이 체포하려고 하자, 그녀가 명백하게 물었다.

"당신네 사람들은 왜 우리를 불공평하게 대하는 거죠?"

승객들의 시선을 느낀 그 경찰관은 당황해 하며 짧게 대답했다.

"나는 모릅니다. 다만 나는 법에 따라 행동할 뿐입니다."

로자 파크스는 경찰서로 따라갔고, 그곳에서 그녀는 기록을 작성하고 지문을 찍었다. 경찰관들이 서류를 작성하는 동안 그녀는 물 한 잔 마실 수 없겠느냐고 물었다. 그러나 경찰서에 있는 물은 오직 백인만이 마실 수 있다는 대답을 들었다. 여자 경찰관 한 명이 철창으로 차

단된 감방들이 양편으로 늘어선 긴 복도로 그녀를 끌고 나갔다. 그리고 철창문 하나를 밀고 그녀를 들여보냈다. 그리고 문이 닫히는 소리가 들렸다. 그녀는 감방에 갇히게 된 것이다.

로자 파크스가 체포된 데 대해 이의를 제기해 법원에 정식 재판을 청구하기로 한 결정은, 몽고메리 흑인 사회에 큰 반향을 일으켰고, 그녀의 결심에 대한 지지를 표시하기 위해 조직적인 버스 승차 거부 운동으로 이어졌다.

12월 5일 월요일 아침, 눈을 뜬 로자 파크스는 재판에 대해 생각했다. 그녀가 남편과 함께 침대에서 내려왔을 때, 시내 노선 버스가 길 건너편 정류장에 멈추어 서는 귀에 익은 소리가 들려왔다. 보통 때 이 시간이면 많은 사람들이 버스를 타려고 웅성댈 시각이다. 파크스 부부는 창문으로 달려가 밖을 내다보았다. 운전수 외에는 버스에 타고 있는 사람도 없었고, 타는 사람도 보이지 않았다. 버스는 그 정류장에서 12월의 차가운 대기에 흰 배기 가스를 내뿜으며 1분 이상을 기다렸다. 버스 운전수는 의아해 했다. 하지만 정류장에 아무도 나타나지 않았으므로, 마침내 버스는 빈 차로 털털거리며 빠져나갔다.

로자 파크스는 행복으로 충만해지는 것을 느꼈다. 이웃들이 실제로 버스 승차 거부 운동을 시작한 것이다. 그녀는 한시라도 빨리 법원으로 가고 싶었다. 몽고메리의 다른 지역에서 운동이 어떻게 진행되고 있는지 살펴보기 위해서였다. 프레드 그레이가 그녀를 법원까지 데리고 가기 위해 차를 몰고 도착했을 때, 그녀는 실망하지 않았다. 그녀는 버스 승객이 약간 줄어들 것이라고 예상했었다. 운이 좋다면 평소의 절반 정도의 사람들이 그 운동에 참가하리라고 예상했었다. 그러나 실제로는 모든 버스가 거의 텅텅 빈 채 달리고 있었던 것이다.

시내 전역에 걸쳐서 버스들이 거의 빈 차로 달리는 광경을 모든 사람이 볼 수 있었다. 평상시와 마찬가지로 앞자리에 앉아 있는 백인 몇 사람, 그리고 간혹 뒤쪽에 어떻게 된 일인지 영문을 몰라하는 표정으로 앉아 있는 흑인 한두 사람이 전부였다. 그러나 거리는 일터로 향하는 흑인들로 붐볐다.

로자 파크스가 변호사와 함께 법정에 도착했을 때 또다른 놀라운 광경이 그들을 기다리고 있었다. 거의 500명이나 되는 흑인들이 그녀에 대한 지지를 나타내기 위해 운집해 있었던 것이다. 파크스 부인과 변호사는 그들의 환호성을 들으며 법정 안으로 천천히 길을 뚫고 들어갔다. 일단 그들이 지정된 자리에 앉자, 재판은 매우 빠르게 진행되었다. 로자 파크스가 버스 안에서 인종 차별 규정을 위반한 죄는 유죄로 확정되었고, 벌금 1백 달러가 부과되었다. 그리고 재판 비용으로 4달러도 추가되었다. 7개월 전에 있었던 클로데트 콜빈이라는 흑인의 경우와 똑같은 판결이었다. 그때 콜빈은 그 판결을 받아들이고, 벌금을 납부하는 수밖에는 없었다.

그러나 이번에는 프레드 게이트가 일어나 로자 파크스 사건에 대한 항소심 신청을 하겠다고 밝혔다. 그것은 시간과 비용을 들여 상급 법원에서 재판받겠다는 의미였고, 그 동안 그녀는 얼마든지 자유를 누릴 수 있었다.

법정 밖의 군중들은 술렁거리기 시작했다. 그들 중 몇몇은 개머리판 없는 엽총을 가지고 나온 사람들도 있어서 경찰은 긴장하고 있었다. E. D. 닉슨은 그들을 진정시키려고 했지만 소란스러운 분위기였으므로, 그 누구도 그의 목소리를 듣지 못했다. 군중은 만약 로자 파크스가 몇 분 이내로 안전하게 법정에서 나오지 못하면, 그들이 법정 안으로 밀고 들어가야 한다고 외치고 있었다. 그러나 곧 그녀의 모습이 나타났고, 군중은 또다시 요란한 함성을 터뜨렸다.

오전에는 텅 빈 버스를 보았고, 이제 아무 두려움 없이 대규모 군중에 둘러싸인 로자 파크스는 자신이 올바른 행동을 했음을 확신했다.

흑인들은 단합된 모습으로 시 정부에 모욕적인 인종 차별 정책을 더 이상 받아들이지 않겠다고 천명한 것이다. 그들은 힘을 모아 몽고메리를 변화시켰다. 그들이 역사적인 일을 해낸 것이다.

수잔 B. 앤소니
Susan B. Anthony

조안나 스트롱과 톰 B. 레너드
Joanna Strong and Tom B. Leonard

여성에게도 투표권을 보장하는 여성의 참정권은 수잔 B. 앤소니가 죽은 지 14년이 지난 후에야 비준되었다. 그럼에도 불구하고 그녀는 오랜 기간에 걸쳐 여성의 투표권을 쟁취하기 위한 투쟁사에서 가장 먼저 거론되는 인물들 중의 한 명이 되었다. 그녀의 단호한 결단은 그녀를 정치적인 용기의 한 모범과도 같은 인물로 만들었다.

"당신들 여기서 왜 이 난리들이야?"
커다란 책상을 앞에 두고 앉아 있는 한 남자가 소리쳤다.
"당신네 여자들에게는 당신들만의 일이 있어. 집으로 가서 접시나 닦아. 지금 당장 돌아가지 않는다면, 경찰을 불러 당신들 모두 체포해 가라고 할거야!"
가게의 모든 사람이 움직임을 멈추고 지켜보았다. 남자들 중에는 돌아서서 코웃음을 치는 사람도 있었다. 비웃는 표정으로 그 열다섯 명의 여성을 바라보며 낄낄대는 남자들도 있었다. 한 남자가 외쳤다.
"돌아들 가시지, 아주머니들. 애들이나 깨끗하게 키우라구."
그러자 그곳에 있던 남자들 모두 웃음을 터뜨렸다.
그러나 이러한 모욕도 한 무리의 여자들을 이끌고 당당한 모습으로

서 있는 키 큰 여자를 움츠러들게 하지는 못했다.

"나는 미국 대통령 선거를 하려고 여기에 왔습니다."

그녀가 말했다.

"당신네들의 대통령일 뿐만 아니라, 나의 대통령이기도 합니다. 우리 여성은 이 나라를 지켜줄 아이들을 키웠습니다. 우리는 당신들의 가정을 꾸미고, 당신들의 식사를 준비하고, 당신들의 아들딸을 낳아 키웠어요. 우리 여성들은 당신네 남자들과 마찬가지로 이 나라의 시민입니다. 그래서 당신들과 마찬가지로 정부의 지도자를 뽑는 선거에서 투표하겠다고 주장하는 것입니다."

그녀의 목소리는 종소리처럼 낭랑하게 울려퍼졌고, 그녀의 얘기는 많은 남자들의 가슴에 비수처럼 꽂혔다. 이제 그곳에 있던 어떤 남자도 감히 나서려고 하지 않았다. 큰 책상 뒤에서 몰려온 여자들에게 폭언을 퍼붓던 남자도 돌처럼 굳어 있었다. 그러자 수잔 B. 앤소니는 조용히 그러나 위엄 있는 태도로 투표함으로 가서 투표 용지를 집어넣었다. 다른 열네 명의 여인들도 똑같은 행동을 했고, 그 동안 남자들은 말없이 지켜보기만 했다.

이때가 1872년이었다. 너무 오랫동안 여성들은 그들의 당연한 권리를 박탈당해왔다. 너무 오랫동안 여성을 남성의 소유물로 비하시키는 부당한 법률을 참고 견뎌왔던 것이다.

여성도 돈을 벌 수 있다. 하지만 그것을 소유하지 못했다. 결혼한 여자가 일을 하면, 그녀가 번 돈은 모두 남편의 재산이 된다. 1872년에 남편은 한 가정의 철저한 가장이었다. 아내에게는 나름대로 알아서 결정할 수 있는 권한이라고는 전혀 없었다. 여자는 제대로 된 사고도 할 줄 모르는 인형 취급을 받았다. 그러므로 법은 자비롭게도 여인에게 보호자를 지정해주어—물론 남성인 보호자를—운이 좋아 소유하게 된 모든 재산을 관리하도록 해준 것이다.

수잔 앤소니 같은 여성은 이러한 불의에 분노를 터뜨렸다. 왜 자신이 여성이라는 이유로 차별받아야 하는지 납득할 수 없었다.

"왜 남성들만이 법을 만드는가?"

그녀는 소리쳤다.

"왜 남자들이 우리에게 채울 족쇄를 만드는 걸 보고만 있어야 하는가? 안 된다!"

그녀는 계속 외쳤다.

"우리의 권리를 되찾는 것은 우리 자신에게 달려 있다."

그녀는 신이 자신에게 여성도 법 앞에서 남성과 평등하다는 것을 보여줄 수 있는 힘을 주는 한, 끝까지 싸우겠다고 맹세했다.

그녀는 투쟁했다. 그 결과 수잔 B. 앤소니는 미국 역사에서 여성의 권리를 위해 싸운 위대한 인물로 추앙받게 되었다. 그녀는 전국을 누비고 다니며 수천 번의 연설을 했고, 남성들에게 호소했으며, 여성들에게는 그들의 권리를 쟁취하기 위해 일어나 싸울 것을 독려했다. 그녀는 남성들의 독단에 저항하는 수백 통의 편지를 쓰고, 팸플릿을 작성했다. 뭔가 새롭게 변화시키려는 그녀의 투쟁은 점점 더 힘들고 어렵게 되었다. 반대하는 사람들이 그녀와 그녀의 추종자들에 대해 온갖 야비한 말을 퍼붓는 데 주저하지 않았기 때문이었다.

"교양 있는 여자라면 저렇게 말하지 못하지. 예의를 아는 여자가 어떻게 판사 앞에서, 혹은 남성 클럽에서 계속 떠들어댈 수 있겠어? 천박한 여자야!"

많은 여성들은 수잔이 교양 있고, 예의 바르고, 지성인이며, 또 용기 있는 여성임을 알고 있었지만, 그렇게 이야기하는 것을 두려워했다. 그들은 그녀처럼 비난당하는 존재가 되는 것이 두려웠던 것이다. 그러나 시간이 흐르면서, 그들은 점차 자신들을 위해 애쓰는 그녀를 지지하게 되었다.

얼마 후, 많은 주부들은 그녀가 보여준 행동으로부터 용기를 얻게 되었고, 마침내 그녀의 지지자들이 수천 명이나 참가하는 집회가 열리기에 이르렀다. 많은 남자들은 수잔 B. 앤소니에게서 격려받은 아내를 통해 여성의 입장에서 본 부당한 대우에 관한 얘기를 들으며 얼굴을 붉히고, 의식이 변화되기 시작했다. 서서히 용감한 수잔 B. 앤소니는 단단히 굳어 있던 남성들의 가슴을 파고들기 시작한 것이다.

1872년, 매우 중요한 날. 그녀와 같은 신념으로 뭉친 그녀의 추종자들은 첫번째로 대통령 선거 투표를 했다. 그러나 투표장의 남성들은 일시적으로 감동을 받기는 했지만, 아직 그들의 가슴이 완전히 열린 것은 아니었다. 며칠 후 수잔 B. 앤소니는 투표소에 불법 침입한 죄로 체포되었다.

"유죄를 인정하겠소?"

판사가 물었다.

"네, 유죄입니다!"

수잔이 소리쳤다.

"당신네 남성들이 우리 여성들에게 심어주었던 노예 근성을 뿌리 뽑으려고 한 죄. 우리 같은 어머니들도 당신네 남성들만큼 이 나라에 중요한 존재임을 보여주려고 한 죄. 여성다움의 기준을 높이려고 한 죄. 그리하여 남성들로 하여금 정치적인 일에까지 관심을 갖는 자신의 부인에 대해 자부심을 가질 수 있도록 해주려고 한 죄 등입니다."

판사가 예기치 못했던 항변에 당황해 하자, 그녀가 덧붙였다.

"그렇지만 존경하는 판사님, 법으로 보장되는 평등권은 그 누구도 박탈할 수 없다는 미 합중국의 법을 어기지는 않았습니다. 법 앞에서 만인은 평등하다고 되어 있지 않은가요?"

그녀는 호통치듯 물었다.

"그렇지만 남성들만이 법을 만들 권리를 갖고 있고, 당신들의 대표를 뽑을 권리를 갖고 있고, 아들에게 상급 교육을 시킬 권리를 갖고 있는 상황에서, 어떻게 여성들이 동등한 권리를 갖고 있다고 할 수 있겠습니까? 당신들 눈먼 남성들은 계속 당신 자신의 어머니와 아내를 노예처럼 거느리고 싶은 겁니까?"

판사는 곤혹스러워했다. 이제까지 그는 단 한 번도 그토록 힘 있는 태도로 그러한 사상을 토로하는 여성을 대한 적이 없었다. 하지만 법은 법이었다! 판사는 조용히, 그리고 확신 없는 목소리로 선고했다.

"본 판사는 피고에게 벌금 100달러를 선고하지 않을 수 없습니다."

"나는 벌금을 내지 않겠어요!"

수잔은 소리쳤다.

"내 말을 명심해서 들으세요. 법이 바뀔거예요!"

그 말을 마지막으로 그녀는 성큼성큼 법정을 나왔다.

"따라가서 그녀를 데려와야 할까요?"

법정 서기가 판사에게 물었다.

"아니, 그럴 필요없네."

나이 지긋한 판사가 말했다.

"그녀가 옳아. 그리고 곧 법도 바뀔거야."

수잔은 계속해서 발길이 닿는 곳이면 작은 마을까지도 마다하지 않고 찾아가서 여성의 권리를 주장했다.

오늘날 이미 여성의 투표권은 당연한 권리가 되어 있다. 여성은 자신이 번 돈을 가질 수 있고, 또 기혼자이든 독신이든간에 자기 자신의 재산을 가질 수 있다. 여성도 원하면 대학에 가고 또 직업을 선택할 권리를 갖고 있고, 또 그것을 당연하게 여긴다. 그러나 오늘날 여성이 누리는 이러한 권리는 위대한 수잔 B. 앤소니 같은, 여성의 권리를 획득하기 위해 싸운 수많은 투사들의 용기 있는 투쟁의 결과로 얻어진 것이다.

표범의 복수
The Leopard's Revenge

용기는 두려움에 대한 이해를 수반한다. 그러나 그 자체만으로는 부족하다. 여기에 소개하는 아프리카 민담이 그 점을 잘 보여준다. 이 글에 등장하는 아버지 표범은 자신의 한계를 잘 알고 있는 듯하다. 그러나 약하고 무고한 존재에 대해 복수하는 태도를 용기 있는 태도라고 하기는 어려울 것이다.

집을 나와 방황하던 새끼 표범이 커다란 코끼리들 틈으로 들어가는 모험을 하기로 작정했다. 엄마와 아버지 표범은 커다란 동물들 가까이 가지 말라고 누누이 주의를 주었었다. 그러나 그 새끼 표범은 주의를 잊고 있었다. 갑자기 거대한 코끼리들이 걷기 시작했다. 그리고 그 중 한 마리가 새끼 표범을 밟았다. 그런데 그 코끼리는 그러한 사실을 알지도 못했다. 얼마 후 하이에나가 밟혀 죽은 새끼 표범의 시체를 발견하고, 그의 부모에게 알렸다.
"슬픈 소식을 전해드려야겠습니다."
하이에나가 말했다.
"당신네 아들이 들판에 죽어 있는 것을 보았습니다."
아버지 표범과 엄마 표범은 슬퍼하고, 또 분노를 터뜨리며 고통스럽게 울었다.
"왜 그렇게 되었지?"
아버지 표범이 물었다.
"누가 내 아들을 죽였는지 말해줘. 아들의 복수를 하기 전에는 난 한 순간도 마음 편할 수 없을거야!"
"코끼리가 그랬어요."
하이에나가 대답했다.

"코끼리라고?"

아버지 표범이 당황해서 물었다.

"코끼리가 그랬다고 했나?"

"그래요."

하이에나가 말했다.

"그들이 지나간 발자국을 보았어요."

표범은 으르렁거리고 머리를 흔들며 한동안 그 자리를 맴돌았다.

"아냐, 네가 틀렸어."

마침내 그가 말했다.

"코끼리가 아니라 염소들이야. 염소들이 내 아들을 죽인거야!"

그는 즉시 언덕을 뛰어내려가 계곡에서 풀을 뜯고 있는 염소들에게 덤벼들었다. 그리고 분노에 타오르는 이빨로 아들에 대한 복수를 하기 위해 많은 염소들을 죽였다.

괴물 미너토
The Minotaur

앤드류 랭 Adapted from Andrew Lang

희랍 신화는 동정심과 용기에 관한 목록이다. 여기에 두 영웅이 등장한다: 첫번째 영웅은 백성들을 구하기 위해 미궁으로 뛰어든 테세우스이다. 또 다른 영웅은 양심을 찾고, 테세우스와 많은 백성을 구하기 위해서 아버지를 거역한 아리아드네이다. 우리는 테세우스와 아리아드네가 그들이 직면한 위험을 두려워했다는 점을 분명히 알 수 있다. 그럼에도 불구하고 그들은 옳은 일을 한다. 용기라고 할 만한 두려움의 부재에 의해서가 아니라, 오직 두려움에도 불구하고 단지 옳은 일이기 때문에 행했던 것이다.

이 이야기는 고대 그리스에서 가장 크고 훌륭했던 도시들 중의 하나인 아테네에서 시작된다. 그런데 당시의 아테네는 바다에서 2, 3마일 정도 떨어진 평원으로부터 우뚝 솟은 절벽 위에 위치한 조그만 도시에 불과했다. 그때 아테네를 지배하던 아이게우스 왕은 고향으로 돌아온 아들을 맞이하려 하고 있었다. 태어날 때 본 이후로 처음 보는 아들 테세우스는 그리스 최고의 영웅이 될 인물이었다.

아이게우스는 마침내 자신의 아들이 돌아왔다는 사실이 너무 기뻤다. 그러나 테세우스는 왕이 심란해 하고, 슬퍼하는 순간이 있다는 것을 눈치 챌 수 있었다. 시간이 흐르면서 테세우스는 아테네 사람들도 똑같은 우울함에 사로잡혀 있다는 것을 알게 되었다. 어머니는 말이 없고, 아버지는 고개를 흔들었다. 젊은이들은 마치 무언가 두려운 것이 바다 건너에서 올 것이라는 듯이 하루 종일 하염없이 바다를 바라보았다. 아테네의 수많은 젊은이들은 실의에 빠져 있는 것 같았고, 멀리 그리스로 친구들을 만나러 간다는 말이 들렸다. 그러나 테세우스는 뭔가 이상하다고 생각했으며, 무슨 일인지 알아보겠다고 결심했다.

"네가 불행한 시기에 고향에 돌아온 것 같아 걱정이구나."

아이게우스는 한숨을 쉬었다.

"아테네에 저주가 내렸다. 테세우스 왕자여, 너도 어떻게 해볼 수 없는 이상하고 끔찍한 저주이다."

"모든 것을 자세히 말씀해주십시오."

테세우스가 말했다.

"저는 단지 사람에 불과하지만, 영원 불멸하는 신의 도움을 받았습니다."

"처음부터 얘기하자면 오래 전으로 거슬러 올라가야 한다."

아이게우스가 말했다.

"그리스 전역에서 젊은이들이 달리기, 권투, 레슬링 그리고 경보 경주에 참가하기 위해 아테네로 모였던 때에 시작된 일이니까. 크레타의 위대한 왕 미노스의 아들도 경기에 참가했었는데, 그만 여기에서 묵고 있던 중에 죽고 말았다. 어떻게 죽었는지는 나도 모른다. 어떤 사람들은 사고로 죽었다고도 하고, 또 어떤 사람들은 질투심 많은 경쟁자가 살해한 것이라고도 하더구나. 어쨌든, 그의 친구 한 명이 밤에 도망가서 크레타에 그 소식을 전했단다."

아이게우스 왕은 그때를 회상하듯 잠시 눈을 감았다가 하던 이야기를 계속했다.

"미노스 왕은 복수를 하기 위해 수많은 군선을 이끌고 쳐들어왔다. 그때 바다는 배들로 온통 검게 물들었지. 우리가 대적하기에는 너무도 강한 군대였지. 우리는 겸손한 태도로 성 밖으로 나가 그들을 맞이하고 자비를 빌었단다. 그랬더니 미노스 왕이 이렇게 말하더구나. '자비를 베풀겠다. 너희 도시를 불태우지 않을 것이고, 보물을 약탈하지 않을 것이며, 너희 백성을 포로로 잡아가지 않겠다. 그렇지만 너희는 7년마다 공물을 바쳐야 한다. 아름다운 젊은 남자 일곱과 처녀 일곱을 골라 내게 보내라.'라고, 우리는 그 조건을 받아들이는 수밖에 없었다. 그 후 7년마다 크레타에서 검은 돛을 단 배가 와서 일곱 쌍의 젊은 남녀를 태우고 갔단다. 그리고 올해가 바로 그 배가 오는 7년째 되는 해이란다."

"그럼 크레타로 실려간 젊은 남녀는 어떻게 되었습니까?"

테세우스가 물었다.

"모른다. 그 젊은이들은 돌아오지 않았으니까. 그렇지만 미노스 왕의 선원은 그들을 '미로'라고 불리우는 이상한 감옥에 가두었다고 하더구나. 그 감옥은 어둡고 단단한 바위를 깎아서 만든 구불구불한 길들이 이리저리 엉켜 있고, 그 안에는 미너토라는 무서운 괴물이 산다더구나. 그 괴물은 몸은 사람이지만 머리는 황소이고, 이빨은 사자의 그것이며 사람을 한입에 먹어치운다더라. 이것이 바로 내가 두려워하는 우리 아테네의 젊은이들의 운명이란다."

"검은 돛을 단 배가 오면 불태워버리고 항해사들을 죽여버리면 되지 않습니까?"

테세우스가 말했다.

"그럴 수는 있지. 그러나 그러면 미노스 왕이 당장이라도 군사를 가득 싣고 와 아테네 전체를 파괴해버릴 거다."

아이게우스 왕이 말했다.

"그렇다면 저를 끌려가는 젊은이들과 함께 보내주십시오."

테세우스가 벌떡 일어나며 말했다.

"그러면 제가 미너토라는 괴물을 죽이겠습니다. 저는 당신의 아들이고 또 후계자입니다. 그러므로 제가 아테네를 무서운 저주로부터 구해내는 것은 당연한 일입니다."

아이게우스 왕은 소용 없는 계획이라며 아들을 설득했다. 그러나 테세우스는 단호했다. 검은 돛을 단 크레타의 배가 해변에 닿았을 때 끌려가는 젊은이들 속으로 들어갔다. 그의 아버지는 그가 배를 타는 곳까지 나와 작별 인사를 하며 가슴 아픈 눈물을 흘렸다.

"네가 만약 살아서 돌아온다면, 해안에 가까워졌을 때 검은 돛을 내리고 흰 돛을 올려라. 그러면 네가 미로 속에서 죽지 않고 살아 돌아온 것으로 알겠다."

왕은 테세우스에게 이렇게 말했다.

"걱정하지 마십시오."

"흰 돛을 단 배를 기다리십시오. 승리하고 돌아오겠습니다."

그가 이렇게 말하는 동안 배는 움직이기 시작했고, 곧 수평선 너머로 사라졌다.

며칠 동안의 항해 끝에 배는 크레타에 닿았고, 아테네의 젊은이들은 궁전으로 끌려갔다. 미노스 왕은 화려한 비단옷을 입고 보석을 걸친 고관과 왕자들에게 둘러싸여 금박을 입힌 옥좌에 앉아 있었다. 백발에 긴 수염을 기른, 거무스름한 얼굴의 미노스 왕은 무릎에 팔꿈을 올리고 손으로 턱을 괴고 있었다. 그는 테세우스와 눈이 마주쳤다. 테세우스는 공손히 절한 다음 똑바로 서서 미노스 왕을 마주 바라보았다.

"너는 열다섯 번째 젊은이구나."

마침내 미노스 왕이 입을 열었다.

"내가 요구한 것은 열네 명이 전부인데, 이상하구나."

"저는 자진해서 왔습니다."

테세우스가 말했다.

"이유는?"

미노스 왕이 물었다.

"아테네 사람들은 자유를 갈망합니다, 왕이시여."

"한 가지 길이 있지."

미노스 왕이 말했다.

"괴물 미너토를 죽여라. 그러면 너희 나라는 내게 바치는 공물로부터 자유로워질 것이다."

"저는 그 괴물을 죽이러 왔습니다."

테세우스가 이렇게 말하자, 주위를 둘러싸고 있는 신하와 왕자들과 아름다운 젊은 공주들 사이에서 동요가 일었다. 옥좌 뒤편에 막내 공주인 아리아드네가 서 있었다. 그녀는 현명하고 마음씨 고운 여인이었다. 테세우스가 허리를 굽혀 인사를 하고 다시 일어섰을 때 그의 시선이 아리아드네와 마주쳤다.

"너는 마치 왕의 아들처럼 말하는구나."

미노스 왕이 미소를 지으며 말했다.

"고난이라는 것이 무엇인지 모르는 사람 같구나."

"저는 많은 어려움을 이겨냈습니다. 그리고 저는 아이게우스 왕의 아들 테세우스입니다. 저는 저 혼자서 괴물 미너토를 만날 수 있도록 해주십사고 부탁드리러 온 것입니다. 만약 제가 그 괴물을 죽이지 못하면, 여기 나머지 젊은이들은 제 뒤를 따를 것입니다."

"알겠다."

미노스 왕이 말했다.

"왕의 아들이 혼자 죽기를 원하는구나. 그 소원을 들어주어라."

아테네 젊은이들은 방들이 줄지어 있는 복도를 따라서 높은 곳으로 인도되었다. 그들 각자에게 꿈에도 그려보지 못했던 풍요롭고 아름다운 방이 주어졌다. 그리고 모두들 목욕을 하고 새옷을 갈아입은 다음, 기름지고 맛있는 음식을 대접받았다. 그렇지만 누구도 음식을 먹을 수 없었다. 테세우스만은 달랐다. 그는 힘이 필요할 것이므로 잘 먹어두어야 한다는 것을 알고 있었던 것이다.

그날 밤 그가 잠자리에 들려고 할 때, 나지막하게 문을 노크하는 소리가 들려왔다. 그리고 갑자기 미노스 왕의 딸 아리아드네가 그의 방안으로 들어왔다. 테세우스는 그녀의 눈을 뚫어지게 바라보았고, 그 순간 그로서는 그때까지 한 번도 본 적 없는 연민의 정이 그녀의 눈에 담겨 있음을 보았다.

"당신네 나라의 많은 젊은이들이 내 아버지의 미로 속에서 사라졌어요."

그녀가 조용히 말했다.

"당신에게 주려고 단검을 가져왔어요. 그리고 당신과 당신의 친구들에게 도망갈 수 있는 길을 가르쳐드리겠어요."

"단검은 감사합니다."

테세우스가 대답했다.

"그렇지만 도망갈 수는 없습니다. 나에게 길을 가르쳐줄 수 있다면, 미너토에게 이르는 길을 가르쳐주십시오."

아리아드네가 속삭이듯 말했다.

"당신이 미너토를 죽일 수 있다고 해도, 미로를 빠져나오기는 쉽지 않을 거예요. 미로는 아주 어둡고 구불구불한 길로 되어 있는데, 방향이 여러 갈래인 데다가 죽음에 이르게 되는 함정과 가짜 통로가 너무 많아요. 미로의 비밀은 아버지조차도 모르죠. 만약 당신이 계획대로 괴물과 싸울 결심이라면, 이걸 가지고 가세요."

그녀는 주머니에서 황금 실이 가득 감겨 있는 실패를 꺼내 테세우스의 손에 쥐어주었다.

"미로 안에 들어가는 즉시 실의 한쪽 끝을 단단한 돌에 묶으세요. 미로를 따라가는 동안 이 실패를 놓치면 안 됩니다. 그곳을 나올 때 이 황금 실을 따라나오면 될 테니까요."

테세우스는 무슨 말을 해야 할지 몰라 그녀를 바라보기만 했다.

"왜 내게 이런 도움을 주는 거지요?"

마침내 그가 물었다.

"만약 당신의 아버지께서 아시게 된다면, 당신은 무척 위험할 텐데 말이오."

"그렇기는 해요."

아리아드네가 천천히 대답했다.

"그렇지만 제가 이러지 않으면, 당신과 당신네 나라의 젊은이들은 훨씬 더 큰 위험을 맞이할 것이기 때문이에요."

테세우스는 자신이 그녀를 사랑하게 되었음을 깨달았다.

다음날 오전, 테세우스는 미로로 안내되었다. 그리고 호위병들이 그를 동굴 안으로 집어넣고 입구를 바위로 막자마자, 그는 뾰족하게 튀어나온 바위에 실의 끝을 묶은 다음, 실패를 꽉 움켜쥐고 천천히 걷기 시작했다. 넓은 통로가 나타났다. 끝까지 따라가니 왼쪽과 오른쪽으로 갈라지는 길이 나왔다. 그는 길을 따라 걸었다. 그러나 그 끝은 벽이었다. 그는 처음 출발했던 곳으로 돌아와 다시 시작했다. 이렇게 하기를 끝없이 반복했다. 그러는 동안에도 몇 걸음 걷고 난 다음에는 멈춰서서 괴물의 소리가 들리지 않는지 귀를 기울였다. 그는 어둡고 구불구불한 길을 따라 한없이 걸었고, 어느 순간에는 얼마 전에 들어섰던 통로였음을 깨닫기도 했다. 어쨌든 그는 점점 미로 속으로 깊숙이 들어서게 되었고, 마침내 사람의 뼈가 수북하게 쌓여 있는 방에 들어서게 되었다. 그는 이제 괴물이 살고 있는 곳에 가까워졌음을 깨달았다.

그는 조용히 앉아서 기다렸다. 멀리서 희미하게 으르렁대는 소리가 들려왔다. 그는 일어나서 귀를 기울였다. 소리가 점점 크게 들리고 있었다. 황소의 울부짖음 같은 것이 아니라, 더 날카롭고 소름끼치는 소리였다. 테세우스는 재빨리 허리를 굽히고 미궁의 바닥에서 흙을 한 줌 긁어 모으고, 다른 한 손에는 단검을 빼들었다.

괴물 미너토의 소리가 점점 더 가까워지고 있었다. 통로에 메아리 치는 괴물의 발자국 소리는 천둥소리 같았다. 무슨 냄새를 맡는지 킁킁거리는 소리가 들리다가 이내 조용해졌다. 테세우스는 허리를 굽혀 좁은 통로의 어두운 구석에 몸을 숨겼다. 가슴이 심하게 두근거렸다. 그곳에 가까이 온 미너토는 순간적으로 몸을 굽히며 숨어 있는 사람이 있음을 알아채고, 으르렁대며 덤벼들었다. 순간 테세우스는 옆으로 피하며 괴물의 눈을 향해 흙을 던졌다.

괴물은 고통을 이기지 못해 비명을 지르며 뒷걸음질을 쳤다. 흉측하고 거대한 손으로 눈을 비벼대며 갈피를 잡지 못하고 있었다. 머리를 위아래로 그리고 좌우로 흔들면서 팔을 뻗어 벽을 짚으려고 했다. 아무것도 보이지 않는 것 같았다. 테세우스는 단검을 빼들고 괴물의 뒤로 접근해 재빨리 다리를 찔렀다. 요란한 소리를 내며 쓰러진 괴물은 사자 이빨로 바닥을 긁어대고, 손으로 허공을 휘저으며 사지를 버둥거렸다. 테세우스는 기회를 기다렸다. 괴물의 주먹 쥔 손이 잠잠해졌을 때, 날카로운 단검으로 괴물의 심장을 세 번 내리쳤다. 괴물은 순간적으로 요동쳤으나, 곧 잠잠해졌다.

테세우스는 무릎을 꿇고 신들에게 기도를 올렸다. 기도가 끝나자 단검으로 괴물의 목을 잘랐다. 그런 다음 한 손에는 괴물의 머리를 들고, 황금 실을 따라 미궁을 빠져나왔다. 그 어둡고 음산한 통로를 영원히 빠져나올 수 없을 것 같았다. 만약 그 실이 어디에선가 끊어졌다면? 그러면 그는 길을 잃게 되는 것이다. 그는 그 실을 조심스럽게 따라갔고, 마침내 미로의 입구에 이르렀다. 그는 지친 몸으로 기진맥진해서 땅에 털썩 주저앉고 말았다.

"어떤 기적이 있어서 그대가 미로에서 살아나왔는지 모르겠구나."

미노스 왕이 그 괴물의 머리를 보고 말했다.

"약속은 지키겠다. 그대가 미너토를 죽인다면, 네 백성을 자유롭게 해주겠다고 한 약속을 지키겠다. 함께 온 젊은이들을 데려가는 것도 허락하겠다. 이제부터 두 나라 사이에 영원히 평화가 깃들기를 기원하노라. 잘 가거라."

테세우스는 자신이 살아나오고, 또 자신의 백성이 자유롭게 된 것은 아리아드네의 용기 덕분임을 알고 있었다. 그리고 그녀 없이는 돌아갈 수 없다는 것도 알고 있었다. 어떤 기록에 보면 그가 미노스에게 딸을 달라고 청혼했고, 왕은 기꺼이 그의 청혼을 들어주었다고 한다. 다른 기록에 따르면 배가 떠나기 직전에 그녀를 훔쳐갔다고 되어 있다. 어쨌든 배에 닻이 올려지고 크레타섬을 출항할 때, 두 연인은 함께 그 배에 타고 있었다.

그러나 많은 감동적인 이야기들이 그렇듯이, 행복한 결말은 비극으로 끝을 맺는다. 크레타 사람인 그 배의 선장은 테세우스가 살아서 돌아오게 되면 흰 돛을 달고 오기로 한 약속을 알 리가 없다. 절벽에서 수심에 잠겨 수평선을 지켜보던 아이게우스 왕은 검은 돛을 단 배를 보게 된다. 그는 가슴이 찢어질 듯한 아픔을 느끼며 높은 절벽에서 바다로 뛰어내린다. 지금은 그의 이름을 따라 '에게해(Aegean)'로 불리는 바다로.

인 내

P E R S E V E R A N C E

지칠 대로 지친 모습의 한 남자가 랍비를 찾아와 조언을 구했다.

"저를 도와주십시오."

그 남자가 울며 하소연했다.

"저는 거듭된 실패로 더 이상 버틸 힘이 없습니다. 무엇을 하건 최소한 반이 넘게 실패하는 겁니다. 어떻게 하면 좋을까요?"

"도와주겠네."

랍비가 대답했다.

"도서관에 가서 세계 연감 720페이지를 보게."

남자는 즉시 도서관으로 가서 랍비가 이야기해준 대로 그 연감의 720페이지를 폈다. 거기엔 야구 선수들의 프로 생활 통산 타율이 실려 있었다. 1위인 야구 사상 최고의 타자로 꼽힌 타이 콥의 통산 타율은 3할 6푼 7리였다.

그 남자는 랍비를 다시 찾았다.

"이해를 못하겠군요."

그 남자가 말했다.

"타이 콥의 통산 타율과 제 실패와 무슨 관련이 있습니까?"

"그의 통산 타율은 3할 6푼 7리였지?"

랍비가 물었다.

"타석에 세 번 서서 한 번은 안타를 쳤지만, 세 번 중 두 번은 그렇지 못했다는 뜻이야. 그런데도 그는 최고의 타자로 추앙받지 않나."

삶이 승리만으로 계속될 수는 없다. 삶의 많은 부분은 오히려 패배 쪽에 가깝다. 우리는 끊임없이 재도전해야 한다. 이때 불굴의 인내가 필요하다. 마침내 성공하기까지 실패에 실패를 거듭하는 동안, 위험 부담으로부터 도피하고 싶은 낙심의 시기가 있다. 그러나 여러분 머리 속의 불굴의 인내는 이렇게 이야기한다.

"실패했지만, 다시 노력해봐."

그것은 성장을 위해 대단히 중요하다.

인내는 자주 경시되는 미덕들 중의 하나이다. 그것은 우리가 운동 선수나 배우, 혹은 실업가들 중에서 '성공한 사람들'을 볼 때, 그들의 성공을 능력과 현명함의 덕택으로, 좀더 나아가 운이 좋아 그렇게 될 수 있었다는 식으로 돌려버리기 때문이다. 그들의 잘못된 시작, 굴욕적인 거절, 그리고 성공을 거두기 전까지 겪어야 했던 외로움 등에 관해서는 생각하지 않는다. 우리는 전기와 축음기 등등을 발명해 '놀라운 오늘날'을 가능하게 해준 발명왕 에디슨을 기억한다. 그러나 실패한 그의 아이디어들에 대해서는 생각하지 않는다. 한번은 그의 친구가 축전지 발명을 시도하다가 여러 번 실패한 에디슨을 위로하기 위해 찾아왔다. 그때 에디슨은 이렇게 말했다.

"나는 실패하지 않았어. 다만 작동되지 않는 이유를 1천여 가지 발견했을 뿐이야."

에디슨은 가장 성공적인 사람들이 깨닫는 것을 알고 있었던 것이다. 재능과 기술은 여러분을 긴 여정으로 이끌어준다. 그러나 불굴의 인내가 그 너머에 닿게 해준다. 자신의 임무에 혹은 일에 매달릴 줄 아는 사람들은 일반적으로 훌륭한 목표에 도달한다.

물론 인내가 여러분이 좇는 목표를 보장해주지는 않는다. 모든 노력을 다했어도 경기에서 질지도 모른다. 숙제를 다하고 열심히 공부했는데도 시험에서 좋은 성적을 올리지 못할 수도 있다. 그러나 여러분은 더 훌륭하고 또 더욱 강한 사람이 될 것이다. 그리고 다음 순간의 목표, 승리의 월계관을 얻기 위한 준비가 더 잘 다져진 것을 깨닫게 될 것이다.

　여러분이 목표에 도달하는 순간, 노력해야 하는 시간이 끝난 것은 아니다. 잘 산다는 것은 목표가 아니라, 단지 여정일 뿐이다. 인생은 실수와 실패와의 싸움이며, 탐구하고 또 배우며, 더 나은 우리 자신이 되기 위한 여정이다. 그리하여 여러분은 새롭고 한 단계 높은 목표를 설정하게 되고, 그와 동시에 인내의 시간이 또 다시 시작되는 것이다.

흉터 난 얼굴
The Story of Scarface

에이미 크루즈 Retold by Amy Cruse

사전은 인내 혹은 참을성이라고 번역되는 'fortitude'를 '위험에 처했을 때 침착하고 용기 있게 대처할 수 있도록 해주는 힘'이라고 정의하고 있다. 영국의 철학자 존 로크는 이 단어를 '모든 미덕의 수호자'라고 정의했다.

인디언 부족 중에 부모를 모두 잃고 돌봐줄 친구도 없는 불쌍한 고아 소년이 있었다. 친절한 인디언 여인들은 가능한 한 음식과 옷을 나눠주고, 추운 겨울에는 지낼 곳을 마련해주는 등 힘닿는 데까지 돌봐주었다. 남자들은 자신의 아들을 가르치듯 사냥에도 데리고 가주었고, 목각 기술도 가르쳐주었다. 그 소년은 자라면서 점점 강하고 용감해졌고, 마을 사람들은 그러한 그를 보며 언젠가는 강인한 사냥꾼이 될 것이라고 말하고는 했다. 그가 어렸을 때, 한번은 사냥에 따라가게 되었는데 크고 난폭한 곰을 만난 적이 있었다. 소년은 필사적으로 곰과 사투를 벌렸고, 마침내 놈을 죽여버렸다. 그러나 싸우는 동안 곰이 발톱으로 소년의 얼굴을 잔인하게 할퀴어 커다랗고 보기 흉한 흉터를 남겼다. 그 후로 소년은 '흉터 난 얼굴'이라고 불리게 되었다.

소년은 자신의 흉터에 대해 전혀 개의치 않고 생활했으나, 추장의 아름다운 딸을 사랑하게 되면서부터 사정이 달라졌다. 때때로 그는 마을의 용감하고 멋진 젊은 전사들이 그녀에게 구혼하기 위해 추장의 집으로 찾아가는 것을 보면서 가슴이 찢어지는 듯한 아픔을 느꼈다. 가난한 데다가 친구도 없는 자신의 처지와 무엇보다도 몹시 흉한 흉터가 나 있는 얼굴이 원망스러웠다.

그러나 추장의 딸은 자신을 둘러싸고 있는 젊은이들의 세련되고 으

스대는 모습을 좋아하지 않았다. 젊은이들은 차례로 용기를 내서 그녀에게 청혼했지만, 그때마다 보기 좋게 거절당하고 말았다. 흉터 난 얼굴이 그녀에게 접근하는 일은 좀체로 없었다. 그러나 처녀는 그가 가끔 숲속을 누비고 다니는 모습을 보았고, 당당하게 자신에게 청혼했던 그 어떤 젊은이보다도 용기 있고, 진실한 젊은이라고 느꼈다.

어느 날, 처녀가 아버지의 오두막 밖에 앉아 있을 때, 흉터 난 얼굴이 지나가게 되었다. 흘깃 그녀를 돌아보는 젊은이의 눈에서 자신도 모르게 오랫동안 그의 마음을 차지하고 있던 평소의 사랑과 감탄의 빛이 흘러나왔다. 그녀에게 청혼했다가 거절당한 한 젊은이가 흉터 난 얼굴의 그런 태도를 보고 비웃으며 냉랭하게 말했다.

"너도 추장 딸에게 청혼하려고? 그녀는 얼굴에 흠 하나 없는 우리를 모두 퇴짜 놓았다; 아마도 보기 흉한 얼굴을 원해서 그랬는가 보군. 그래 한 번 해봐. 그녀가 널 받아주는지 보자구."

흉터 난 얼굴은 자신을 놀려대는 그에게 몹시 화가 났다. 그럼에도 불구하고 그는 자신이 가난하고 보잘것없고 얼굴까지 흉칙한 젊은이로서가 아니라, 마치 추장의 아들이기라도 한 듯이 당당한 모습으로 버티고 서서 침착하게 그 젊은이를 바라보며 말했다.

"우리 형제는 입이 비뚤어지기는 했어도 진실을 말하는군. 그래, 나는 네 말대로 우리의 위대한 추장 딸에게 아내가 되어달라고 요청하러 가는 길이었네."

그의 말에 젊은이는 조롱 섞인 웃음을 터뜨렸다. 부족의 다른 젊은이들 몇몇이 그에게로 다가왔고, 흉터 난 얼굴이 한 말을 전해듣자 그들 역시 큰소리로 웃어댔다. 그들은 흉터 난 얼굴이 엄청난 재산을 가졌고, 얼굴도 대단한 미남인 추장이라고 치켜세우며, 흉터 난 얼굴에게 허리를 굽혀 절을 하는 등 마음껏 놀려댔다. 흉터 난 얼굴은 마음 같아서는 숲속에서 곰이 그에게 달려들었을 때처럼 그들에게 달려들고 싶은 것이 사실이었지만, 그들의 태도에는 아무 관심도 없다는 듯

거들떠보지 않고 그 자리를 피해버렸다. 그러나 강가에 도착했을 때, 바구니를 짜기 위해 등심초를 뜯으러 나와 있던 추장의 딸을 보는 순간 그의 분노는 눈 녹듯이 사라졌다. 그는 그녀에게로 다가갔다. 만약 지금 자신의 마음을 이야기하지 않으면 다시는 용기를 낼 수 없을 것 같았다. 무시무시한 전사를 대적하는 것보다, 무서운 곰과 부딪쳤을 때보다 그는 더 떨고 있었다.

"아가씨!"

그는 용기를 내서 입을 열었다.

"나는 가난하고, 보잘것없는 인물입니다. 다른 뛰어난 전사들처럼 모피도 페미컨(쇠고기에 지방 액과를 넣고 찧어서 말린 인디언들의 보존 식품)도 없습니다. 단지 창과 활을 가지고 근근이 하루를 살아가지 않으면 안 되며, 그것이 내 생활 수단의 전부입니다. 또 내 얼굴에는 보기 흉한 흉터가 있습니다. 그렇지만 내 가슴은 당신에 대한 사랑으로 가득하며, 간절한 마음으로 당신이 내 아내가 되어주기를 바라고 있습니다. 저와 함께 초라한 오두막에서 사시겠습니까?"

처녀는 그를 응시했고, 그는 그녀의 눈빛에서 자신에 대한 사랑을 읽었다.

"당신은 가난하긴 하지만……."

그녀가 말했다.

"그것은 큰 문제가 아니에요. 아버지는 내 결혼의 몫으로 필요한 거의 모든 것을 주실 테니까요. 그렇지만 저는 당신의 아내만이 아니라, 부족의 젊은이 그 누구의 아내도 될 수 없을지 몰라요. 위대한 태양신이 제 결혼을 금지시키셨기 때문입니다."

이 무서운 말을 듣는 순간 흉터 난 얼굴의 가슴은 무너지는 것 같았다. 그렇지만 희망을 버리지 않았다.

"태양신이 당신을 풀어주지는 않을까요? 그분은 자상하며 우리에게 많은 선물도 주시지 않습니까? 그런 분이니 우리 두 사람이 불행해지는 것은 원하지 않으실 겁니다."

"그럼 그분에게 가봐요. 그리고 그분에게 저를 그 약속으로부터 자유롭게 해달라고 기도드려봐요. 그리고 당신에게 그런 흉터가 생기게 한 것도 그분의 뜻이니, 저를 풀어주신다는 표시로 그 흉터도 없애주실 것을 부탁해봐요."

"가겠습니다."

흉터 난 얼굴이 말했다.

"그 눈부신 신의 땅으로 가서 그의 영토에서 태어난 우리를 불쌍히 여겨주실 것을 부탁하겠습니다."

이렇게 말한 청년은 몸을 돌려 강가에 처녀를 남겨두고 떠났다.

흉터 난 얼굴은 곧 기나긴 여행길에 올랐다. 그는 상쾌한 기분으로 혼잣말을 중얼거리기도 하며 길을 갔다.

"태양신은 자상한 분이야. 내게 틀림없이 신부를 주실거야."

그러나 어떤 때는 슬픔에 젖어 무거운 가슴으로 이렇게 중얼거리기도 했다.

"아냐, 어쩌면 태양신이 그녀와 결혼하고 싶어하는지도 모르지. 어떻게 그토록 아름다운 처녀와의 결혼을 포기할 수 있겠어?"

흉터 난 얼굴은 그 위대한 신의 나라로 들어가는 황금 문을 찾아 숲속을 가로지르고, 산을 넘었다. 야생 동물들은 이번에는 그가 사냥하려고 나온 것이 아니라는 사실을 알고 있었으므로 그에게 가까이 다가왔고, 그가 묻는 말에 기꺼이 대답해주었다. 그러나 그들 중 어느 누구도 태양신의 나라가 어디에 있는지 말해줄 수 없었다.

"우리는 숲 너머로 가본 적이 없답니다."

"어쩌면 하늘 높이, 멀리까지 날아다니는 새들이라면 그 질문에 대답해줄 수 있을지 모르겠네요."

흉터 난 얼굴은 공중을 나는 새들에게 소리쳤다. 그러자 새들이 그에게로 내려왔다. 그러나 새들 또한 이렇게 대답하는 것이었다.

"우리는 멀리까지 날아가 많은 것을 보았어요. 그렇지만 번쩍이는 황금 문도 보지 못했고, 눈부시게 밝은 태양신의 얼굴도 못 봤어요."

흉터 난 얼굴은 실망했다. 그렇지만 그는 용감하게 계속 길을 갔다. 어느 날 그가 매우 지쳐 있을 때 족제비 한 마리를 만났다. 이번에도 같은 질문을 그 동물에게 던졌다.

"네, 그 번쩍이는 대문을 본 적 있어요. 그리고 그 밝은 태양신의 나라에 들어가보았는걸요. 하지만 아주 멀고, 힘든 길이죠. 그리고 그곳에 닿을 때쯤이면 당신은 몹시 지치게 될 거고, 어쨌든 길을 가르쳐주겠어요. 가는 도중에 당신의 심장이 멎지 않는다면, 언젠가는 당신도 내가 보았던 그 나라를 볼 수 있을 테죠."

새로운 용기를 얻은 흉터 난 얼굴은 다시 길을 떠났다. 매일매일 그는 지칠 때까지 걸었고, 휴식은 잠깐씩만 취했다. 매일 아침 그는 저녁이면 황금 문에 닿을 것이라는 희망을 품고 출발하는 것이었다. 그러던 어느 날 드넓은 강을 만났다. 너무 넓고 깊어 건널 수 없는 강이었다.

이제까지의 모든 노력이 일시에 헛수고로 돌아가는 순간이었다. 그는 그 큰 강의 강변에 주저앉았고, 그의 가슴에서 희망이 사라져버리는 것 같았다. 그러나 곧 건너편에서 아름다운 백조 두 마리가 그를 향해 건너왔다.

"우리가 강 건너로 데려다드리겠어요. 등에 올라타세요."

백조들이 말했다.

기쁨에 넘쳐 황급히 일어난 흉터 난 얼굴은 백조의 등에 조심스럽게 올라탔고, 백조들은 미끄러지듯이 헤엄쳐 그를 건너편 강기슭까지 안전하게 데려다주었다.

"태양신의 왕국을 찾아가시는 거지요? 앞쪽에 보이는 길을 따라가면 됩니다. 얼마 안 가서 도착할 거예요."

흉터 난 얼굴은 백조들에게 진심 어린 감사 인사를 한 다음, 가볍고 빠른 발걸음으로 길을 따라 걸었다. 여행을 시작한 이후 그 어느 때보다 즐거운 마음이었다. 걷기 시작한 지 얼마 되지 않아 길에 버려져 있는 멋진 활과 한 묶음의 화살을 보았다. 그는 잠시 발걸음을 멈추고 그 활과 화살을 살펴보았다.

"이건 보통 사냥꾼의 활과 화살이 아냐. 평범한 전사의 것이라고 하기에는 너무도 좋군."

그는 탐이 나기는 했지만 그대로 놓아둔 채 몸을 돌렸다. 흉터 난 얼굴은 정직했고, 또 자기 것이 아닌 물건에는 손을 대는 사람이 아니었다. 그는 조금 전보다도 더욱 가벼운 기분으로 길을 따라 걸었다. 잠시 후 그를 향해 활기 찬 모습으로 걸어오는 멋진 젊은이를 보았다. 그 젊은이가 멈춰 서서 그에게 말을 걸 때, 흉터 난 얼굴은 마치 부드럽고 밝은 빛이 그 젊은이를 감싸고 있는 것 같다고 속으로 생각했다.

"이 길 어디에선가 활과 화살을 잃어버렸습니다. 혹시 보지 못했습니까?"

"여기서 조금 떨어진 곳에 있더군요."

흉터 난 얼굴이 말했다.

"보기는 했는데, 그대로 두고 왔습니다."

"정말 감사합니다."

그 젊은이가 말했다.

"당신같이 정직한 사람이 보고 지나쳐서 다행입니다. 나쁜 사람이 보았다면 나는 두 번 다시 그 활과 화살을 볼 수 없었을 테니까요."

그는 흉터 난 얼굴을 보며 미소 지었고, 흉터 난 얼굴은 커다란 기쁨을 느꼈다. 주위의 공기가 황금빛으로 물들며 출렁이는 듯했다.

"어디로 가십니까?"

젊은이가 물었다.

흉터 난 얼굴이 대답했다.

"위대한 태양신의 나라를 찾아갑니다. 여기서 멀지 않은 것처럼 느꺼지는군요."

"네, 그렇습니다. 나는 새벽별인 아피시라츠이며, 태양신의 아들입니다. 같이 가시지요. 내가 아버지께 모셔다드리겠습니다."

두 젊은이는 밝고 넓은 길을 따라 황금 문을 통과했다. 흉터 난 얼굴로서는 이제껏 단 한 번도 보지 못했던 아름다운 그림과 조각품들로 화려하게 장식된 커다란 오두막을 보았다. 문 앞에는 맑은 눈동자를 지닌 아름다운 여인이 반짝이는 눈빛으로 먼 길을 온 이방인을 바라보며 서 있었다.

"들어와요."

그 여인이 말했다.

"나는 달의 여신 코코미키스랍니다. 이 젊은이가 내 아들이에요. 들어와요. 많이 지쳐 보이는군요. 음식을 좀 들고 쉬도록 하세요."

흉터 난 얼굴은 주위의 모든 것이 너무 아름다워 어리둥절해 하며 안으로 들어갔다. 그리고 코코미키스가 아주 자상하게 보살펴주었기 때문에 그는 곧 회복되어 다시 힘이 솟는 것을 느꼈다. 얼마 후 위대한 태양신이 휴식을 취하려고 집으로 들어왔고, 그 역시 흉터 난 얼굴을 친절하게 대해주었다.

"우리와 함께 이곳에 머물러도 좋다."

태양신이 말했다.

"나를 찾아 힘들고 먼 길을 왔으니, 한 계절을 여기서 내 손님으로 묵도록 해라. 너는 훌륭한 사냥꾼이니, 이곳에서 멋진 사냥도 즐길 수 있을 것이다. 내 아들도 수렵을 좋아하니, 함께 즐거운 시간을 보내도록 하라."

흉터 난 얼굴은 뛸 듯이 기뻤다.

"기꺼이 그렇게 하겠습니다."

그는 며칠 동안 태양신, 코코미키스 그리고 아피시라츠와 함께 생활하게 되었다. 새벽별 아피시라츠는 사냥을 나갔다가 밤이 되면 밝게 빛나는 오두막으로 돌아왔다.

"큰 호수 가까이에는 가지 마라."

태양신이 그들에게 경고했다.

"그곳에는 기회 있을 때마다 새벽별 아피시라츠를 죽이려고 하는 야만스러운 새들이 살고 있다."

그러나 아피시라츠는 내심 그 새들을 만나 죽여버리고 싶어했다. 그러던 어느 날 그는 흉터 난 얼굴 모르게 큰 호수를 향해 뛰어갔다. 흉터 난 얼굴은 한동안 아피시라츠가 보이지 않았지만 걱정하지 않았다. 근처에 있으리라고 생각했던 것이다. 그러나 얼마 후 주위를 둘러보아도 그가 보이지 않자 걱정이 되기 시작했다. 두려움을 느끼며, 있는 힘을 다해 빠른 속도로 그 무서운 새들이 살고 있다는 곳을 향해 달려갔다. 소름 끼치는 새들의 울음소리가 들려왔다. 그리고 곧 그 괴물 같은 새들이 아피시라츠를 둘러싸고 있음을 볼 수 있었다. 너무도 가까이에서 에워싸 아피시라츠는 자신을 방어하기 위한 무기를 전혀 사용할 수가 없었다. 흉터 난 얼굴도 활을 쏠 수 없었다. 조금만 빗나가면 아피시라츠가 맞을 것이기 때문이었다. 그래서 바로 새들에게로 돌진해들어가 공격했다. 순간 생각지도 못했던 기습에 놀란 새들은 모두 날아가버렸다. 흉터 난 얼굴은 아피시라츠를 부축해 삼림 지대를 빠져나와 안전한 곳으로 되돌아왔다. 그날 밤 집으로 돌아왔을 때, 아피시라츠는 태양신에게 잘못을 빌고 흉터 난 얼굴이 보여준 용기에 대해 말씀드렸다.

"네가 내 아들을 끔찍한 죽음으로부터 구해주었구나."

태양신이 말했다.

"소원을 말해보아라. 들어주겠다. 그래, 나를 찾아 여기까지 온 것은 무엇 때문이었느냐? 무슨 목적이 있지 않고서야 그토록 멀고 힘든 길을 왔을 리 없지 않느냐."

이 황홀한 오두막에서 머무는 동안 흉터 난 얼굴은 단 한 순간도 그가 여기까지 온 이유를 잊지 않고 있었다. 그리고 '얘기해도 좋을 때가 된 것 같아.'라고 생각했던 적도 한두 번이 아니었다. 그렇지만 그가 바라는 소원은 너무나 컸기 때문에, 그때마다 용기를 내지 못하고 말았다. '조금 더 기다려보자. 지금까지 잘해준 것도 큰 은혜인데, 또 다른 소원을 얘기하기에는 너무 일러.' 그러나 태양신이 먼저 정중하게 말을 꺼내자 그는 용기를 내서 대답했다.

"오, 위대한 신이시여, 저는 제가 살고 있는 나라에서 부족 추장의 딸을 사랑하게 되었습니다. 하지만 저는 가난한 전사에 불과하고, 보시는 것처럼 끔찍한 흉터까지 있습니다. 그럼에도 불구하고 착한 그녀가 저를 사랑하며 저와 결혼하고 싶어합니다. 그렇지만 그녀에게 내리신 당신의 명령을 그녀가 존중하기 때문에, 어떤 남자와도 결혼하지 않겠다는 약속을 감히 거역할 수가 없는 것입니다. 위대한 신이시여, 제가 여기까지 온 것은 바로 그 때문입니다. 그녀가 당신과의 약속에서 풀려나 저와 언제까지나 행복하게 살 수 있도록 허락해주십시오."

태양신은 미소를 지으며 마음속으로는 떨면서도 용감한 모습으로 서 있는 그 인디언 청년을 부드러운 눈길로 바라보았다.

"돌아가라."

태양신이 말했다.

"그리고 그 처녀를 네 아내로 맞이하라. 그녀에게 너와 결혼하는 것은 내 뜻이라고 말해라. 그리고 그 징표로……."

그는 손으로 인디언의 얼굴을 쓸어주었다. 그러자 순식간에 얼굴의 상처가 사라졌다.

"그녀에게 태양신이 네 얼굴을 어떻게 해줬는지 보여줘."

그들은 인디언 청년에게—이제 그는 흉터 난 얼굴이 아니었다.—여러 가지 선물을 주고, 그의 초라한 옷을 인디언 추장과 같은 훌륭한 옷으로 바꿔주었다. 그리고 그곳에서 나갈 수 있도록 황금 문까지 인도했고, 그가 사는 곳으로 쉽고 빠르게 돌아갈 수 있는 지름길을 가르쳐주었다.

되돌아오는 길은 수월했고, 그는 곧 고향에 돌아왔다. 부족 사람 모두 좋은 옷을 입고 발걸음도 가볍게 걸어가는 행복해 하는 모습의 그 용감한 청년을 보았다. 그러나 누구도 그가 자신들이 놀려대던 흉터 난 얼굴임을 알아보지 못했다. 추장의 딸조차 처음에 그를 알아보지 못했다. 그러나 다시 한 번 그를 보았을 때 그가 누구인지 깨달았고, 마침내 그의 이름을 불렀다. 그제서야 그녀는 그의 얼굴에서 흉터가 사라진 것을 알게 되었고, 그것이 무엇을 의미하는지를 떠올리자 기쁨의 탄성을 지르며 그에게로 뛰어갔다.

그의 놀라운 여행담을 들은 추장은 태양신에게서 축복받고 돌아온 그 용사에게 기쁜 마음으로 딸을 주었다. 바로 그날 그들은 결혼했고, 추장은 딸에게 결혼 선물로 화려한 오두막집 한 채를 주었다. 둘은 오랫 동안 행복하게 살았고, 흉터 난 얼굴은 그의 옛 이름 대신 부드러운 얼굴로 온 부족에게 알려지게 되었다.

길고 험한 길
The Long, Hard Way
Through the Wilderness

월터 러셀 보위 Retold by Walter Russell Bowie

히브리인들이 이집트를 탈출해 40년 동안 광야에서 고난을 겪은 이야기가 구약성서의 출애굽기에 기록되어 있다. 이 이야기는 한 민족과 그들의 지도자가 보여준 위대한 인내의 상징으로 남아 있다. 모세는 수많은 시련을 겪으며, 그의 민족이 굶주림과 질병과 불안 그리고 절망을 이겨내고, 목적지를 찾아갈 수 있도록 도와준다.

모세는 그의 민족을 이끌고 이집트를 나왔다. 그들은 파라오의 전차 부대가 뒤쫓아오는 데도 무사히 바다를 건널 수 있었다. 그들은 더 이상의 난관은 없을 것이라고 생각했다. 그러나 곧 그들은 앞으로 멀고 험한 길을 가야 한다는 점을 알게 되었다. 그들이 도착한 곳은 바다와 거대한 바위산 사이에 위치한 폭이 좁은 한 조각의 땅덩어리였다. 그 땅은 편편한 모래와 자갈로 이루어져 있었다. 한낮에는 태양이 그들을 삼켜버릴 듯 뜨겁게 내리쬐었고, 햇빛을 피할 수 있는 그늘을 만들어주는 나무 한 그루 없는 곳이었다.

그들은 계속 걸었지만 물을 찾을 수 없었다. 그러던 중 사막에서 연못을 발견했지만, 그 물은 이미 마실 수 없는 물이었다. 그들은 그 연못에 쓰디쓰다는 뜻의 '마라' 라는 이름을 지어주고, 모세에게 물었다.

"우리는 이제 무엇을 마셔야 합니까?"

모세는 하느님께 어떻게 해야 할지 가르쳐달라고 기도했다. 기도가 끝난 후 그는 사막에서 자라는 관목을 발견했다. 그리고 그것을 연못에 집어넣었다. 그러자 나무의 잎들이 물맛을 바뀌게 했고, 덕분에 물을 마실 수 있게 되었다.

모세가 유대 민족들을 '엘림' 이라고 불리우는 곳으로 인도했을 때는 12개의 샘을 발견할 수 있었다. 근처에는 야자수도 70그루나 자라고 있었다. 뜨거운 사막을 어렵게 건너온 사람들에게 엘림은 천국처럼 여겨졌고, 그들은 즉시 주변에 야영지를 꾸몄다.

그렇지만 그들은 엘림에서 오래 머물 수 없었다. 이집트를 탈출하면서 갖고 온 식량이 이제 바닥을 드러냈기 때문이었다. 그들은 무언가 먹을 만한 것을 찾기 위해 계속 나아가야 했다. 그러나 오아시스를 떠나자마자 그들의 눈에 보이는 것은 끝없이 펼쳐진 사막이 전부였다. 상황은 이전보다 훨씬 나빠진 것 같았다. 대부분의 이스라엘 사람들은 모세만큼 용감하지 못했다. 그들 중의 일부는 큰소리로 불평을 늘어놓기 시작했고, 모세에게 이렇게 말하기도 했다.

"하느님께서 차라리 우리를 이집트 땅에서 죽도록 내버려두었으면 좋았을 겁니다. 어쨌든 그곳에는 요리할 고기도 있고, 빵도 있었습니다. 그런데 당신은 우리를 이 황야에서 굶겨 죽이려고 끌고 나오신 겁니까?"

그러나 모세는 용기를 잃지 않고 분노를 억누르며 하느님이 그들을 도와주실 것이라고 말했다.

그날 저녁 하늘을 본 사람들은 구름처럼 생긴 무엇인가가 몰려오는 것을 보았다. 그것이 가까이 다가왔을 때, 구름이 아니라 멀리 섬에서 바다를 향해 부는 강한 바람에 밀려오는 메추라기떼임을 알게 되었다. 피로에 지친 새들이 땅에 앉자, 사람들은 그 새들을 잡아먹었다.

그날 밤 이슬이 많이 내렸다. 새벽에 사람들이 깨어났을 때 어름 덩어리처럼 땅을 뒤덮은 흰 물질을 보게 되었다. 모세가 그것을 가리키며 말했다.

"이것은 주님이 여러분에게 보내주신 빵입니다."

사람들은 사막의 관목에서 떨어지는 일종의 나무 진(津)인 그것을 '만나'라고 불렀다. 그리고 그것은 해가 떠오르기 전에 먹어야 했다. 해가 뜨면 녹아서 사라지기 때문이었다.

메추라기와 만나로 배불리 먹은 이스라엘 사람들은 바다를 향해 계속 걸었다. 그때 모세가 돌아서서 그들에게 산을 향해 나아가라고 말했다. 높고 바위 투성이인 험난하게 보이는 산이었다. 사람들은 다시 갈증을 느끼고, 혀가 말라붙는 것을 느꼈다.

"물을 주십시오!"

그들은 모세를 향해 울부짖었다.

"우리 모두를 갈증으로 죽게 하려고 이집트에서 끌고 나온 겁니까?"

그러나 모세는 이 산중에 들어가본 적이 있었고, 그곳에서 하느님의 도움으로 많은 것을 배웠었다. 그는 사람들을 '호렙'이라고 불리우는 높은 절벽으로 인도했다. 그리고 지팡이로 바위를 쳐 물이 흐르도록 해주었다. 사람들은 한동안 만족해 했다. 그리고 모세가 그들을 또 다른 오아시스로 인도했을 때는 더더욱 기뻐했다. 황량한 사막을 지나온 그들에게 초록으로 덮인 그곳은 지상 낙원이었다. 열을 지어 야자수가 늘어서 있고, 많은 샘물들이 솟아올라 졸졸 소리를 내며 흘러가는 시냇물을 만들고 있었다. 그들은 훗날 사람들이 그 아름다움으로 인해 '시내의 진주'라고 부르게 된 오아시스에 도달했던 것이다.

이스라엘 사람들은 그곳에 천막을 치고 영원히 머물고 싶어했다. 그러나 그곳은 위험한 곳이었다. 사막의 모든 종족이 오아시스를 차지하기 위해 사투를 벌이곤 했던 것이다. 모세는 여호수아라는 청년에게 용감한 사람들을 이끌고 위험에 대비할 것을 명령했다.

사람들이 그곳에 자리를 잡은 지 얼마 지나지 않아, 낙타를 타고 손에 창을 쥔 아말렉 족이 나타났다. 그들은 노도처럼 이스라엘 사람들을 공격했다. 그런데 모세는 그처럼 위급한 상황에서 지팡이를 들어올리고 있었다. 그는 하느님께 간절히 기도했다. 그가 기도하는 동안 아론과 훌은 모세의 팔이 떨어지지 않도록 잡아주었다. 그동안 여호수아는 부하들을 이끌고 아말렉 사람들을 몰아냈다.

그렇지만 그들은 그곳에 더 이상 머물 수 없었다. 언젠가 아말렉 족보다 더 강한 부족이 쳐들어올 수도 있다는 사실을 모세는 알고 있던 것이다. 게다가 그의 백성들이 정착할 땅은 산 너머 먼 곳에 있기도 했다.

그래서 모세는 높은 바위 산으로, 깊은 골짜기로 사람들을 인도했다. 높은 산봉우리들이 그들을 굽어보며 얼굴을 찌푸렸다. 그중의 어떤 산은 화산이었으며, 그 즈음에도 가끔 우르릉거리고, 어떤 때는 땅이 흔들리기도 했다. 모세가 처음 파라오로부터 도망나와, 불타는 숲을 보며 하느님으로부터 그의 백성을 이끌고 나오라는 계시를 받은 곳도 바로 그런 곳이었다. 또한 바로 그러한 산에서 모세는 하느님의 또 다른 말씀—훨씬 더 중요한 말씀을 들었다.

사람들이 천막을 치고 야영하는 동안, 모세는 시내 산이라고 불리는 높은 산 위로 올라갔다. 사람들은 그의 모습이 사라질 때까지 지켜보았다. 그러나 오랜 시간이 지나도록 그는 돌아오지 않았다.

　　오직 하늘만 보일 뿐 바위로 둘러싸인 그곳에서, 모세는 혼자서 깊은 생각에 잠겨 기도했다. 하느님은 그의 백성에게 무엇을 가르치기를 원하는 걸까? 그의 백성들이 어떻게 행동하기를 원하는 걸까?

　　모세는 그때 하느님이 진정 원하는 것이 무엇인가를 보았다. 하느님의 성령을 보았으며, 하느님의 목소리를 들었다. 하느님은 그때 그에게 그 후로 사람들이 지켜야 하는 십계명을 주었다.

　　모세는 사람들에게 십계명을 알려준 후, 그들이 함께 살아가는 법에 대해 많은 것을 가르쳤다. 길을 갈 때의 순서, 청결과 건강을 지키는 법, 병자가 발생했을 때의 응급 처지는 물론이고, 항상 하느님을 기억하며 예배해야 한다는 것도 가르쳤다. 그리하여 그들은 성궤라고 불리는 아름다운 상자를 만들어 십계명이 씌어 있는 돌판을 넣어두었다. 또한 동물 가죽으로 성막을 만들고, 그들이 야영하는 곳 어디에서나 가장 먼저 그 성막을 세운 다음 하느님에게 기도드리는 장소로 사용했다.

　　오래지 않아 사람들은 시내 산 기슭을 떠나 다시 여행을 시작했다. 그때 그들은 성궤를 앞세우고 걸었으며, 계속 모세를 그들의 지도자로 받들었다. 모세는 처음 이집트를 빠져나올 때와 같은 어려움을 여러 번 겪어야 했다. 끝없이 불평을 늘어놓는 사람들 때문이었다. 그들은 만나만을 먹어야 하는 생활에 진력이 났다고 투덜거렸고, 물 웅덩이조차 찾아볼 수 없는 황야를 건널 때면 갈증을 호소했다. 또한 사람들은 이집트를 생각하며, 차라리 그곳으로 돌아가는 것이 낫다고 말했다. 사실 그들이 이집트에 있었을 때 그곳을 빠져나오고 싶다는 것 외에 다른 아무 생각도 하지 않았다; 그렇지만 지금 그 사실을 잊고 있었던 것이다. 오직 그들이 기억하는 것은 그들이 먹었던 좋은 음식들뿐이었다.

"우리가 먹었던 생선 생각이 나네."

그들이 말했다.

"오이도 있었고, 멜론도 있었어."

이집트에는 물고기를 잡을 수 있는 나일강이 흘렀고, 신선한 야채와 과일도 많았다. 그러나 그곳에는 모래와 작열하는 태양 그리고 공허함 외에 아무것도 없었다. 사람들은 한두 차례 거의 모반을 일으킬 뻔하기도 했다.

모세는 사람들이 묵고 있는 천막 앞을 지나칠 때 불평하는 그들의 목소리를 들으면서 몹시 슬퍼했다. 그러나 그는 사람들에게 낙심하는 모습을 보이지 않았다. 그리고 혼자 하느님께 가서 기도했다. 하느님이 자신에게 감당할 수 있는 것보다 더 많은 것을 맡겨주신 것 같이 생각되었다.

"저는 혼자서 이 많은 사람을 돌볼 수가 없습니다."

그가 말했다.

"저에게 너무 큰 짐을 지워주셨습니다."

그러나 그가 기도할 때마다 하느님은 새로운 힘을 주었고, 그는 계속 사람들을 이끌고 나아갔다.

유대 민족은 하느님이 그들에게 지시한 장소를 향해 산을 넘어 북쪽으로 향했다. 그곳은 오래 전 아브라함이 살았던 곳으로, '약속의 땅' 이라고 불리웠던 곳이다. 드디어 경계에 가까워졌을 때, 모세는 어떻게 그 땅에 들어가야 하는가를 계획해야 했다. 그러기 위해서는 먼저 그 땅이 어떤 곳인지, 또 어떤 사람들이 살고 있는지 알아야 했다. 그는 정찰병으로 12명을 뽑았다. 그들 중에는 여호수아와 갈렙이 포함되어 있었으며, 모세는 비밀리에 그들을 내보냈다.

"그 땅에 가보아라."

모세가 그들에게 말했다.

"그곳에 살고 있는 사람들을 살펴보아라. 강한 사람들인가, 약한 사람들인가, 또 숫자는 얼마나 되는가 살펴보아라. 좋은 땅인가 아닌가, 숲이 우거져 있는가, 사람들이 천막을 치고 사는가, 혹은 제대로 된 집을 짓고 마을을 이루고 살고 있는가를 살펴보아라. 용기를 잃지 말라! 돌아올 때 그 땅의 과일을 가지고 오너라."

그렇게 해서 정찰대가 앞서 떠났다. 시내 산 주변 지역으로부터 사해의 해변까지 1백 마일도 더 되는 거리였다. 그곳을 지나 그들은 모압이라고 불리는 높은 바위 산을 넘고, 요단강의 계곡을 따라 계속 걸었다. 요단강 너머에 약속받은 땅이 있었다.

40일이 지난 후 정찰병들이 되돌아와 모세에게 보고했다. 그들 모두가 그곳은 훌륭한 땅이었다고 이구동성으로 말했다. 그들이 지나온 사막과 산에 비교하면 낙원 같았다고 전했다. 들에는 곡식이 가득하고, 올리브 나무와 포도 밭이 있으며, 언덕에는 샘도 여럿 있다고 말했다. 또한 그들은 '에스골'이라고 불리는 계곡에서 딴 커다란 포도 송이 하나와, 무화과를 비롯한 다른 과일들을 가져왔다.

그러나 그 후에, 정찰병들은 의견의 차이를 보이기 시작했다. 그들 중 10명은 그곳에 사는 사람들은 강하고, 호전적인 사람들이어서 이스라엘 사람들을 절대로 그곳에 들여놓지 않을 것이라고 말했다. 그리고 그곳에 살고 있는 사람들은 너무 건강하고 커서 거인들처럼 보인다고 말했다. 그러나 나머지 두 사람인 여호수아와 갈렙은 그들의 이야기는 사실이 아니라고 주장했다. 그곳 사람들은 다른 종족들과 별반 다를 것이 없고, 이스라엘 사람들이 해야 할 일은 단지 행군해 들어가는 것뿐이라고 말했다.

그들 주위에 몰려들어 이야기를 듣고 있던 이스라엘 사람들 대부분은 그 두 사람보다는 열 사람의 말에 귀를 기울였다. 그들은 용기 있는 두 사람의 보고를 믿는 것을 두려워했던 것이다. 그리고 그들은 자신들이 비겁자로 보일 것 같아 불안해 했다. 오히려, 아니 그래서, 그들은 여호수아와 갈렙이 그들을 난관으로 이끌려고 한다고 몰아쳤다. 가능하기만 하다면 그 두 사람을 돌로 쳐서 죽일 기세였다. 그들은 또다시 이집트로 되돌아가면 좋겠다고 떠들기 시작했고, 돌아가는 길을 이끌어줄 지도자를 뽑는 일에 대해서 이야기하기도 했다. 결국 실질적인 지도자를 찾을 수 없었으므로, 그들이 분노에 차 떠들어대던 불만들은 아무 소득도 없이 잠잠해지고 말았다.

그러나 이 모든 것은 모세로 하여금, 이토록 마음 약한 사람들을 이끌고 약속의 땅으로 들어갈 수 없다는 사실을 깨닫게 해주기에 충분했다. 지금 그들을 약속받은 땅으로 인도하는 것은 의미 없는 일이었다. 이집트에서 노예 생활을 하던 나이 많은 사람들이 죽고, 더 젊고 용감한 사람들이 성장할 때까지 기다려야 했다.

여러 해가 지나갔다. 이제 모세 휘하의 사람들은 황무지에서 태어나고 자란 사람들로 바뀌게 되었다. 그들은 사해의 남쪽에 펼쳐진 '에돔' 땅으로 가서 그곳 사람들에게 평화롭게 그곳을 지나갈 수 있도록 해줄 것을 부탁했다. 에돔 사람들이 그 부탁을 거절하자, 이스라엘 사람들은 그곳을 우회하여 요단강의 서쪽인 '아모리'에 이르렀다.

모세는 아모리의 왕 시혼에게 전갈을 보냈다:

"우리가 당신의 땅을 지나갈 수 있도록 해주십시오. 우리는 당신들의 들판을 망쳐놓지 않을 것이며, 포도 밭에도 들어가지 않겠습니다. 우리는 당신의 샘에서 나는 물을 마시지 않을 것입니다. 오직 국경을 통과할 때까지 고원의 길만을 따라 걷겠습니다."

아모리 사람들은 몹시 사나운 전사들이었다. 그들은 이스라엘 사람들이 지나가는 것을 허락하는 대신 말을 타고 그들이 묵고 있는 곳을 공격했다. 그러나 이제 모세와 여호수아를 따르는 사람들은 겁쟁이들이 아니었다. 그들은 시혼이 이끄는 아모리 사람들을 물리쳤고, 그 이후에는 사막의 또다른 부족 오그 족이 행군을 가로막자 그들 역시 무찔렀다.

이제 그들은 약속받은 땅에 가까워졌다. 그러나 모세는 그들과 함께하지 않았다. 이제 노인이 된 그는 높이가 1천 미터도 넘는 '느보산'의 정상으로 올라갔다. 거기서 그는 요단강 너머로 '여리고 성'의 성벽을 볼 수 있었다. 그곳에는 그보다 더 높은 산에서 흘러내리는 시냇물이 만든 샘이 여럿 있었다. 모세는 그의 백성들이 들어간 약속받은 땅을 볼 수 있었다. 모세는 그곳에서 죽었고, 후에 모압 땅의 계곡에 묻혔다는 기록이 있다. 그러나 오늘날에 이르기까지 그가 묻힌 곳을 알아낸 사람은 아무도 없다.

정 직

H O N E S T Y

정 직 *HONESTY*

어떤 사람에 대해 평가할 때, 일반적으로 우리는 먼저 그 사람이 정직한 사람인가 아닌가를 생각한다. 누군가에 대해, '그는 명예를 소중히 여기는 사람이다.'라고 말해질 때의 의미는 그가 진실을 말하고, 약속을 지키며, 말한 대로 행하는 사람이라는 뜻이다. 어떤 사람과 교류할 것인가 말 것인가를 결정할 때, 그가 얼마나 정직한가가 그 사람을 평가하는 첫번째 잣대가 될 수 있다.

조지 워싱턴은 이렇게 썼다. '정직한 성품을 유지하기에 충분할 만큼의 단호함과 미덕을 갖추기를 나는 언제나 희망한다.'라고. 그는 정직함이란 보통 훌륭한 평판을 얻는 사람들의 뚜렷한 특징이며, 그러한 명성을 유지하기 위한 적절한 무기임을 알고 있었던 것이다. 훌륭한 어떤 다른 기질을 가진 사람이라고 할지라도, 정직하지 않다면 좋은 평을 받을 수 없다. 영리하고, 호의적이고, 근면하며, 단호한 사람이라고 할지라도 그 사람의 그러한 장점들은 고의성으로 말미암아 평가 절하된다.

여러분은 거의 초기 단계에 친구와 급우들로부터 정직한 사람인지 혹은 그렇지 않은 사람인지 정해진다. 사람들은 당신이 정직하다는 것을 알게 되면 당신을 좋아하고, 믿고, 또 당신과 함께하고 싶어할 것이다. 또한 그 반대인 사람에 대해서는 냉혹해진다. 왜냐하면 거짓말쟁이와 함께 있고 싶어하는 사람은 아무도 없기 때문이다. 그러므로 정직하다는 평판을 지키는 것은 매우 중요한 문제이다. 한두 번의 거짓말은 평판을 순식간에 바꿔버리며, 반면에 타인의 부정적인 인식을 교정하는 데는 매우 오랜 시간이 걸린다.

여러분은 끊임없이 정직이라는 미덕을 실천함으로써 정직하다는 평판을 지킬 수 있다. 다른 많은 습관처럼 정직도 계발해야 한다. 그러한 노력이 인격의 한 부분을 이루게 된다.

거짓말은 보통 겉으로 보기에는 어떤 해도 미치지 않는 아주 사소한 계기로부터 비롯된다. 토마스 제퍼슨은 이렇게 말했다. '자신의 거짓말을 한번 용인하게 되면, 두 번째는 더욱 쉽게 용인할 수 있고, 마침내 습관이 되고 만다. 그러면 그는 거리낌 없이 거짓말을 하게 되고, 진실을 말할 때조차도 세상은 그의 말을 믿지 않게 된다. 혀의 그릇됨은 그 그릇됨으로 가슴을 물들이고, 때가 되면 그 사람의 좋은 기질까지 타락시킨다.' 라고. 그러므로 결국 진실에 대한 우리의 사랑을 소멸시키는 '대수롭지 않은 작은 거짓말'을 경계해야 한다.

정직해지는 데 대가를 치러야 할 때도 있다. 친구가 옳지 않은 일을 부탁할 때 거절함으로써 그 친구를 화나게 하거나, 우정을 잃을 수도 있을 것이다. 혹은 다른 사람이 규칙을 어기거나 편법을 사용해 앞서 가는 모습을 보게 될지도 모른다. 그런 행위가 이익을 주리라는 생각에 유혹을 느낄지도 모른다. 실제로 어떤 때는 그러한 생각이 현실로 나타나기도 한다. 하지만 그것은 일시적일 뿐이다. 거짓은 그것을 실행한 사람을 파멸로 이끈다. 그렇기 때문에 토마스 모어 경이 맡아 열연했던 영화 「4계절의 사나이」에서 로버트 볼트가 했던 말을 기억해 두는 것은 매우 좋은 경험이 될 것이다: '우리가 보아온 것처럼 탐욕, 분노, 부러움, 자만심, 나태, 갈망 그리고 어리석음은 일반적으로 겸손, 순결, 인내, 정의보다 훨씬 큰 이익을 가져다주기도 하지만, 생각을 거듭한 끝에 선택해야 한다면, 인간이기를 원한다면······ 우리는 약간 물러서야만 하네. 영웅이 되어버리고 마는 쑥스러운 경우를 당할지라도 말이네.'

정직은 다른 사람들에게 진실을 말하는 것 이상의 의미를 가진다. 그것은 자기 자신에게도 정직해야 한다는 의미이다. 아무도 보고 있지 않다는 것을 알고 있어도, 여전히 바르게 행동해야 한다는 뜻에 다름 아니다. 왜 그런가? 거짓은 우리 자신의 자존심에 상처를 주는 지독한 대가를 요구한다는 것이 그 이유이다. 단지 그 사실 한 가지만으로도 우리는 불행해진다. 또 다른 이유는 고대 그리스의 철학자 데모스테네스가 잘 지적해주고 있다. '우리 가슴속에 있는 신의 형상은 진실에 대한 사랑 바로 그 자체이다.'

정직한 에이브
Honest Abe

호라티오 앨저 Retold by Horatio Alger

미국에서 가장 추앙받는 두 대통령 조지 워싱턴과 에이브라함 링컨은 정직했던 인물로 기억되고 있다. 여기에 소개하는 이야기는 사생활에서의 정직함은 곧 공직에서의 정직함으로 이어진다는 점을 보여준다. 더욱 중요한 사실은 정직한 생활 습관은 어렸을 때부터 시작된다는 것이다.

젊은 점원

점원으로서의 에이브는 정직하고 유능한 인물임이 입증되었다. 이 글을 읽는 사람들은 그 두 가지 특징에 대해 좀더 자세히 알고 싶어 할 것이므로, 여기에 홀랜드 박사의 책에서 읽었던 일화를 소개한다.

어느 날 한 상점에 들어온 여인이 이것저것 물건을 샀다. 젊은 점원의 계산에 따르면, 합계 2달러 6과 25센트였다. 여러분은 6과 25센트라는 동전을 본 일이 없겠지만, 스페인 통화에서 차입한 그 동전은 당시에는 자유롭게 사용되고 있었다.

여인은 만족해 하며 값을 치렀다. 그런데 그 젊은 점원은 무언가 개운치 않아 물건 값을 다시 계산해보았다. 실망스럽게도 총액은 정확히 2달러였다.

'6과 25센트를 더 받은거야!'

에이브는 마음이 편치 못했다.

그것은 대단치 않은 액수였고, 다른 많은 점원들의 경우 그 정도 실수라면 곧 잊어버리는 게 보통이다. 그러나 에이브는 그러기에는 너무 양심이 바른 젊은이였다.

'돈을 돌려줘야 해.'

에이브는 이렇게 결정했다.

그 여인이 '모퉁이를 돌아선 곳'에 산다면 문제는 간단했다. 그러나 젊은이가 아는 대로라면 그 여인은 그곳에서 3마일이나 떨어진 곳에 살고 있었다. 그렇지만 그러한 사실이 에이브의 결심을 바꿔놓지는 못했다. 그는 영업을 끝내고 가게 문을 닫은 다음, 고객의 집을 향해 걸어갔다. 그리고 여인에게 자세한 설명과 함께 돈을 돌려준 다음 만족해 하며 귀가했다. 만약 내가 돈이 많은 사람이었다면, 그러한 젊은이에게 아무 보증 없이도 돈을 빌려주었을 것이다.

에이브라함 링컨의 엄격한 정직성을 보여주는 또 다른 일화를 소개한다:

한 여인이 가게에 들어와 차 반 파운드를 부탁했다.

젊은 점원은 무게를 달고, 포장해서 손님에게 건네주었다. 그날 저녁의 마지막 판매였다.

그 다음날 오전, 일을 시작하려던 에이브는 저울 위에 차 4온스가 남아 있는 것을 발견했다. 순간 그의 뇌리에 전날 마지막으로 한 여인에게 차를 팔았다는 생각이 떠올랐다. 그 손님에게 그만큼 덜 준 것이다. 나는 시골 상인들 중에는 그 정도 실수를 깨닫고도 대수롭지 않게 생각하는 사람들이 많으리라고 짐작한다. 그러나 우리가 관심을 갖고 지켜보는 그 젊은 점원은 전혀 그렇지 않았다. 그는 나머지 차를 포장하고, 즉시 가게 문을 닫은 다음 지난 밤의 손님에게 가져다주었다. 나는 이 글을 읽는 사람들이라면 왜 링컨 대통령을 가리켜 '정직한 에이브'라고들 하는지, 이제 그 이유를 알게 되었으리라고 생각한다. 어린 시절에 엄격할 정도로 정직성을 지켜온 사람이라면, 나이가 들어서도 그러한 성품이 변할 가능성은 거의 없다. 상인으로서의 정직함이 정치인으로서의 정직함을 보장해주는 것이다.

잃어버린 책

링컨 대통령의 어린 시절에 관해 얻을 수 있는 모든 정보는 매우 흥미롭다. 훗날 그의 명성의 기초가 형성된 것이 바로 이 시기이기 때문이다. 그의 성품은 점점 훌륭해졌으며, 장래에 나타날 모습으로 굳어갔다.

라몬의 저서 『인생』에서 에이브라함 링컨이 열일곱 살 때의 습관과 기질을 잘 보여주는 부분을 인용한다:

"에이브는 나무 그늘에 눕거나, 오두막의 다락방에서 책을 읽고, 계산하고, 낙서하는 것을 좋아했다. 밤이면 굴뚝 옆에 앉아 모닥불의 불빛을 이용해 목재 부삽에 계산을 하곤 했다. 부삽이 숫자로 덮이면 톰 링컨의 칼로 글씨를 긁어낸 다음 다시 계산을 했다. 낮이면 부삽 대신에 판자에 계산을 한 다음 긁어내고 다시 쓰는 과정을 되풀이했다. 그의 계모는 그가 '손에 잡히는 모든 책을 읽었다.'고 회상하며 여러 차례 강조해서 말했다. '에이브는 책을 참 많이 읽었지요. 손에 잡히는 모든 책을 읽었어요. 그리고 기억할 만한 문장을 접했을 때, 주위에 종이가 없으면 나무 판자에 적어두었다가, 종이에 옮겨 쓰고, 반복해서 읽었답니다. 그에게는 그렇게 모든 것을 적어 보관해둔 일종의 스크랩북이라고 할 수 있는 노트도 있었고요.'"

나는 여기에서 링컨의 집에서 열네 살 때부터 열여덟 살이 될 때까지 함께 살았던 존 행크스의 회상을 인용하고자 한다:

"에이브는 나와 함께 일을 마치고 집으로 돌아오면, 찬장으로 가서 옥수수빵 한 개를 꺼내고 책 한 권을 집어든 다음, 의자에 앉아 발을 머리 높이만큼 들어올려 놓고 책을 읽었습니다. 에이브와 나는 맨발로 밭을 갈고, 옥수수를 심어 기르고, 추수하고 또 타작했으며, 그러는 중에도 에이브는 기회만 생기면 끊임없이 책을 읽었습니다."

그러나 당시 그의 집 근처에는 공립 도서관도 사립 도서관도 없었으므로, 에이브가 손에 넣을 수 있는 책은 그다지 많지 않았으리라는 점은 어렵지 않게 추측해볼 수 있다. 그는 많은 책들 중 선택해서 읽을 수 있었던 것이 아니라, 손에 닥치는 책은 무조건 읽었던 것이다. 그럼에도 불구하고 그가 청소년기에 실제로 어떤 책들을 읽었는지를 알아보는 것은 흥미로운 일이다. 그때 그가 읽었던 것이 분명한 책들 중에는 『이솝 우화집』, 『로빈슨 크루소』, 『천로역정』, 『미국사』 그리고 웜스의 『워싱턴의 생애』 등등이 포함되어 있다. 그중 마지막으로 언급한 『워싱턴의 생애』는 이웃인 조시아 크로포드 노인에게서 빌려온 책이었다.(나는 홀랜드 박사의 주장보다는, 책을 빌려준 사람이 그의 선생인 매스터 크로포드였다고 하는 라몬의 주장을 따랐다) 책을 읽지 않을 때면, 그는 안전하다고 생각되는 오두막 선반에 두었다. 그런데 선반 바로 옆의 통나무 벽은 틈새가 상당히 벌어진 상태였다. 어느 날 밤 갑자기 폭풍우가 몰아치자 틈새로 비가 들이쳤고, 빌려온 책이 물에 흥건히 젖어 형편없이 되고 말았다. 에이브는 몹시 걱정이 되었다. 그 책은 자신뿐만 아니라, 주인에게도 소중한 책이기 때문이었다.

그는 책을 들고 당황스럽고 난처해 하며 힘없이 크로포드 노인의 집으로 갔다.

"오, 에이브, 이처럼 이른 아침에 무슨 일로 왔지?"

크로포드 노인이 물었다.

"좋지 않은 소식을 전해드려야 되겠습니다."

에이브가 침울한 표정으로 대답했다.

"좋지 않은 소식이라니, 무슨 소식이지?"

"저에게 『워싱턴의 생애』를 빌려주셨었죠?"

"그랬지."

"어제 밤에 내린 비로 그 책이 엉망이 되었습니다."

에이브는 속 페이지까지 젖은 그 책을 보여주면서 설명을 덧붙였다.

"정말 좋지 않은 소식이구나. 책값을 치러야 한다, 에이브. 주의해야 하는데, 큰 실수를 저질렀어."

"제게 돈이 있다면, 얼마든지 드리고 싶어요, 크로포드 씨."

"돈이 없다면, 일을 해서 갚도록 해라."

크로포드 노인이 말했다.

"네, 원하시는 일은 무엇이든지 하겠습니다."

에이브는 사흘 동안 크로포드 노인을 위해 일했다. 책 값을 보상하는 그의 노동의 대가는 하루에 25센트로 매겨졌다. 책은 75센트였기 때문에 그는 자신이 3일간 가축에게 먹이를 주는 일은 합당한 것이라고 생각했다. 라몬은 책 값을 변상받은 크로포드 노인의 태도를 비난한다. 그러나 나는 노인의 태도는 정당하며, 또한 에이브가 그 문제에 대해서 기꺼이 올바르게 행동한 데 대해 기쁘게 생각한다.

황제와 시골 소년
The Emperor and the Peasant Boy

멕시코에 전해지는 이 이야기는, 한 사람의 진심 어린 정직은 다른 사람을 올바른 길로 인도해주는 힘이 있다는 것을 일깨워준다.

멕시코가 아즈텍이라고 불리울 때, 가끔 평민으로 변장하고 혼자서 도시와 시골 길을 돌아다니던 황제가 지배하던 시절이 있었다. 그는 백성들이 자신과 신분이 같은 사람에게는 황제에게 아뢸 때와 달리 자유롭게 말하리라는 것을 알고 있었다. 그가 항상 왕좌에만 앉아 있으면 결코 알 수 없는 수많은 일들을 알게 되리라고 황제는 기대했다.

어느 날 황제가 시골 길을 따라 걷던 중, 저녁 식사 준비를 위해 땔

나무를 모으고 있는 소년을 보게 되었다.

"열심히 일하는구나, 얘야."

황제가 말했다.

"그렇지만 불을 지필 나무가 많지 않구나. 왜 언덕 숲속에 들어가서 마련하지 않니? 거기에 나무가 얼마든지 있을 텐데 말이다."

소년은 머리를 저었다.

"저 산은 황제의 숲의 한 부분입니다. 황제께서는 저 숲에 나오셔서 사냥을 하십니다. 누구든지 그분의 허락을 받기 전에는 저 숲에 들어갈 수가 없어요. 몰래 들어가서 나무를 줍다가 잡히면, 그 길로 죽는 거예요."

"잡혔을 경우의 얘기지."

황제가 미소 지으며 말했다.

"지금 저 숲에 아무도 없으니, 얼마든지 들락거릴 수 있을 것도 같고."

"말씀은 고맙습니다."

소년이 냉랭하게 말했다.

"그래도 저는 여기에서 주울 수 있는 것만 모으겠습니다."

"저 숲에서 그저 썩어갈 나뭇가지들을 생각해보아라, 아깝지 않느냐? 그런 정도도 백성들이 마음대로 사용하지 못하다니, 이 나라의 황제는 매우 이기적인 사람임이 분명하구나."

"이 법이 지나치게 부당하다는 것은 사실이에요."

그 소년도 화를 내며 말했다.

"황제에게 숲속에 떨어진 나뭇가지는 아무 필요도 없을 텐데요. 그런데도 필요한 사람들이 가져 가서는 안 되는 거죠. 그렇지만 법이 부당하다고 해서 제가 마음대로 법을 어겨도 괜찮을까요? 저는 법이 달라지기 전에는 숲에 들어가지 않을 겁니다."

그때까지 모은 보잘것없는 나뭇가지들을 집어들고 집을 향해 돌아서는 소년의 눈에 물기가 비쳤다.

다음날, 황제의 전령이 그 소년의 집을 찾아와, 온 가족이 즉시 궁으로 들어올 것을 알렸다. 그들은 왜 불려가는지 이유도 모른 채 두려움에 떨었다.

그들은 권위에 걸맞게 모든 화려한 의상을 갖추고 옥좌에 앉아 있는 황제 앞으로 인도되었다. 그 시골 소년은 한눈에 황제가 누구인지를 알아보고, 공포에 질려 안색이 창백해졌다.

"저에게 황제의 숲으로 들어가라고 하셨던 분이 바로 황제 폐하이셨군요!"

소년이 울먹이며 말했다.

"두려워할 것 없다."

황제가 말했다.

"너는 아무 잘못도 범하지 않았다. 기회가 있는데도 훔치지 않았으며, 황제의 법을 지켰다. 나는 네 부모를 만나고 싶다. 너를 잘 키웠으니, 보상받을 만하다."

그는 황금이 들어 있는 궤를 가리켰다. 거기에 평생을 편안히 살기에 충분할 만큼의 황금이 들어 있었다.

"그렇지만 더 중요한 것이 있다."

황제는 말을 이었다.

"내 법에 대한 네 생각은 옳은 것이었다. 그 법은 부당하다. 그러므로 지금부터 황제의 숲을 모든 백성에게 개방하겠다."

황제는 그 시골 소년의 팔을 잡았다.

"너는 법이 달라졌으면 좋겠다고 생각했었지?"

황제가 말했다.

"이제 그렇게 되었다. 네 미덕이 황제의 마음을 움직인 것이다."

관대한 주교
The Good Bishop

빅토르 위고 Adapted from Victor Hugo

빅토르 위고의 소설 『레 미제라블』에서 우리는 거짓말이 다른 사람을 돕는 경우를 보게 된다. 이 작품을 통해 우리는 그러한 경우를 이해할 수 있는 매우 드문 예를 만날 수 있다.

장 발장은 나무꾼의 아들이었는데, 어린 나이에 부모를 잃었다. 그 후 누나가 그를 돌보았다. 그가 열일곱 살이 되었을 때 누나의 남편이 죽자, 일곱 명의 조카들을 보살펴야 하는 책임이 장 발장에게 맡겨졌다. 그는 힘이 장사이긴 했지만 나무꾼으로서 그 많은 식구를 먹여 살리기가 몹시 힘에 부쳤다.

어느 겨울날, 그는 일거리가 없었고, 아이들은 빵을 달라고 울어댔다. 아이들은 너무도 굶주렸고, 더 이상 그 아이들의 흐느낌을 견딜 수 없었던 그는 그날 밤 나가서 주먹으로 빵집의 진열장을 부수고 굶주림으로 허덕이는 아이들에게 빵을 가져다주었다. 다음날 아침 그는 빵을 훔친 죄로 체포되었다. 상처 난 주먹이 그의 범죄에 대한 증거였다.

이 죄에 대한 벌로 그는 노예선을 타야 했다. 배에 연결된 쇠사슬 끝에 달린 쇠목걸이를 한 채 꼼짝도 못하고 노를 저어야 하는 신세가 된 것이다. 4년 동안 그런 생활을 한 다음, 탈출을 시도했지만 체포되었고, 원래의 형량에 3년이 추가되었다. 두 번째 탈출 시도 역시 실패로 끝나, 빵 한 덩어리를 훔친 죄로 19년 동안의 노예선 생활을 했던 것이다.

노예선에서 풀려났을 때 장의 마음은 굳을 대로 굳어진 상태였다. 스스로 늑대 같다고 느껴졌다. 부당한 벌은 그를 분노하게 했고 자신을 인간이라기보다는 짐승이라고 느꼈다. 어쨌든 그는 모든 사람의 손가락질을 받으며 훌륭한 주교가 살고 있는 마을로 오게 되었다.

여관에서는 그를 받아주지 않았다. 그가 전과자이며 매우 위험한 인물이라는 것을 알기 때문이었다. 그가 어디를 가든지, 그에 대한 소문이 먼저 떠돌았고, 모두들 그를 내몰았다. 그들은 그가 개집에서 자겠다는 것도 허락하지 않았고, 개에게 주려고 남겨놓은 음식조차 나눠주지 않았다. 그리고 어디를 가든지 이런 소리를 들어야 했다:

"가까이 오지 마! 저리 가라구! 아니면 총으로 쏴버릴거야!"

여기저기 떠돌아다니던 그는 마침내 주교의 집 주위를 어슬렁거리게 되었다. 주교는 마음이 넓은 사람이었다.

주교는 의무에 대한 대가로 국가로부터 연간 3,000프랑을 받았다; 그러나 매년 그중 2,800프랑을 가난한 사람들에게 나눠주었다. 그만큼 그는 소박하고, 따뜻하며, 사랑이 넘치고, 자신보다 다른 사람을 먼저 걱정해주는 사람이었다. 모든 사람이 그를 존경했다.

주교의 집에 들어설 때의 장은 악의로 가득 찬 위험한 인물이었다. 그가 거친 목소리로 외쳤다:

"보시오, 나는 노예선의 죄수였소. 여기 내 노란 신분증을 보시오: '절도죄로 5년, 탈옥죄로 14년 복역. 매우 위험한 인물임.' 이라고 기재되어 있소. 이제 내가 누군지 잘 알았을 거요. 나한테 먹을 것을 좀 주고, 마구간에서라도 잘 수 있도록 해주겠소?"

선한 주교가 대답했다:

"앉아서 몸을 좀 녹이시오. 그리고 나와 함께 식사한 다음 여기서 주무시오."

장은 자신의 귀를 의심하지 않을 수 없었다. 그는 기쁨으로 멍해졌다. 주교에게 약간의 돈이 있으니, 음식 값과 재워준 값은 내겠다고 말했다.

그러나 주교는 이렇게 대답했다:

"그러지 않아도 됩니다. 잘 오셨소. 여기는 내 집이 아니라, 하느님의 집입니다. 당신이 신분증을 보여주기 전부터 당신이 누구인지 알고 있었습니다. 우리는 형제입니다."

저녁 식사를 마친 후, 주교는 크리스마스 선물로 받은 은촛대를 꺼내 하나는 자신이 들고 다른 하나는 장에게 준 다음, 푹신한 침대가 기다리고 있는 다른 방으로 인도했다. 그는 편히 잠들 수 있었다. 한밤중에 잠에서 깨어난 장은 다시 마음이 굳어졌다. 이제까지 자신이 받았던 학대에 대해 복수할 수 있는 기회라고 생각했다. 그는 저녁 식사 때 사용했던 은제 나이프와 포크를 잊지 않고 있었다. 그것을 훔쳐서 사라질 작정이었다. 그는 곧 눈에 띄는 것들을 집어들고 어두운 정원으로 나왔다.

다음날 아침, 주교는 은식기류가 없어진 것을 깨달았다:

'나는 오래 전부터 은식기를 사용해서는 안 된다고 생각해왔지. 가난한 사람들에게 주어야만 했어. 그 사람은 가난한 사람임이 분명하잖아.'

잠시 후, 다섯 명의 군인이 장을 데리고 주교의 집을 찾아왔다. 그들이 들어섰을 때, 주교는 장을 향해 이렇게 말했다:

"오, 다시 왔구려! 다시 만날 수 있어 정말 다행이오. 당신에게 은촛대도 주었잖소? 그걸 팔면 40프랑은 받을 수 있을 텐데, 왜 가져가지 않았소?"

장은 그 말에 몹시 놀랐다. 군인들도 마찬가지였다.

"그럼 이 사람 말이 사실이었잖아!"

그들이 소리쳤다.

"저희는 이 사람이 은식기를 훔친 줄 알았습니다. 그래서 체포했고요."

선한 주교는 말했다:

"그 사람을 체포한 것은 실수였소. 그 은들은 그의 것이오. 내가 선물로 준 것이오."

그 말을 듣고 군인들은 돌아갔다.

"이게 사실입니까, 내가 풀려난 것이?"

장 발장이 주교에게 속삭이듯 물었다.

"나는 자유입니까? 가도 좋습니까?"

"그렇소. 자, 은촛대도 가지고 가시오."

주교가 대답했다.

장 발장은 가늘게 몸을 떨며 꿈꾸듯이 은촛대를 받아들었다.

"이제 편한 마음으로 가시오. 하지만 정원으로 나가지 말아요, 밤이건 낮이건 항상 문은 열려 있소."

주교가 말했다.

장은 그 주교를 멍하니 바라보았다.

주교는 그의 손을 따뜻하게 잡아주었다:

"그 돈을 정직한 사람이 되기 위해 사용하겠다던 약속을 절대 잊지 마시오."

그는 자신이 언제 그런 약속을 했었는지 의아해 했다. 그는 얼어붙은 듯이 그 자리에 서 있었다:

"장 발장, 내 형제여, 이제 당신은 악에서 풀려나 선하게 되었소. 내가 당신을 위해 당신의 영혼을 끌어내주었소. 어두운 생각과 증오를 영혼으로부터 꺼내 하느님에게 바쳤소."

인디언 신데렐라
The Indian Cinderella

사이러스 맥밀란 Retold by Cyrus Macmillan

미국 북부 인디언들 사이에 전해오는 이 이야기는 정직과 거짓이 어떻게 보상받고 벌을 받게 되는가를 보여준다. 이 이야기의 첫 부분에서 언급되는 글루스캡은 동부 우드랜드 인디언의 신이다.

옛날 대서양 해변의 넓은 만에 펼쳐진 해변에 위대한 인디언 전사가 살고 있었다. 그는 글루스캡 신의 조력자이자 친구였으며, 그를 위해 많은 멋진 일을 하기도 했다고 한다. 하지만 그 점에 대해 정확히 알고 있는 사람은 없다. 그에게는 여러 가지 놀랍고 신비로운 힘이 있었다: 그중 한 가지는 자신의 몸을 보이지 않게 할 수 있는 능력이었다. 덕분에 그는 적진에 들어가 그들의 계획을 미리 염탐해낼 수 있었다. 사람들은 그를 '강한 바람', '보이지 않는 사람'이라고 불렀다. 그는 바다에서 가까운 지역의 천막에서 누이와 함께 살고 있었는데, 누이는 그의 일을 많이 도와주었다. 많은 처녀들이 그와 결혼하고 싶어했다. 그가 행한 이러저러한 멋진 일 때문에 그는 모든 처녀가 원하는 신랑감이 되어 있었던 것이다: 밤에 집으로 돌아오는 그를 맨 처음 본 처녀와 강한 바람이 결혼할 것이라는 이야기가 사람들 사이에 돌았다. 많은 처녀들이 그 경쟁에 뛰어들었다. 그러나 오랜 세월이 흐르도록 성공을 거둔 처녀는 없었다.

강한 바람은 자신과의 결혼을 원하는 처녀들의 진실성을 시험하기 위한 방법을 생각해냈다. 매일 저녁 어둠이 깔릴 무렵, 그의 누이는 그와 결혼하고 싶어하는 처녀와 함께 해변을 거닐었다. 누이는 언제든 그를 볼 수 있었다. 그가 황혼녘에 집으로 돌아오는 것이 보이면, 누이는 처녀에게 질문을 던졌다.

"그가 보이나요?"

그때마다 처녀들은 거짓으로 대답한다.

"네."

누이는 다시 묻는다.

"그의 썰매를 무엇이 끌어주나요?"

그러면 처녀들은,

"사슴이요."

혹은,

"막대기가 끌어주는군요."

라고 대답했다.

누이는 그들 모두가 거짓말을 한다는 것을 알 수 있었다. 그들의 대답은 오직 추측에 의한 것일 뿐이었다. 처녀들의 시도는 실패로 끝났다. 강한 바람은 정직하지 않은 처녀와 결혼하고 싶지 않았다.

같은 마을에 딸 셋을 둔 추장이 살고 있었다. 그 처녀들의 어머니는 오래 전에 죽었고, 세 딸 중 막내는 두 언니와 나이 차가 많았다. 그러나 그녀는 예쁘고, 마음씨도 고와서 많은 사람들로부터 사랑을 받았다. 그러한 연유로 두 언니는 막내를 질투하며, 잔인하게 대했다. 그녀가 몹시 추하게 보이도록 넝마를 입혔다. 그녀의 길고 검은 머리를 짧게 잘라버렸다: 석탄 불로 얼굴을 지져서 보기 흉한 흉터가 생길 지경에 이르렀다. 언니들은 아버지에게는 그 아이가 스스로 그렇게 했다고 거짓말을 했다. 그러나 소녀는 부드러운 마음을 잃지 않고, 기쁜 마음으로 자신이 해야 할 일을 했다.

다른 처녀들과 마찬가지로, 두 언니도 강한 바람과의 결혼을 시도했다. 어느 날 저녁 그들은 강한 바람의 누이와 함께 해변으로 가서 그가 오기를 기다렸다. 잠시 후 그가 하루의 일을 마치고 썰매를 타고 돌아왔다. 누이는 평소와 마찬가지로 물었다.

"그가 보이나요?"

그러자 두 언니 모두 거짓으로 대답했다.

"네."

강한 바람의 누이가 다시 물었다.

"어깨 멜빵은 무엇으로 만들었나요?"

두 언니는 추측으로 대답했다.

"가죽으로 만들었군요."

그런 다음, 강한 바람이 저녁 식사를 하고 있는 모습을 보기 위해 그들은 그의 천막으로 들어갔다; 그러나 그들은 그가 벗어놓은 겉옷과 모카신(인디언들의 신발)은 볼 수 있었으나, 정작 그의 몸은 볼 수 없었다. 그들이 거짓말을 했음을 알고 있는 강한 바람은 그들에게 자신의 모습을 보여주지 않았다. 그 결과 그들은 실망을 안고 집으로 돌아와야 했다.

어느 날 얼굴에 흉터가 있고, 누더기를 걸친 추장의 막내딸이 강한 바람을 보러 가기로 결심했다. 그녀는 자신이 입고 있는 누더기에 자작나무 껍질을 덧대고, 갖고 있는 몇 가지 볼품없는 장식을 걸친 다음, 모든 처녀들이 그랬던 것처럼 그를 보러 갔다. 언니들은 그녀를 보자 웃지 않을 수 없었고 그녀를 바보라고 놀려댔다. 그녀가 길을 따라갈 때, 사람들은 그녀의 얼굴 흉터와 너덜거리는 옷을 보며 비웃었다. 그래도 소녀는 말없이 목적지를 향해 걸었다.

강한 바람의 누이는 그 소녀를 친절하게 맞아주고, 황혼녘에 그녀를 해변으로 데려갔다. 강한 바람이 썰매를 타고 돌아왔고, 그때 누이가 물었다.

"그가 보이나요?"

그러자 그 소녀가 대답했다.

"아니오."

강한 바람의 누이는 그녀가 사실대로 말하자 놀라워하며 다시 물었다.

"지금은 보이나요?"

소녀가 대답했다.

"네, 굉장히 멋있는 분이에요."

이어 강한 바람의 누이가 물었다.

"그의 썰매를 무엇이 끌고 있지요?"

소녀가 대답했다.

"무지개군요."

그러자 강한 바람의 누이는 깜짝 놀라며 계속 물었다.

"그의 활시위는 무엇인가요?"

그러자 소녀가 대답했다.

"활시위는 은하수예요."

누이는 소녀가 처음에 진실을 대답했으므로, 그의 오빠가 소녀의 눈에 모습을 나타내주었다는 사실을 깨닫고서 이렇게 말했다.

"맞아요. 당신은 정말로 그를 보았군요."

강한 바람의 누이는 소녀를 집으로 데리고 가서 목욕시켜주었다; 그러자 얼굴과 몸의 상처는 없어지고, 윤기 흐르는 검은 머리가 길게 자랐다; 그녀는 소녀에게 좋은 옷과 멋진 장신구도 주었다. 그런 다음 천막 안 아내의 자리에 앉도록 권했다. 잠시 후 강한 바람이 들어와 그 소녀의 옆에 앉고, 소녀를 자신의 신부라고 불렀다. 다음날 소녀는 강한 바람의 아내가 되었고, 그가 더 많은 일을 할 수 있도록 도와주었다. 소녀의 두 언니는 막내가 어떻게 되었는지 궁금해 했다. 그러나 강한 바람은 그들이 얼마나 잔인한가를 알고 있었으므로, 그들을 벌주기로 결정했다. 그리고 자신의 능력을 이용해 그들을 사시나무로 만들어 땅에 뿌리 박게 했다. 그날 이후 사시나무는 항상 잎을 떨었으며, 강한 바람이 다가올 때면 두려움을 이기지 못하고 더욱 온몸을 떨었다. 그가 아무리 부드럽게 다가와도 마찬가지였다. 그들이 오래 전 행한 거짓말과, 여동생에게 했던 잔인한 짓 때문에, 강한 바람이 두렵기만 했던 것이다.

거짓말을 불러오는 거짓말
The Lie That Deserved Another

서남 아시아에 전해지는 이 이야기에서 볼 수 있듯이, 우리는 별다른 생각 없이 과장된 말들을 늘어놓는 경우가 종종 있다.

해외 여행을 마치고 돌아온 한 남자가 자신의 여행담을 떠벌리고 싶어 안달이 났다.

"이보게, 나는 자네들은 상상도 못할 일들을 경험했지."

그는 친구들을 만나자마자 떠벌렸다.

"한번은 큰 배를 보았는데, 선수에 서 있던 선장이 사환 소년을 부르더니 선미에 있는 일등 항해사에게 전하라고 메모를 써주었다네. 그 소년은 메모를 받자마자 뛰기 시작했지; 소년의 나이는 열 살에 불과했어. 그런데 배의 중간쯤 이르렀을 때 어느새 흰 수염이 자라 갑판에 끌리는 거였어. 그 소년이 선미까지 가는 동안 살아 있을지, 지켜볼 수가 없더라니까."

그의 친구들은 어이없어하며 서로를 바라보았다. 그러다가 한 친구가 입을 열었다:

"그건 아무것도 아니지. 겨우 그런 걸 보려고 해외로 나갈 것까지 없지 않나. 저기 저 산등성이를 넘어가면 자네도 알다시피 깊은 숲이 있지. 언젠가 그 숲속에 들어갔을 때, 나는 하늘을 뚫고 자라나는 거대한 나무를 보았지 뭔가. 한번은 새 한 마리가 그 나무 꼭대기를 넘어서 날아보려고 했지. 그런데 밑에서부터 겨우 세 번째 가지에 이르렀을 때, 더 이상 날아갈 수가 없을 정도로 노쇠해지고 말았어. 그래서 나는 것을 그만두고 알을 낳아 새끼를 부화시킨 다음, 그 새끼 새에게 자기가 못다한 일을 해달라는 유언을 남기고 죽었다더군. 이런 식으로 7대 손자에 이르기까지 그 일은 계속 물려졌는데, 아직 반밖에 못 올라갔다지, 아마."

"별 희한한 소리 다 들어보겠군."

여행을 하고 돌아온 남자가 코웃음을 치며 말했다.

"이제까지 살아오는 동안 그런 거짓말은 처음 들어보네."

"내 얘기를 거짓말이라고 생각하는 것 같은데……"

그의 친구가 말했다.

"도대체 그런 큰 배에 돛대로 세울 만한 정도의 나무를 어디서 구하겠나?"

실 한 가닥
The Piece of String

기 드 모파상 Guy de Maupassant

다음 이야기는 거짓말이 —작은 거짓말이라 할지라도 —사람을 죽게 할 수도 있다는 사실을 말해주고 있다.

그날은 장날이었으므로 고데르빌 마을로 가는 모든 길은 주변 마을에서 모여드는 농부들과 그들의 부인들로 가득했다.

사람들과 짐승들이 뒤섞인 고데르빌 시장은 혼란스럽기 그지없었다. 황소들의 울음소리, 깃털을 길게 세운 부유한 농부들의 모자, 그리고 군중들의 머리 위로 솟아오른 여인들의 머리 장식, 웃고 떠드는 소리, 고함 소리, 날카로운 소리, 꽥꽥거리는 소리가 한데 뒤섞여 끝도 없이 들려왔다. 가끔 그 모든 소음을 억누르기라도 하듯 가슴 넓은 농부가 어떤 농담을 듣고서 터뜨리는 웃음소리, 혹은 벽 옆에 묶어놓은 황소가 길게 울어대는 소리가 들려왔다.

우유와 건초 냄새, 그리고 땀 냄새가 뒤섞인 마구간 특유의 냄새도

풍겨왔다: 가장 견디기 어려운 냄새는 들판에서 일하는 사람들 특유의 시큼한 냄새였다.

브레오테의 한 농장 주인 오슈코르느도 그들과 함께 시장으로 향하는 중이었는데, 언뜻 길에 떨어진 실 한 가닥을 보았다. 오슈코르느 역시 진정한 노르만 족의 후예답게 쓸 만한 것이면 무엇이든지 언젠가 필요한 때를 대비해 보관해두는 성격이었다; 그는 류머티즘으로 고통받고 있었으나 힘들여 허리를 숙이고 그것을 집어들었다. 실을 감으면서 그는 말랑댕 영감이 문가에 서서 자신을 지켜보고 있음을 느꼈다. 그들 두 사람은 예전에 고삐 문제로 말다툼을 벌인 적이 있었고, 그때의 앙금이 아직 남아 있는지라 서로 불편한 사이였다. 오슈코르느는 실을 줍는 모습을 그에게 들킨 것에 대해 얼마간 수치심을 느꼈다. 그는 재빨리 옷에 묻은 흙을 털고, 그 실을 바지 주머니에 쑤셔 넣었다. 그런 다음 무엇인가를 떨어뜨렸는데 도무지 찾을 수 없다는 듯이 진흙 속을 자세히 살펴보는 척했다. 한참 후 그는 장터 쪽으로 걸음을 옮겼다. 허리가 구부러져 머리가 앞으로 숙여진 몸은 관절염 때문에 더욱 앞으로 기울어져 있었다.

느릿느릿 움직이던 그는 어느새 요란하게 흥정을 하는 사람들 틈에 섞여들었다. 농부들은 속지 않으려고 암소를 툭툭 쳐보기도 하고, 이리저리 걷게 해보면서도 선뜻 마음을 결정하지 못했다. 소를 팔러 나온 사람의 눈을 자세히 살펴보며 혹시 사기를 당하는 것이나 아닌지 혹은 소에 무슨 병이라도 있는지 자세히 검사했다.

여인들은 가지고 온 커다란 바구니를 발밑에 내려놓고 그들이 가지고 나온 물건을 꺼내놓았다. 두 다리가 묶인 채 두려움으로 눈을 두리번거리는 선홍빛의 볏을 가진 닭이었다.

그들은 여자가 원하는 가격을 듣고는 무표정한 얼굴로 흥정을 했다. 그러다가 가격이 맞지 않아 돌아서는 손님을 소리쳐 부른다:

"좋아요, 앙팀 아저씨. 그 값에 가져가요."

시장은 조금씩 느슨해지기 시작했다. 한낮의 삼종 기도를 알리는 종소리가 들려오자, 멀리서 온 사람들은 여관으로 들어가기 시작했다.

여관 주르댕의 넓은 식당은 손님들로 가득 찼다. 앞마당에 모든 종류의 마차―이륜마차, 짐수레, 포장마차, 누런 진흙이 잔뜩 묻은 마차, 끌채의 양끝을 팔처럼 치켜올린 마차, 코는 땅으로 처박고 꼬리는 들어올린 것 같은 마차 등 각양 각색의 마차들이 가득 들어차 있어서 몹시 북적거렸다.

손님들이 앉아 있는 곳으로부터 오른쪽 위쪽에 있는 커다란 벽난로에서는 불이 활활 타오르고 있었고, 주위에 앉아 있는 사람들의 등을 따뜻하게 만들어주었다. 불 위에서는 연어 꼬치가 구워지고, 지글거리며 갈색으로 익어가는 양념한 닭과 비둘기와 양 다리 고기에서 나는 냄새는 모든 사람들의 가슴에 기쁨을 안겨주고, 입에 침이 고이게 했다.

농사를 짓는 이들 중 신분이 조금 높은 계급에 속하는 사람들인 여관 주인, 말 장사꾼, 교활한 사람, 넉넉한 사람 등이 M. 주르댕 여관에 모여 식사를 했다.

음식을 담은 접시와 금술잔에 담긴 사과술이 비워지는 동안 모두들 그날의 거래에 대해서 이야기를 나누고, 이웃사람들에게 그 해의 작황에 관해 묻기도 했다. 날씨는 야채를 재배하기에는 좋았지만, 밀 재배에는 좋은 편이 아니었다.

갑자기 안뜰에서 요란한 북소리가 들려왔다.

조금이라도 움직이는 것을 귀찮아하는 몇몇 사람을 제외한 거의 모든 사람이 손에는 냅킨을 들고, 입안에 음식을 가득 담은 채 문가와 창가로 뛰어갔다.

북소리가 잦아들자, 마을의 공고인이 딱딱 끊어지는 목소리로 기이한 리듬에 따라 외치고 있었다:

"고데르빌 주민 여러분, 그리고 현재 시장에 나와 있는 모든 사람들에게 알려드립니다. 오늘 오전 9시에서 10시 사이에 보즈빌르 거리에서, 500프랑과 서류가 들어 있는 검은색 가죽 지갑을 분실했습니다. 지갑을 습득하신 분은 읍사무소나, 혹은 만느빌르의 포르투네 울브레크 씨에게 즉시 돌려주시기 바랍니다. 20프랑을 상금으로 드리겠습니다."

공고인의 목소리와 북소리가 멀어져갔다.

모두가 그 일에 대해 이야기하기 시작했다. 울브레크 씨가 지갑을 찾을 수 있을지 없을지 그 가능성을 점쳐보는 사람들도 있었다.

그러는 중에 식사가 끝났다.

그들이 커피를 거의 다 마셨을 때, 그 마을의 헌병 대장이 문을 열고 들어와 물었다:

"브레오테의 오슈코르느 씨 여기 계십니까?"

식탁의 끝 부분에 앉아 있던 오슈코르느가 대답했다:

"여기 있습니다!"

"오슈코르느 씨, 저와 함께 시청까지 가주셔야 되겠습니다. 시장께서 당신과 얘기하고 싶어하십니다."

헌병 대장이 말했다.

갑작스런 호출에 놀라고 불안했지만, 오슈코르느는 마시던 코냑 잔을 비우고 일어났다. 그는 오전보다 더욱 허리를 숙이고(앉아 있다가 일어나면 처음 몇 걸음을 뗄 때가 가장 힘들었기 때문이다) 따라나섰다:

"좋소, 갑시다!"

그는 헌병을 따라 걸었다.

시장은 안락 의자에 앉아 그를 기다리고 있었다. 그 지역의 공증인이기도 한 시장은 땅딸막하고, 진지하지만 과장된 문장을 쓰는 사람이었다.

"오슈코르느 씨, 오늘 오전 보즈빌르 거리에서 당신이 만느빌르의 울브레크 씨가 분실한 지갑을 줍는 것을 본 사람이 있습니다."

시장이 말했다.

그 가련한 농부는 멍하니 시장을 바라보았다. 자신이 그러한 의심을 받고 있다는 사실에 순간적으로 두려움을 느꼈다. 하지만 왜 그런 의심을 받게 되었는지 이해할 수 없었다.

"내가요? 내가 그 지갑을 주웠다고요?"

"그렇소, 바로 당신이 주웠소."

"천만에요, 시장님. 나는 줍지 않았습니다. 그런 지갑은 본 적도 없다고요."

"본 사람이 있습니다."

"보았다고요? 내가 지갑을 줍는 것을요? 누가요?"

"마구상 말랑댕 씨입니다."

그 순간 노인의 머리 속에 문득 떠오르는 것이 있었다. 그리고 상황을 파악할 수 있었다:

"아, 그자가 보았군요, 짐승 같은 놈! 그자가 본 것은 내가 이 실을 줍는 광경을 본 겁니다. 이걸 보십시오, 시장님."

그는 주머니를 뒤져 그 실을 꺼냈다.

그렇지만 시장은 믿을 수 없다는 듯이 머리를 저었다.

"믿을 수가 없소, 오슈코르느 씨. 말랑댕 씨는 진실한 사람이고 또 실을 지갑으로 잘못 볼 만큼 엉뚱한 사람도 아니잖소."

화가 난 농부는 오른손을 치켜들고 경건하게 맹세한 다음 말을 이었다:

"하느님께 맹세코 말씀드립니다만, 시장님, 그런 일은 절대로 없었습니다. 내 명예와 영혼을 걸고 맹세할 수 있습니다."

시장은 자신의 생각을 말했다.

"당신은 무엇인가를 집어든 다음에도 진흙 속을 자세히 살펴보았다고 하더군요. 동전이라도 더 떨어진 것이 없나 하고 말입니다."

그 가련한 늙은 농부는 모욕감과 분노로 인해 목이 메었다.

"그런 말을 하다니…… 어떻게 그런 거짓말을…… 평생을 정직하게 살아온 이 늙은이를 두고 그런 엉터리 같은 말을 늘어놓다니……."

그는 계속 항변했지만, 시장은 믿어주지 않았다.

그리고 그를 말랑댕과 대질시켰다. 두 노인은 한 시간 동안이나 말싸움을 벌였다. 그리고 오슈코르느의 요청으로 몸 수색이 행해졌다. 하지만 그의 몸에서는 아무것도 나오지 않았다.

마침내 시장은 몹시 의심스러웠지만 그를 풀어주었다. 그러나 검찰에 보고해 지시를 받아 처리하겠다는 경고의 말은 잊지 않았다.

그 소문은 순식간에 퍼져나갔다. 그가 시청을 나서자 많은 사람들이 그 불쌍한 노인의 주위를 에워쌌다. 그들은 온갖 진지한, 혹은 조롱 섞인 질문들을 퍼부었다. 노인은 단지 실 한 가닥을 주웠을 뿐이라고 말하자, 모두들 웃음을 터뜨렸고 그 말을 믿지 않았다.

그는 여러 사람들에게 붙들리기도 하고, 또 안면 있는 사람을 만나면 불러 세워 자신의 결백을 주장했다. 주머니를 내보이며 아무것도 들어 있지 않다는 것을 보여주기도 했다. 그러나 그에 대한 반응은,

"집에나 가, 교활한 늙은이 같으니라고!"

라는 말이 전부였다.

그는 화가 나기 시작했다. 병이 날 지경이었다. 아무도 믿어주지 않아 비참해졌고 어떻게 해야 할지 몰라 끊임없이 결백을 주장하며 돌아다녔다. 밤이 되었다. 집으로 돌아가야 할 시간이었다. 그는 이웃사람들과 돌아오며, 자신이 실을 주운 장소를 직접 보여주기까지 했다. 그리고 집으로 돌아오는 동안 내내 자신은 억울하다고 하소연했다.

밤 늦게 그는 브레오테 마을 여기저기를 돌면서 만나는 사람 누구에게나 그 이야기를 했다. 그렇지만 사람들은 그의 말을 믿지 않는 것 같았다.

그는 밤새 끙끙 앓았다.

다음날 1시 경, 브르통 씨 집의 일꾼으로서 이모빌르 농장에서 일하는 마리위스 포멜르가 모든 것이 그대로 들어 있는 지갑을 만느빌르의 울브레크 씨에게 돌려주었다. 그는 그것을 길에서 주웠지만 글을 읽을 줄 몰라 자신의 주인에게 주었던 것이다.

이 소식도 순식간에 마을 전체에 퍼졌다. 오슈코르느 씨는 그 소식을 듣자, 즉시 마을의 이 집 저 집을 돌아다니며 시원하게 밝혀진 그 사건의 전후를 처음부터 다시 이야기했다. 그의 승리였다.

"나를 그토록 당황하게 만들었던 것은 내가 의심받고 있다는 사실 자체가 아니라, 내가 거짓말쟁이라고 내몰리고 있다는 것이었소. 거짓말을 한다고 비난받는 것만큼 큰 상처를 주는 것은 없다구."

그는 하루 종일 그 사건의 결말을 설명하면서 돌아다녔다. 길에서 만나는 사람들에게도, 여관에서 술을 마시고 있는 사람들에게, 심지어는 교회의 문 앞에서 만나는 사람들에게까지 설명을 했다. 길 가는 낯선 사람을 만나도 그 말을 했다. 그러고 나니 마음이 편해졌다. 그렇지만 뭐라고 꼭 집어 말할 수는 없지만, 왠지 마음 한구석이 꺼림칙했다. 사람들은 그의 이야기를 들을 때 재미있다는 표정을 지었던 것이다. 완전히 믿어주지 않는 것 같았다. 그리고 많은 사람들이 그의 등 뒤에서 수군거리는 듯했다.

다음주 화요일, 그는 그 사건의 전모를 해명하고 싶은 마음에서 고데르빌 시장에 갔다. 자기의 마구상 앞에 서 있던 말랑댕이 그가 지나가는 것을 보자 비웃었다. 왜 그랬을까?

그는 크리크토에서 온 농부에게 이야기를 시작했다. 그러나 그 농부는 이야기를 끝까지 들어보지도 않고 그의 배를 쿡 찌르며 면전에 대고 소리쳤다:

"저리 꺼져, 이 늙은 사기꾼아!"

그런 다음 등을 돌려버렸다.

오슈코르느는 몹시 불쾌했고 혼란스러웠다. 그는 불안해졌다. 왜 자신을 늙은 사기꾼이라고 하는 걸까?

하지만 그는 주르댕 여관 식당에 앉아 다시 그 사건에 대해 설명하려고 했다.

몽티빌리에에서 온 말 장수가 소리쳤다.

"이것 보시오, 그런 속임수는 그만두시오; 나도 당신의 실 얘기는 잘 알고 있소!"

오슈코르느는 어안이 벙벙해 말을 더듬었다:

"하지만 찾았지 않소, 그 지갑 말이오!"

그러나 그 말 상인은 지지 않았다:

"노인 양반, 이제 그만 좀 하시오! 주운 사람 따로 있고, 갖다놓는 사람 따로 있는 거 아니오, 은밀하게 말이오!"

그 가련한 농부는 벼락을 맞은 것만 같았다. 마침내 모든 것을 명확하게 이해할 수 있었다. 그가 누군가를 시켜 그 지갑을 돌려주었다는 소문이 돌고 있었던 것이다.

그는 항변하려고 했지만, 식탁에 앉은 사람들 모두 웃기만 했다.

그는 식사를 끝내지도 못하고, 다른 사람들이 비웃는 소리를 들으며 그곳을 나왔다.

그는 수치심과 모욕감을 느끼며 집으로 돌아왔다. 분노와 불쾌감으로 인해 숨이 막힐 지경이었다. 그리고 더욱 그를 괴롭히는 사실은 노르만 족의 후예다운 그의 행동이 충분히 사람들이 비난하는 일을 저지를 수 있다는 사실이었다. 그는 자신이 지갑을 훔치고도 나중에 아슬아슬하게 들키지 않았다고 얼마든지 떠벌리고 다닐 수 있는 종류의 사람이라는 것을 알고 있기 때문이다. 그는 혼란스러웠지만 이제 자신의 결백을 증명해 보일 방법이 없음을 깨달았다. 모두가 그의 본성이 교활하다는 것을 알게 되었기 때문이다. 이러한 부당함으로 인해 그는 큰 상처를 받았다.

그는 다시 그 이야기를 시작했다. 날이 갈수록 그의 이야기는 점점 길어지고, 회를 거듭할수록 새로운 변명들이 추가되고, 또 더욱 열에 들떠 항변하기도 했으며, 홀로 있는 시간에 생각해낸 매우 엄숙한 맹세를 덧붙이기도 했다. 그의 마음은 온통 한 가닥 실로 가득 채워져 있었다. 그러나 그의 항변이 더 정교해지고 빈틈이 없어질수록 사람들은 더욱더 그의 말을 믿지 않게 되었다.

"흥, 자기 잘못을 덮어보려고 안간힘을 쓰는구먼."

사람들은 그의 등뒤에서 이렇게 말했다.

그는 사람들의 그러한 태도를 알고 있었다. 헛된 노력을 하느라 지치고, 마음은 더 큰 슬픔 속으로 빠져들어갔다.

사람들의 눈앞에서 그는 점점 쇠약해져갔다.

농담을 좋아하는 사람들은 마치 노병에게 옛 전투 이야기를 해달라고 조르듯 재미로 '실 한 가닥' 이야기를 해달라고 그에게 부탁했다…… 더 이상 어찌해야 할지 모르게 된 한 늙은 영혼은 점점 더 쇠잔해져갔다.

12월 말에 그는 병이 들어 침대에 눕고 말았다.

1월 초 그는 숨졌다. 그러나 마지막까지 자신의 결백을 주장하는 말을 되풀이했다:

"실 한 가닥…… 실 한 가닥…… 보십시오, 여기 그 실이 있습니다, 시장님!"

레굴루스 이야기
The Story of Regulus

제임스 볼드윈 Retold by James Baldwin

다음은 로마의 장군이며 정치가였던 마르쿠스 아틸리우스 레굴루스에 관한 이야기이다. 기원 전 3세기의 로마와 카르타고 사이에 벌어졌던 세

차례의 포에니 전쟁 중 첫번 싸움에서 있었던 일이다. 죽음을 무릅쓰고 약속을 지킨 레굴루스 장군의 이름은 로마 역사의 한 페이지를 기록했다.

　한때 로마와 바다를 사이에 두고 카르타고라는 도시가 번성했었다. 로마인은 카르타고 사람들에게 전혀 호의적이지 않았다. 마침내 그들은 전쟁을 하기에 이르렀다. 두 도시의 군대는 오랜 기간에 걸쳐 혈전에 혈전을 거듭했다. 싸움은 처음에 로마 군이 승리하면, 다음 전투에서는 카르타고 군이 승리하는 식이었다. 때문에 전쟁은 오랫동안 계속되었다.

　로마에는 자신의 말을 한 번도 어겨본 적이 없는 사람으로 이름 높은 레굴루스라는 장군이 있었다. 레굴루스가 사로잡힌 몸이 되어 카르타고로 끌려갔을 때의 일이다. 병들고 외로움에 지친 그는 바다 건너에 있는 아내와 아이들이 그리웠다. 두 번 다시 그들을 만날 수 없으리라고 생각했다. 그는 자신의 가정을 진심으로 사랑했지만, 조국에 대한 의무가 우선한다고 믿었다. 그렇기 때문에 모든 것을 뒤로 하고, 이 잔인한 전쟁에 뛰어들었던 것이다.

　그는 전투에서 패했다. 그 결과 감옥에 끌려온 것이다. 하지만 로마 군은 날로 증강되고 있었고, 카르타고 사람들은 결국에는 자신들이 지게 될 것이라고 생각하며 두려워했다. 그래서 그들은 다른 나라에 전갈을 보내 원군을 요청하기도 했다. 그러나 원군의 도움이 있다고 해도, 그들은 로마 군과 오랫동안 맞서 싸우며 버틸 힘이 없었다.

　어느 날 카르타고의 고위 관리들이 감옥으로 찾아와 레굴루스를 불렀다.

　"우리는 로마 사람들과 평화롭게 지내길 원하오. 그리고 당신네 지도자들도 우리와의 전쟁이 어떻게 진행되는지를 알면, 우리의 평화 협정 제안을 기쁘게 받아들일 것이라고 확신하오. 만약 당신이 우리의 제안을 전해주겠다면, 당신을 고향으로 돌아갈 수 있도록 풀어주겠소"

"어떤 조건입니까?"

레굴루스가 물었다.

"먼저, 로마 사람들에게 당신이 패배한 전투에 대해 얘기해야 하오. 그리고 이 전쟁에서 얻게 되는 것은 아무것도 없다는 점을 명백하게 설명해주어야 하오. 두 번째는 평화 협정이 이루어지지 않는다면 당신은 이곳으로 다시 돌아오겠다고 약속해주어야겠소."

"좋습니다."

레굴루스가 대답했다.

"만약 로마가 평화 제안을 받아들이지 않는다면 이곳으로 돌아오겠다는 것을 약속하겠습니다."

그들은 레굴루스 장군을 풀어주었다. 레굴루스처럼 위대한 로마인이라면 약속을 지키리라고 믿었기 때문이었다.

그가 로마로 돌아왔을 때, 모든 사람들이 기쁨에 넘쳐 그를 환영했다. 그의 아내와 아이들도 몹시 기뻐했다. 두 번 다시 그와 헤어지지 않게 되리라고 생각했던 것이다. 그 도시를 위한 법을 제정하기도 했던 원로회 의원들이 백발을 날리며 그를 찾아왔다. 그리고 전쟁에 관해 물었다.

"카르타고 사람들은 평화 협정 제안을 위해 저를 보냈습니다."

그가 말했다.

"그러나 그들과 평화 협정을 맺는 것은 현명한 처사가 못됩니다. 우리가 몇몇 전투에서 패했다는 것은 사실입니다. 그러나 우리의 군대는 나날이 증강되고 있습니다. 조금 더 전쟁을 계속하면, 카르타고는 우리의 땅이 될 것입니다. 저는 아내와 아이들 그리고 로마에 작별 인사를 하려고 돌아왔습니다. 내일 카르타고로 돌아가야 합니다. 약속했기 때문입니다."

원로회 의원들은 돌아가지 말 것을 종용했다.

"자네 대신 다른 사람을 보내도록 하세."

"로마의 시민에게 약속을 지키지 말라고요?"

레굴루스가 말했다.

"저는 병들었고, 이제 오래 살 수도 없습니다. 약속한 대로 그들에게로 돌아가겠습니다."

그의 아내와 아이들은 슬피 울었다. 아들들은 떠나지 말라고 그에게 매달렸다.

"나는 그들에게 약속했다. 약속은 지켜야만 한다."

레굴루스가 말했다.

그는 작별 인사를 했다. 감옥과 비참한 죽음만이 있다는 것을 알면서도 용감하게 카르타고로 돌아갔다.

이것이 로마를 세계에서 가장 위대한 도시가 되도록 만든 로마인의 용기였다.

진실과 거짓
Truth and Falsehood

이 그리이스의 민담이 이야기하고 있는 것처럼, 도덕적으로 훌륭한 영혼은 진실을 사랑할 뿐만 아니라, 동기 자체도 사랑하며 거짓된 행동을 혐오한다. 그러한 영혼에게는 가끔 진실과 동반하기도 하는 어려움보다 위악이 훨씬 더 고통스럽다.

하루는 진실과 거짓이 길에서 만났다.

"안녕하십니까?"

진실이 인사했다.

"안녕하시오?"

거짓이 대꾸했다.

"요즘 어떻게 지내십니까?"

"썩 좋지 못합니다."

진실이 한숨을 쉬며 대답했다.

"아시겠지만, 나 같은 사람에게는 어려운 시기지요."

"오, 이해합니다."

거짓은 이렇게 말하면서, 진실이 걸치고 있는 누더기를 위아래로 훑어보았다.

"당신은 오랫동안 아무것도 먹지를 못한 것 같군요."

"그렇습니다."

진실이 솔직히 대답했다.

"요즘 누구도 나를 고용하려 하지를 않는군요. 어디를 가나 사람들은 나를 무시하거나, 놀려댈 뿐이에요. 이젠 정말 지쳤습니다. 내가 왜 이런 대접을 받아야 하는지 신세 한탄을 하게 되지요."

"그럼 생각을 바꿔보시지요. 자, 나와 함께 갑시다. 어떻게 살아야 하는지를 보여드리리다. 도대체 왜 먹고 싶은 대로 먹지 못하고, 또 나처럼 좋은 옷을 입지 못한다는 거요? 어쨌든 단 한 가지, 우리가 함께하는 동안 나를 반대하는 말은 하지 않겠다고 약속해주어야겠소."

그래서 진실은 얼마 동안 거짓이 하는 대로 따르겠다고 약속했다. 그와 함께하는 것이 좋아서가 아니라 너무도 배가 고파 당장 무엇이든 먹지 않으면 쓰러질 것 같았기 때문이었다. 길을 따라 걷던 그들은 도시에 이르렀고, 거짓은 도시의 최고급 식당의 가장 좋은 자리에 앉았다.

"웨이터, 여기에서 가장 비싼 고기와 디저트, 그리고 제일 좋은 포도주를 가져오시오."

그가 주문했고, 그들은 오후 내내 맛있는 음식을 먹고 포도주를 마시며 즐거운 시간을 보냈다. 그러다가 마침내 일어나야 할 시간이 되자, 거짓은 요란하게 주먹으로 식탁을 내리치며 지배인을 불렀다.

"뭐 이런 데가 다 있어?"

숨 가쁘게 달려온 지배인에게 거짓이 소리쳤다.

"웨이터에게 거의 한 시간 전에 금화를 주었는데, 아직까지도 잔돈을 가져오지 않았어!"

지배인은 웨이터를 불렀고, 웨이터는 동전 한 푼 받은 적이 없다고 말했다.

"뭐라고?"

거짓이 벌떡 일어나며 소리쳤다. 그러자 그 레스토랑에서 식사를 하던 손님들의 시선이 일제히 그들을 향했다.

"이건 정말 믿을 수 없는 일이군! 법을 잘 지키며 살아가는 시민이 식사를 하러 왔더니 땀 흘려 번 돈을 훔치겠다는 건가, 응? 강도 같은 놈들! 좋아, 내가 한 번은 속고 가겠지만 두 번 다시 이런 곳에는 오지 않을 거요! 자, 여기 있소!"

거짓은 지배인에게 금화를 던졌다.

"이번에는 거스름돈을 가져와보시오."

그러나 지배인은 식당의 평판이 나빠질까봐 그 금화를 받지 못했을 뿐만 아니라, 처음에 손님이 주었다고 하는 금화에 대한 거스름돈까지 주었다. 그런 다음 지배인은 그 웨이터를 한옆으로 불러 호되게 꾸짖으며, 해고시키겠다고 으름장을 놓는 것이었다. 그 웨이터는 당연히 그 신사에게서 한 푼도 받은 적이 없다며 항변했지만 지배인은 그의 말을 믿지 않았다.

"오, 진실이여, 당신은 어디에 숨어 있습니까?"

웨이터가 한숨을 쉬며 말했다.

"이제 당신은 열심히 일하며 살아가는 영혼마저 버리려고 하십니까?"

"오, 나 여기 있소."

진실이 혼자서 중얼거렸다.

"내가 너무도 배가 고파 잠시 눈이 멀었고, 지금은 거짓과 약속을 했기에 아무 말도 못하오."

거리로 나오자마자 거짓은 통쾌하게 웃으며 진실의 등을 쳤다.

"이 세상이 어떻게 돌아가는지 보았소?"

그가 소리쳤다.

"아주 멋지게 해냈지 않소, 그렇게 생각하지 않으시오?"

그러나 진실은 한 걸음 옆으로 비켜섰다.

"당신처럼 살아가느니, 나는 차라리 굶어죽겠소"

그가 말했다.

거짓과 진실은 각자의 길을 갔고, 그 후 두 번 다시 만나지 않았다.

진실과 거짓, 불 그리고 물
Truth, Falsehood, Fire, and Water

진실과 거짓 사이의 영원한 갈등에 관한 이 이야기는 이디오피아를 비롯한 동 아프리카 여러 나라에 전해지는 내용이다.

어느 날 진실과 거짓, 물 그리고 불이 함께 길을 가다가 한 무리의 양떼를 만났다. 그들은 양떼에 관해 상의한 뒤, 넷이서 각자 똑같은 수의 양을 집으로 가져가기 위해 네 무리로 나누기로 결정했다.

그러나 거짓은 욕심이 많았으므로 계략을 꾸며냈다.

"내 말을 들어봐."

그가 물을 한쪽으로 데리고 가서 속삭였다.

"불이 너의 집 강둑의 풀과 나무를 모두 태워버릴 계획을 세우고 있어. 그렇게 해서 양떼를 모두 자기 집으로 데려가려고 말이야. 만약 내가 너라면, 지금 불을 꺼버리겠어. 그러면 우리가 그의 몫도 나누어 가질 수 있겠지."

어리석은 물은 거짓의 말을 그대로 믿고서 불에게로 덤벼들었다.

거짓은 진실에게 갔다.

"이봐, 저 물이 하고 있는 짓 좀 봐."

그가 속삭였다.

"불을 살해하고, 불의 양도 차지했잖아. 함께해서는 안 되겠어. 모든 양들을 몰고 산으로 올라가는 게 좋겠어."

진실도 거짓의 이야기를 믿고, 그 계획에 동의했다.

"같이 가!"

물이 소리치며 그들을 쫓아왔다. 그러나 물은 당연히 언덕을 오를 수 없었다. 그래서 그는 계곡에 홀로 남아 있어야 했다.

그들이 높은 산꼭대기에 이르렀을 때, 거짓이 진실을 향해 돌아서더니 웃음을 터뜨렸다.

"넌 나한테 속았어, 이 어리석은 진실아."

그가 날카롭게 소리쳤다.

"자, 이제 양떼를 모두 나에게 넘겨주고, 너는 내 하인이 되도록 해. 아니면 너를 죽여버릴 테니까."

"그래, 너는 나를 속였어."

진실이 말했다.

"하지만 나는 절대로 네 하인이 되지는 않을거야."

이렇게 그들 사이의 싸움이 시작되었고, 온 산을 울려대는 천둥 번개처럼 요란한 소리를 내며 맞붙어 뒹굴었다. 그들은 맞붙었다가 떨어지고, 다시 맞붙는 싸움을 끝없이 반복했다. 그러나 그 누구도 서로를 파괴하지는 못했다.

마침내 그들은 누가 강한지 심판해달라고 바람을 부르기로 했다. 바람이 산등성이를 타고 뛰어올라와 그들의 말을 들어주었다.

"나로서는 이 싸움의 승자가 누구인지 판단할 수 없겠는데."

바람이 그들에게 말했다.

"어떤 때는 진실이 이기고, 또 어떤 때는 거짓이 이겨. 그러면 쓰러졌던 진실이 일어나 싸우지. 이 세상이 끝날 때까지 싸움은 끝나지 않을거야. 진실은 거짓과 전투를 벌여야 하고, 결코 쉬거나 경계를 게을리 해서는 안 되지. 그러면 영원히 끝장이 나버릴 테니까."

이렇게 해서 진실과 거짓은 오늘날까지도 싸움을 계속하고 있다.

충 성

L O Y A L T Y

충 성 *LOYALTY*

유태인의 위대한 스승 랍비 힐델이 이렇게 물은 적이 있다.

"내가 나 자신을 위하지 않는다면, 누가 나를 위해주겠는가? 그러나 내가 자신만을 위한다면, 나는 도대체 무엇이겠는가?"

우리가 충성에 관해 생각할 때, 마찬가지로 스스로에게 이와 같은 질문을 던져야 할 것이다. 자신을 보살피고, 자신에게 필요한 것을 생각하고, 자기 발전을 도모하는 것은 확실히 중요하다. 그러나 우리의 관심이 단지 그것이 *전부*라면, 혹은 *가장* 관심을 가지는 것이라면, 당신은 어떤 부류의 사람이 될까?

충성이란 다른 사람들과의 관계에 대해 진정으로 관심을 갖고, 기꺼이 행동을 통해 그것을 보여준다는 의미이다. 우리는 가족, 친구, 학교, 교회 그리고 국가에 대해 충성을 바칠 수 있다. 그 모든 경우에, 충성은 개인보다 우선한다는 의미이다. 필요하다면, 여러분 자신은 뒤로 밀어놓아야 한다는 의미이다. 그리고 스스로의 관심사를 위해 필요한 일을 필요한 때에 할 것을 요구한다.

우리는 종종 누구에게인가 혹은 무엇인가에 대해 충성을 바치거나 충직해야 할 의무가 있다고 말한다. 그것은 모든 '관계'란 상하행선이 있는 하나의 도로이기 때문이다. 우리가 어떤 사람에 대해 관심을 갖고 있다는 점을 보여주고 싶어하는 것은, 그 사람이 어느 정도 자신에게 관심을 보여주었기 때문이다. 엘리노어 루즈벨트는 이렇게 말했다:

"어느 정도까지는 자신의 능력을 다해서 우리를 사랑해주고, 충성을 바쳐줄 사람이 이 세상에 존재한다는 것은 우리 자신을 위해 더없이 다행스러운 일입니다. 그러나 우리의 행동이 타인의 헌신을 정당화할 만한 의무 이행 없이 보장받기만 한다는 것이 과연 우리를 위해 좋은 것인지는 의문의 여지가 있습니다."

예를 들어, 어린아이들은 존경심과 순종하는 태도로 자신의 부모를 향한 충직함을 보여줄 수 있다. 그 답례로 부모들은 아이들을 보살피기 위해, 또 그들의 관심을 만족시켜주기 위해 많은 일을 한다.

남편과 아내는 상대방에 대한 각자의 신뢰를 바탕으로 서로에 대한 충직함을 보여줄 수 있다. 결혼 생활에서의 충직함은 사랑의 또 다른 형태이다. 그러한 충직함은 결혼을 성스럽게 이어주기도 한다.

팀에 대한 충성은 정시에 연습에 참가하고, 또 최선을 다하는 것이다. 마찬가지로 우리는 그것에 대한 보답으로 다른 동료가 그렇게 해주기를 기대할 수 있다.

국가에 대한 충성─애국심─은 법을 준수하고, 정책을 지지하고, 그것을 지키려고 노력하는 것이다. 또한 국민은 국가로부터 여러 가지 기회를 제공받고, 권리와 특권에 대한 보호를 기대할 수 있다.

국기에 대한 경례는 나라의 상징을 향해 충성을 맹세하는 것이다. 이 맹세가 의미를 가지려면, 여러분은 국기가 상징하는 국가에 대해 필수적으로 알아야 하는 몇 가지가 있다. 예를 들어, 국가의 건립, 정부, 역사 그리고 전통에 대해 알아야 한다. 그렇지 않으면 그의 맹세는 맹목적인 것에 불과할 것이다.

위에서 말한 모든 경우에서의 충성은 우리가 자신보다 다른 사람을 먼저 배려할 준비가 되어 있다는 의미이다. 많은 사람들이 '하고 싶은 일만 하는' 혹은 '자기 자신을 위한 일만 하는' 시대에, 충성은 우리에게 종종 다른 누군가를 위해 무엇인가를 해야 한다는 것을 가르쳐준다. 우드로우 윌슨은 이렇게 말한다.

"충성은 그 중심에 자기 희생이라는 명확한 원칙이 없다면, 어떤 의미도 갖지 못한다."

자기 희생은 결국 인간에게 매우 중요한 의미를 띤다는 말에 다름 아니다.

곤경에 처한 형제
A Brother in Need

이 베트남 민담은 충성이 가정에서부터 시작됨을 보여준다.

간과 덕이라는 형제가 있었다. 그들의 아버지는 유언도 남기지 못한 채 갑자기 명을 달리했고, 형인 간은 대부분의 재산을 자신이 차지하고 동생에게는 오두막 한 채와 보잘것없는 땅을 주었다. 덕이 물려받은 땅은 턱없이 좁아서 혼자 먹을 만큼의 곡식도 나오지 않았다. 그 때문에 그는 항상 열심히 일했음에도 불구하고 점점 더 가난해졌고, 몸은 여위어갔다. 반면에 간의 기름진 땅은 매년 풍요로운 결실을 맺어주어 간은 그 지역의 제일 가는 부자가 되었다.

간은 부유해질수록 더 많은 친구들이 생겼다. 그들은 밤낮을 가리지 않고 그를 찾아왔고, 그는 망설임 없이 좋은 술과 음식을 대접했다. 간은 그러한 값진 대접을 우정의 표시라고 생각했다.

"나는 친구가 필요로 하는 것이 있다면 못할 일이 없어."

간은 입버릇처럼 이렇게 말했다.

얼마 후 간은 한이라는 마음씨 고운 여자를 아내로 맞이했다. 그 여인은 남편이 동생에게 어째서 그토록 야박하게 대하는지 이해할 수 없었다.

"당신은 친구들을 위해서는 못할 일이 없다고 하시죠."

그녀가 말했다.

"그런데 왜 가난하게 사는 동생을 그저 보고 있기만 하시나요?"

"그가 어떻게 살든 나는 아무 상관이 없소."

간은 냉혹하게 말했다.

"내가 이렇게 된 것처럼 그 역시 자수 성가할 수 있었소. 그리고 내 친구들로 말하자면 이 지역의 고위층 사람들이오. 내가 그런 이들을 잘 대접하는 것은 오히려 당연한 일이오."

"그렇지만 그는 당신의 동생이잖아요. 그리고 당신이 친구들에게 하는 것만큼만 동생에게 베푼다면 그에게 커다란 도움이 될 거예요."

이러한 내용의 이야기가 여러 차례 오고 갔지만, 간은 들은 척도 하지 않았다.

어느 날 저녁 집으로 돌아온 간은 아내가 울고 있는 것을 보았다.

"무슨 일이 있었소?"

그가 물었다.

"끔찍한 일이 생겼어요."

그녀가 훌쩍이며 말했다.

"오늘 오후 거지 한 사람이 우리 집을 찾아와 먹을 것을 달라고 빌더군요. 얼굴은 너무 창백하고, 여윈 모습이어서 거절할 수가 없었어요. 그래서 나는 안으로 들어오라고 말한 다음, 먹을 것을 차리려고 부엌으로 갔어요. 그런데 그 가련한 거지는 문턱을 넘어서자마자 비틀거리더니 테이블에 머리를 부딪쳐 쓰러졌고, 곧 죽고 말았어요. 나는 너무도 두려웠어요. 그래서 그 거지의 시체를 담요로 싸서 정원에 끌어다 놓았어요."

"걱정할 일도 아니잖소."

간은 그녀를 안심시키려고 했다.

"관청에 가서 그대로 설명하면 될 것 아니오. 당신은 불쌍한 사람을 도와주려고 했던 것뿐이오."

"오, 아니에요."

한은 울부짖었다.

"관리는 당신을 싫어해요. 당신의 재산과 인기를 시기하기 때문이죠. 그들은 이 기회를 이용해 우리를 파멸로 몰아넣으려고 할 거예요."

이 말을 듣는 순간 간의 얼굴도 창백해졌다. 관리가 냉혹할 정도로 엄하게 구는 사람이기 때문이었다. 전에 그를 여러 번 초청했는데 단 한번도 응하지 않았던 것이다.

"그럼 우리는 어떻게 해야 하지?"

그가 두 손을 펴 보이며 말했다.

"한 가지 계획이 있긴 해요."

한이 속삭였다.

"오늘 밤 누구도 찾지 못할 만큼 깊은 숲속으로 그 거지를 옮기는 게 좋겠어요. 당신의 친구들 중에서 가장 헌신적인 사람에게 도와달라고 부탁하되, 비밀을 지키겠다는 맹세를 받아두세요."

그래서 간은 그의 집에 가장 자주 초대했던 친구를 찾아갔다. 그 친구는 그를 포옹하며 반갑게 맞아주었다. 그러나 간이 나지막한 목소리로 사정 이야기를 하고 도와달라고 부탁하자, 그 친구는 머리를 저으며 한 걸음 뒤로 물러났다. 도와주고 싶은 마음은 간절하지만, 허리가 아파 시체를 짊어지고 숲속으로 올라갈 수 없다며 거절했다.

간은 서둘러 다른 친구의 집을 찾아갔고, 이번에도 따뜻한 환영을 받았다.

"정말 오랜만이구먼!"

그 친구가 호들갑을 떨며 말했다.

"그래, 무슨 일로 나를 찾아왔는지, 말해보시게."

"자네라면 기대할 수 있겠지."

간은 한숨을 내쉬었다.

"자네는 가장 가까운 내 친구지. 나한테 아주 끔찍한 일이 생겼네."

그러나 그가 이야기를 마치는 순간, 그 친구의 표정이 변했다.

"도와줄 수만 있다면 얼마든지 도와주고 싶네. 그 점은 자네도 잘 알지 않나."

그 친구는 이런저런 변명을 늘어놓았다.

"그렇지만 오늘 밤 어머니께서 몹시 편찮으셔서 곤란하네. 매우 위태로우셔. 그래서 그분 곁을 떠날 수가 없네. 이해해주기 바라네."

찾아가는 친구들마다 이런 식이었다. 어떤 친구는 친척이 아프고, 어떤 친구는 자신이 아프고, 또 급한 약속이 있다는 친구도 있었다. 그 누구도 그를 도와주지 않았고, 간은 두려움과 실망을 안고 터벅터벅 집으로 돌아왔다.

그의 말을 들은 아내는 말했다:

"미룰 시간이 없어요. 이제 당신에게는 선택의 여지가 없어요. 동생에게 도움을 청하세요."

간은 그녀의 말이 옳다고 생각했다. 이제 그의 주위에는 아무도 없지 않은가. 그는 다시 밤길을 재촉해 초라한 오두막에 사는 동생을 찾아갔다.

문을 열었을 때 형의 모습이 보이자, 덕은 놀라움을 감출 수 없었다. 그리고 형의 얼굴에 비친 근심 어린 표정을 놓치지 않았다.

"뭐, 잘못된 일이라도 있습니까?"

그가 물었다.

"안색이 나쁜데, 어디 아프십니까? 형수님이 안 좋으십니까?"

간은 더듬거리며 자신이 무슨 일로 왔는지 설명했다. 덕은 그가 말을 끝내기도 전에 상의를 걸쳐 입었다. 그리고 두 형제는 간의 집으로 가서 정원에 있던 시체를 숲속으로 옮겼다. 그들이 은밀하게 숲속에 시체를 묻고, 비틀거리며 집으로 돌아왔을 때는 이미 태양이 어둠을 뚫고 떠오르고 있었다.

집에 도착했을 때, 관에서 나온 사람들이 그들을 기다리고 있었다.

"함께 가셔야겠습니다."

그들이 간에게 명령했다.

"당신의 아내와 동생도 함께 가주셔야겠습니다."

그들은 관청으로 갔고, 거기에는 간이 도움을 요청했던 친구들이 모두 모여 있었다. 그들은 한 명 한 명 앞으로 나와 간이 더러운 범죄를 도와달라고 부탁했지만, 거절했다는 사실을 증언했다.

"너희는 살인을 했을 뿐만 아니라, 그 범죄를 숨기려고 친구들에게 도움을 청하기까지 했다. 다행스럽게도 네 친구들은 너보다 양식이 있고, 정직하고, 또 법을 지키려는 사람들이다. 그들은 숲속까지 따라가 너희 형제가 시체를 매장하는 것을 확인한 다음 신고했다. 그러니 부인해봤자 아무 소용도 없다. 우리가 시체를 파내겠다. 그런 다음 너희들은 법에 따른 처벌을 받게 될 것이다."

사람들이 숲으로 올라갔고, 형제가 시체를 묻은 곳을 팠다. 시체를 싼 담요를 벗겼을 때 그들은 모두 놀랐다. 그것은 거지의 시체가 아니라, 죽은 한 마리 늙은 양이었던 것이다.

"이게 도대체 어찌된 일이냐?"

관리가 물었다.

간과 덕도 다른 사람들과 마찬가지로 멍하니 서 있을 뿐이었다. 그들을 신고한 친구들은 서로를 힐난하듯 돌아보기만 했다.

그때 한이 앞으로 나왔다.

"제가 꾸민 것입니다."

그녀가 자백했다.

"저는 오랫동안 남편이 동생을 낯선 사람처럼 대하면서, 친구들에게는 아낌없이 대접하는 모습을 보아왔습니다. 저는 그 친구들이 단지 남편이 술과 음식을 대접하기 때문에 모여든다는 것을 알고 있었습니다. 그래서 남편에게 동생만큼 충직하게 도와줄 수 있는 친구가 없다는 것을 보여주고 싶었습니다. 그러던 중에 어제 우리가 기르는 양 한 마리가 죽었고, 저는 남편의 눈을 밝혀줄 계획을 꾸몄던 것입니다. 그래서 지금 저희들이 여기까지 오게 되었습니다."

간의 친구들은 머리를 떨구었고, 관리는 한동안 말없이 서 있기만 했다.

"당신은 현명한 여인이오."

마침내 관리가 말했다.

"하룻밤의 소동이 아깝지 않은 좋은 교훈을 얻었소"

그 후 간과 덕은 더할 수 없이 두터운 형제간의 우애를 나누게 되었다.

카스토르와 폴럭스
Castor and Pollux

그리스의 작가 메난더는 산다는 것은 자신만을 위해서가 아니라고 말한 적이 있다. 카스토르와 폴럭스의 이야기는 형제애의 의미를 분명하게 이해할 수 있게 해준다.

겨울 밤하늘, 우리들 머리 바로 위로 가장 밝은 별들 사이에서 반짝이고 있는 쌍둥이 별자리를 볼 수 있다. 바로 카스토르와 폴럭스이다. 우리는 그들을 쌍둥이 별이라고 알고 있지만, 그리스 영웅들의 시대로부터 전해내려오는 신화에 의하면 그들이 아버지가 다른 형제임을 알게 된다. 레다는 그들 두 형제의 어머니이지만, 카스토르의 아버지는 스파르타의 왕인 틴다리우스이고, 폴럭스의 아버지는 신들의 왕인 제우스였다. 그래서 카스토르의 수명은 정해져 있었지만, 폴럭스는 영원히 살 수 있었다.

어떤 경우에도 그 두 형제는 떨어지는 법이 없었다. 그들의 서로에 대한 헌신적인 사랑은 대단했고, 또 여러 차례 함께 모험에 나서기도 했다. 그들은 황금 양모를 찾아 제이슨과 아르고선 일행과 함께 항해를 했고, 그들의 여동생 헬렌―그 미모로 인해 1천 척의 배를 진수시켜 트로이 전쟁을 일으키게 했던 바로 그 아름다운 헬렌이다―이 테세우스에게 납치되었을 때 구해냈으며, 넓은 땅을 차지하고 있던 괴물 산돼지를 제거하기 위해 그리스 각처의 영웅들이 모여든 칼레도니아 수렵에도 참가했다.

카스토르와 폴럭스에 대한 가장 유명한 전설은 그들이 지상에서의 생을 마감하게 되었을 때에 관한 것이다. 그리스의 시인 핀다는 카스토르가 전투에서 부상했다고 들려준다. 그의 동생은 급히 그에게로 달려갔지만, 그는 거의 죽음에 이른 상태였다. 형을 구하기 위해 모든 노력을 기울였지만 희망이 없었다.

"오, 아버지 제우스 신이여!"

폴럭스는 울부짖었다.

"제 형 목숨 대신에 저를 데려가십시오. 그렇지 않으면 함께 죽도록 해주십시오. 그가 없다면, 저는 일생을 눈물로 보내게 될 것입니다."

제우스가 그에게 다가와 말했다.

"폴럭스야, 너는 나의 아들이다. 그러므로 너는 영원한 삶을 누릴 수 있다. 네 형은 운명의 씨앗에서 태어났기 때문에, 다른 모든 인간처럼 운명이 정해져 있다. 그렇지만 너에게 선택의 기회를 주겠다. 너는 네가 지닌 권리로 올림푸스에 와서 아테나와 아레스 등, 다른 신들과 어울려 살아도 좋다. 그렇지 않고 네 영원한 삶을 네 형제와 함께 나누고 싶다면, 너의 절반의 시간을 땅 밑 어둠 속에서 보내야 하고, 나머지 반은 하늘 나라의 황금의 집에서 보내야 한다."

폴럭스는 단 한순간도 망설이지 않고 올림푸스에서의 삶을 포기하고, 그의 형제와 함께 빛과 어둠을 오가며 살기로 결정했다. 그리하여 제우스는 카스토르의 눈을 뜨게 해주고, 다시 숨을 쉬도록 해주었다. 그래서 지금도 우리는 쌍둥이 별로 여기는 것이다. 그들은 생의 절반을 하늘에서 보내고, 나머지 절반은 수평선 밑에서 보낸다.

백성을 구한 왕비 에스더
How Queen Esther Saved Her People

월터 러셀 보위 Retold by Walter Russell Bowie

구약성경의 에스더가 전하는 사건은, 성경 학자들이 크세르크세스 왕 (B.C. 519 −B.C.465)과 동일 인물로 보는 페르시아의 아하수에로 왕 재위 때 일어났던 일이다. 에스더와 그녀의 친척 모르드개는 많은 유태인들이 예루살렘으로 돌아간 다음에도 다른 많은 유대인들과 함께 그곳에 남아 있었다. 이 이야기는 자신의 백성을 구하기 위해 홀로 위험과 맞섰던 젊은 여왕의 모습을 보여준다.

에스더는 아하수에로라는 페르시아 왕으로부터 이야기가 시작된다. 성경에 의하면, 아하수에로 왕은 어느 날 궁전의 정원에서 큰 잔치를 베풀기로 결정했다. 그는 나라의 모든 고관을 잔치에 초대했다. 성벽으로 둘러싸인 정원은 대리석 기둥이 서 있고, 여러 가지 색으로 포장된 대리석 바닥은 아름다운 빛을 발했고, 휘장들은 은고리에 매달려 더욱 화려해 보였다. 그리고 술잔은 모두 금잔이었다.

잔치는 7일이나 계속되었다. 날이 가면서 왕을 포함한 모든 신하들은 지나치게 먹고 마셨다. 이름이 와스디인 왕비는 매우 아름다운 여인이었는데, 왕은 갑자기 왕비의 아름다움을 손님들에게 자랑하고 싶은 생각이 들었다. 그녀는 자신의 방에서 하녀들과 함께 있었다. 왕은 일곱 하인을 보내 왕비에게 잔치가 벌어지고 있는 정원으로 나오도록 명령했다.

왕비는 그러한 전갈을 받자, 수치스럽고 나아가 모욕감마저 느꼈다. 술 취한 남자들 앞에 나서고 싶은 생각이 전혀 없었다. 그래서 왕비는 하인들에게 나가지 않겠다는 뜻을 전하도록 일렀다.

왕은 그 말을 듣자 몹시 화를 냈다. 왕비의 아름다움을 자랑하고 싶

있는데 손님들 앞에서 어리석은 인물로 보이게 되었기 때문이었다. 그는 사람들에게 자신이 어떻게 했으면 좋은가를 물었다. 사람들은 여인을 소중히 생각하지 않는 인물들이었다. 그리고 만약 왕비가 왕의 말을 듣지 않더라는 말을 듣게 되면, 다른 여인들도 남편의 말을 듣지 않게 되리라고 생각한 것이다. 그래서 그들은 왕에게 와스디 왕비를 폐위하고, 새로운 왕비를 맞아들이라고 했다.

그것은 아하수에로 왕의 기분에 꼭 들어맞는 조언이었다. 그는 즉시 왕비를 멀리 보내버렸다. 그러자 새로운 왕비를 고르는 문제가 대두했다. 신하들은 나라의 구석구석을 뒤져 찾아낸 아름다운 처녀들을 궁전으로 데려왔다. 그렇게 뽑혀온 처녀들 중에 유대 가정 출신인 에스더도 포함되어 있었다. 그녀는 매우 젊고 순결하고 사랑스러웠으며, 자신이 페르시아의 왕비가 될지도 모른다는 꿈은 꾸어본 적도 없는 처녀였다. 그러나 왕은 에스더를 보자 다른 어떤 처녀보다도 마음에 들어 마침내 자신의 왕비로 맞이했다. 하지만 왕은 그녀가 유대인이라는 사실은 모르고 있었다.

에스더에게는 모르드개라는 이름을 가진 사촌 오빠가 있었다. 그는 에스더의 아버지가 일찍 죽은 이후로 그녀를 딸처럼 키워온 터였다. 에스더는 모든 면에서 그를 믿고 따랐으며, 그가 권하는 일은 무엇이든지 마다하지 않았다. 그러한 모르드개가 에스더에게 유대인이라는 사실을 왕에게 알리지 말라고 일렀던 것이다.

모르드개는 에스더와 이야기하려고 자주 궁전 출입을 했다. 그는 성문 앞에 앉아서 일했으므로 많은 사람들의 이야기를 엿들을 수 있었다. 어느 날 그는 두 남자가 몹시 화를 내며 이야기하는 모습을 보게 되었다. 그들은 흥분해서 큰소리로 떠들었으므로 모르드개는 그들이 무슨 말을 하는지 한마디도 빼놓지 않고 엿들을 수 있었다. 그들은 왕을 살해할 음모를 꾸미는 중이었다.

모르드개는 사람을 보내 그 사실을 에스더에게 전했고, 에스더는 즉시 왕에게 알렸다. 왕은 그 두 남자를 체포해 심문한 후 처형해버렸다. 모르드개가 사실을 알려줌으로써 왕의 생명을 구한 것이다. 왕은 다른 사람들의 문제보다 오직 자신의 문제에만 관심을 기울이는 그러한 인물이었다. 그렇기 때문에 자신에게 정보를 제공해준 사람이 모르드개라는 보고는 받았지만, 곧 잊어버리고 말았다.

한편, 왕의 총애를 받기 시작한 남자가 있었다. 그는 하만이라는 사람이었다. 신하들은 그가 지나갈 때마다 모두 그를 향해 허리를 굽혀야 했다. 그러나 모르드개는 허리를 굽혀 절하지 않았고, 그에게 다른 어떤 식으로도 예의를 차리지 않았다. 주위 사람들이 모르드개에게 다른 신하들이 하는 것처럼 하지 않으면 곤란을 겪게 될 것이라고 주의를 주었다. 그러나 모르드개는 어떤 관심도 보이지 않았다. 얼마 후, 누군가가 하만에게 모르드개라는 유대인은 허리를 굽혀 절하지 않는데, 그 사실을 알고 있냐고 물었다. 하만은 자만심과 질투심이 강한 사내여서 그 말을 듣자 몹시 화를 냈다. 누군가가 그에게 존경을 표하지 않는다는 사실은 그로서는 절대로 지나칠 수 없는 상황이었다. 그는 어떻게 하면 모르드개에게 가장 지독한 벌을 내릴 수 있을지를 생각했다. 고심 끝에 마침내 지독한 벌을 한 가지 생각해냈다. 모르드개가 유대인이므로 모든 유대인에게 고난을 안겨주기로 결정했던 것이다.

하만은 왕에게로 가서 유대인에 관해 생각해낼 수 있는 모든 나쁜 말을 했다. 계속해서 유대인의 수가 늘어나는데 나라의 앞날을 위해 그들의 숫자가 너무 많으면 좋지 않다고도 말했다. 유대인들은 페르시아 사람들과 다르며, 또 그들만의 신을 섬기고 있는 것에 대해서도 언급했다. 그리고 언젠가는 페르시아의 적이 될지도 모르는 유대인들을 지금 제거해버리자고 제안했다. 또한 그는 만약 왕이 모든 유대인을 처형하라는 명령서에 서명한다면, 엄청난 액수인 은 1만 달란트를 왕의 보물 창고에 넣겠다고 제안했다.

아하수에로 왕은 성격이 급할 뿐만 아니라, 어리석기도 했다. 그래서 하만이 말하는 모든 것을 믿었다. 그리고 유대인에 대한 분노에 불타올라, 하만에게 그들 모두를 죽이라고 명령했다.

하만은 매우 기뻤다. 그리고 한순간도 지체하지 않고 자신의 계획을 실행에 옮겼다. 왕의 서명과 옥새가 찍힌 명령서를 전국 각지의 총독들에게 보냈다. 정해진 날에 남녀노소를 불문하고 모든 유대인을 처형해야 한다는 명령서였다. 이 명령서를 보낸 다음, 하만은 왕과 함께 앉아 술을 마시며 매우 들떠 있었다.

성 밖의 사람들은 그러한 소식을 듣자 충격을 받고 걱정하기 시작했다. 그리고 오래지 않아 모르드개도 그 소식을 듣게 되었다. 그는 재앙의 표시로 찢어진 베옷을 입고 머리에 재를 뿌렸다. 그런 다음 성문으로 가서 통곡했다.

궁전의 하녀 한 명이 에스더에게 그 소식을 전했다. 몹시 놀란 에스더는 모르드개에게 사람을 보내 즉시 베옷을 벗도록 일렀다. 또한 무슨 일 때문인가를 알고 싶어했다. 모르드개는 보내온 하녀에게 무서운 진실을, 나라에 살고 있는 모든 유대인이 죽임을 당하게 되었다는 사실을 말해주었다. 그리고 오직 에스더만이 유대인들을 구할 수 있다고 덧붙이기를 잊지 않았다.

에스더는 여인이 감당할 수 있는 그 이상의 난관에 직면하게 된 것이다. 그녀는 왕비였다. 그러나 페르시아 궁전의 잔인한 법을 너무나 잘 알고 있었다. 자신은 물론이고, 그 누구도 함부로 왕 앞에 나설 수 없었다. 에스더는 다시 하녀를 모르드개에게 보냈다. '왕이 부르지 않은 사람이 왕 앞에 나서면 죽임을 당한다는 법을 모르기 때문에 쉽게 말하는 것일까?' 왕이 기분이 좋아 왕권을 상징하는 황금 홀을 내밀어 가까이 와도 좋다는 허락을 했을 때만 왕 앞에 나가는 것이 가능했다. 에스더는 왕이 자신에게 특별히 자비를 베풀어주리라고 기대할 수 없었다. 왕이 그녀를 부른 지 오래되었다. 어쨌든 에스더가 모르드개로부터 연락을 받은 지 이미 며칠이 지났다.

　모르드개는 다시 사람을 시켜 페르시아의 유대인에게는 단 한 가지 희망이 남아 있을 뿐이라고 전해왔다. 단 한 사람만이 그들을 위해 무엇인가를 해줄 수 있으며, 그 한 사람이 바로 에스더였다. 또한 모르드개는 왕의 명령이 실현된다면 자신만큼은 살아남을 수 있다고 생각해서는 안 된다는 이야기도 전했다. 그녀가 유대인이라는 사실이 드러날 것이며, 그렇게 되면 그녀도 다른 유대인들과 운명을 같이하게 되리라는 것이었다. 그러나 다른 모든 사람이 힘을 합쳐도 할 수 없는 일을 그녀 혼자 해낼 수 있었다. 어쩌면 온 세상을 통틀어 단 몇 사람에게만 가능한, 진정한 용기를 보여줄 수 있는 기회일지도 모른다.

　'혹시 이런 때를 대비해서 네가 궁에 들어가게 된 것인가 보다.'

　모르드개는 이렇게도 말했다.

　모르드개의 전갈을 받은 에스더는 가슴속에서 용기가 끓어오르는 것을 느꼈다. 그녀의 백성들이 오직 그녀에게만 의존하고 있는 이상, 더 이상 움츠리고 있을 수 없었다. 그녀는 모르드개에게 유대인들을 모아 단식 기도를 하라는 전갈을 보냈다. 그리고 그녀와 하녀들도 궁전에서 단식 기도를 했다. 그런 다음 왕을 설득하기 위해 다짐했다.

　"죽으면 죽으리이다."

　그녀가 죽음을 각오해야 하는 위험을 감수할 때가 찾아왔다. 모든 권력을 움켜쥔 아하수에로 왕이 허세를 부리며 옥좌에 앉아 있었다. 왕비로서 화려한 의상으로 치장한 에스더는 왕실로 들어가는 문 앞에 섰다. 문은 열려 있었고, 아름다운 모습의 에스더 왕비는 조용히 서서 왕을 바라보며 기다렸다. 만약 그가 화를 낸다면 모든 것이 끝이다.

　그러나 왕은 그녀를 향해 황금 홀을 내밀었다.

　"에스더 왕비여! 가슴속에 무슨 생각을 품고 있소? 당신이 청하는 바는 무엇이오? 무엇이든지, 내 왕국의 반을 달라는 부탁일지라도 들어주리다."

'왕은 화를 내지 않았다! 그는 나를 사랑하니, 어쩌면 하만의 말보다 내 말에 더 귀를 기울일지 모른다.' 그러나 그녀는 지금 소원을 말해서는 안 된다고 판단하고서 이렇게 말했다.

"왕이시여, 그리고 하만께서도 마음이 내키신다면, 오늘 제가 준비한 연회에 오시지 않으시렵니까?"

왕은 가겠다고 대답했다. 하만도 같은 생각이었다.

테이블 앞에 앉았을 때, 왕은 에스더에게 그 어떤 것일지라도, 부탁하는 것은 무엇이든지 들어줄 테니 원하는 것을 이야기해보라고 한 번 더 말했다. 그러나 그녀는 강요하지 말아달라고 간절히 말했다. '왕은 내일까지 기다려줄까? 왕과 하만은 내일 다시 연회에 와줄까?' 왕은 참석하겠다고 대답했다.

하만은 매우 기분 좋은 모습으로 밖으로 나왔다. 그는 왕비가 준비한 연회에 왕과 자리를 함께했다. 그리고 다음날 연회에도 초대받았다. 그는 궁전을 나오면서 성문 앞에 앉아 있는 모르드개를 보았다. 모르드개는 허리를 굽혀 인사하지 않는 것은 물론이고, 자리에서 일어나지도 않았고 그를 본 척도 하지 않았다. 모르드개의 그러한 태도는 그의 좋은 기분을 망쳐놓았다. 하만은 입을 굳게 다물고 말없이 모르드개의 앞을 지나쳤다. 집에 도착한 그는 아내와 친구들을 불러놓고 불만을 터뜨렸다. 그는 왕이 그에게 베풀어준 명예로움을 이야기하고, 모든 사람이 그에게 존경을 표하는데, 모르드개라는 자만이 아직도 그를 경멸한다고 말했다.

하만의 아내와 친구들도 하만과 마찬가지로 몹시 기분 나빠했다. 왜 즉시 왕에게 가서 모르드개를 교수형에 처하겠다는 허락을 받지 않느냐고 물었다.

"왕에게 높이 10미터 되는 교수대를 만들 수 있도록 허락을 받으십시오."

하만은 매우 좋은 아이디어라고 생각했다. 그리고 왕에게 허락을 청하지도 않고 모르드개를 매달 교수대를 만들라고 지시했다.

그러나 하만이 예상하지 못한 일들이 일어났다. 그날 밤 왕은 잠이 쉽게 오지 않아 뒤척이며 짜증스러워했다. 그러다가 잠시 책이라도 읽어야겠다고 생각하고서 하인에게 책 한 권을 가져올 것을 지시했다. 그때 하인이 우연히 가져다준 책은 지난 몇 년 동안 궁전에서 있었던 일들을 기록해둔 책이었다. 왕은 큰소리로 그 책을 읽어달라고 명령했다. 책 내용을 듣던 중에 두 남자가 그를 살해하려고 계획을 꾸몄으며, 모르드개가 그들의 이야기를 엿듣고서 위험을 전했다는 부분에 이르렀다.

왕은 갑자기 모르드개에게 아무 보답도 하지 않았다는 생각이 떠올랐다. 그동안 그 일을 잊고 지내왔다는 사실을 생각하니 신경이 쓰였다. 그래서 하인에게 물었다.

"모르드개는 어찌 되었느냐? 보답으로 그에게 무엇을 해주었느냐?"

하인이 말했다.

"아무것도 해주지 않았습니다."

"지금 궁전에 누가 있느냐?"

왕이 물었다.

바로 이때 하만이 궁전으로 들어왔다. 왕에게 모르드개를 처형하려고 만든 교수대에 관해 이야기하려고 찾아왔던 것이다. 하인들은 왕에게 하만이 밖에 있다고 알렸다.

"들어오라고 일러라."

왕이 말했다.

하만이 들어왔다. 그런데 왕은 조금 전에 들었던 이야기에 관한 생각에 잠겨 있었다.

"하만, 왕인 내가 특별히 명예롭게 해주고 싶은 사람이 있는데, 어떻게 했으면 좋겠소?"

'나에게 그렇게 해주겠다는 말일거야!' 하만은 이렇게 생각하면서도, 흥분한 모습을 보이지 않으려고 무진 애를 썼다.

"왕께서 명예롭게 해주고 싶은 사람이 있는데, 어떻게 해주어야 좋겠느냐고요?"

하만이 되물었다.

"지금 왕께서 입으신 것과 똑같은 어의와 왕관을 가져오라 이르시고, 말도 데려오도록 하십시오. 그리고 고관들 중에서 높은 사람을 시켜 그 어의를 왕께서 선택하신 사람에게 입혀주도록 하고, 왕의 말에 태워 모든 사람들이 왕께서 명예롭게 해주고 싶어하는 인물이 누구인가를 분명히 볼 수 있도록, 그 고관으로 하여금 그 말을 끌고 시내 전역을 돌아다니도록 하십시오."

"좋은 생각이다!"

왕이 말했다.

"그럼 서둘러서 네가 방금 이야기한 대로 시행하라. 나의 어의 한 벌을 가져가고, 내 말도 한 필 끌고 가라. 유대인 모르드개를 찾아 그 옷을 입히고, 말에 태워 도시의 여기저기를 누비고 다녀라."

왕이 하만의 양미간을 망치로 두들겼다고 해도, 그때만큼 멍해지지는 않았을 것이다. 그러나 왕의 명령으로부터 빠져나갈 길은 없었고, 감히 놀라운 표정을 보일 수도 없었다. 하만은 쓰라린 분노를 안고 자신을 위한 것인 줄만 알았던 영광을 유대인 모르드개에게 베풀어야 했다. 어의를 입은 모르드개가 타고 있는 왕의 말의 고삐를 잡아 끌며, 거리에 나온 사람들을 향해 이렇게 소리쳐야 했다.

"보라, 왕께서 명예롭게 해주시길 바라는 분이시다!"

그런데 그것이 전부가 아니었다. 왕비가 준비하는 연회가 아직 그를 기다리고 있다.

그들 셋이 테이블에 앉았을 때, 아하수에로 왕은 에스더에게 또다시 원하는 것이 무엇인가를 물었다. 그녀도 사실대로 말했다. 그의 이름으로 나라의 모든 유대인을 살해하라는 명령을 내린 적이 있음을 기억하느냐고 물었다. 그리고 그녀 자신도 유대인이라고 고백하고, 그 명령을 철회해 유대인들을 구해달라고 간청했다.

"제가 폐하의 눈에 곱게 보이신다면, 저의 청원을 들어주십시오."

에스더를 보며 왕은 가련해 보이는 그녀가 너무나 사랑스럽게 느껴졌다. 그는 자신이 누군가에게 속았었다는 사실을 깨닫고 벌컥 화를 냈다. 하지만 자신으로 하여금 그런 명령을 내리도록 한 것이 누구인지는 기억하지 못했다.

"누가 그랬었느냐? 그자는 지금 어디에 있느냐?"

그러자 왕비 에스더는 하만을 똑바로 보며 말했다.

"하만이옵니다."

왕은 분노를 터뜨리며 벌떡 일어나 정원으로 나갔다. 겁에 질린 하만이 왕비가 앉아 있는 긴 의자 옆에 쓰러지고 말았다. 바로 그때 실내로 들어오던 왕은 그 광경을 보자, 하만이 왕비를 해치려고 하는 것이라고 생각했다.

"뭐 하는 짓이냐? 왕비를 해치겠다는 것이냐?"

왕이 소리쳤다. 그는 하인들을 불렀고, 하만은 곧 끌려나갔다.

왕의 장군 한 사람이 들어와 하만이 그의 집 근처에 높이가 10미터나 되는 교수대를 세웠다는 사실을 알렸다. 왕으로서는 전혀 모르는 사실이었다. 그렇지만 이제 알게 되었고, 또 그 교수대로 무엇을 해야 할지도 알고 있었다.

"하만을 끌고 가서 그 교수대에 매달아라."

왕이 명령했다. 이렇게 해서 하만은 모르드개를 처형하기 위해 자신이 세웠던 교수대에, 자신이 매달려 명을 달리하게 되었다.

이것이 에스더의 내용이다. 그리고 그날 이후, 수많은 시련을 당해 온 유대인들은 백성을 위해 위험 천만한 임무를 수행했던 모르드개와 에스더 왕비를 기억하며 부림절을 보낸다.

형제에 대한 충직함
Loyalty to a Brother

월터 맥피크 Walter Macpeek

가족에 대한 충직함은 몇 가지 의무를 포함한다. 오래된 보이스카웃 교본에 실려 있는 이 짧막한 이야기가 상기시켜주고 있듯이, 그러한 의무는 사랑이라는 이름으로 실현되는 의무이다.

프랑스 군 소속의 두 형제 중 한 명이 독일 군과의 전투 도중 총을 맞고 쓰러졌다. 독일 군의 공격으로부터 빠져나온 다른 한 명이 그의 장교에게 가서 형을 데리고 돌아오도록 허락해주기를 요청했다.

"네 형은 아마도 죽었을 것이다. 네 생명을 걸고 형을 데려와봐야 아무 소용도 없을 것이다."

그 장교가 말했다.

그러나 동생이 계속 간청하자, 장교는 동의했다. 그러나 동생이 형을 업고 그들의 진지로 돌아왔을 때, 부상당한 형은 숨을 거두고 말았다.

"그것 보게. 너는 아무 의미도 없는 일에 목숨을 걸지 않았는가."

"아닙니다."

동생이 대답했다.

"저는 형이 기대했던 바를 실천했습니다. 제가 형에게 기어가 형을 어깨에 올려놓았을 때, 형은 이렇게 말하더군요. '톰, 네가 올 줄 알았다…… 올 줄 알았어……'"

여러분은 이 이야기의 의미를 파악했을 것이다. 누군가는 우리에게 훌륭하고, 고결하고, 비이기적인 무엇인가를 기대하고 있다. 또 어떤 사람은 우리에게 충직하기를 기대한다.

나산 헤일
Nathan Hale

아메리칸 헤리티지 FROM American Heritage MAGAZINE

미국인들은 독립전쟁이라는 역사적인 사건으로부터 국가에 대한 충성의 극단적인 두 예를 발견한다. 그 스펙트럼의 한쪽 끝에 미국 역사상 가장 경멸받는 이름인 베네딕트 아놀드가 있고, 그 다른 끝에 나산 헤일이 있다.

나산 헤일은 1776년 9월22일 아침에 영국군에게 처형당했고, 그의 죽음은 미국인의 애국심을 자극하는 커다란 계기들 중의 하나로 인식되어오고 있다. 몇 년 전 이제는 고인이 된 조지 더들리 시무어는 능력이 닿는 데까지 그 젊은 영웅에 대한 모든 기록을 모아『나산 헤일의 참 인생』이라는 제목의 책으로 자비 출판했다. 다음에 소개하는 인용문에서 우리는 무엇보다도 적과 친구 양측의 이야기를 통해, 헤일과 같은 세대의 동포들을 고무시켜온 이야기를 읽을 수 있다.

1773년, 열여덟 살의 나이로 예일 대학을 졸업한 나산 헤일은 한동안 고향인 코네티컷 주의 학교에서 학생들을 가르쳤다. 그러나 '렉싱턴과 콩코드 사건'이 있은 지 두 달 후인, 1775년 7월1일 그는 식민지군의 대위로 임명되고, 뉴 런던에 지금까지도 자랑스럽게 보존되고 있는 교실 한 개짜리 학교를 폐쇄했다. 우리가 그를 처음으로 보게 되는 것은 그의 군 동료였던 엘리사 보스트윅 대위의 회상록에서이다:

나는 지금 상상 속에서 그의 모습을 볼 수 있고, 그의 목소리를 들을 수 있다. 그의 모습을 말해야겠다. 키는 보통보다 좀 큰 편이고, 어깨는 평범하지만, 쭉 뻗은 팔다리는 매우 통통하다: 그 외의 모습은 매우 평범했다. 고운 피부, 파란 눈, 항상 짧게 깎은 금발. 눈썹은 머리보다 짙은 색깔이었고, 목소리는 날카로웠다. 그리고 그의 민첩함은 눈여겨 볼만했다. 나는 그가 뉴욕의 보웨이에 있는 운동장에서 축구 공을 쫓아가 나무 너머로 넘기는 모습을 보았었다. 축구는 그가 좋아 하는 운동이었고, 그런 시기에도 운동을 한다는 것은 그가 보통 이상 의 강한 정신력의 소유자임을 보여주었다. 성격은 조용하고 침착한 편이었으며, 신앙심이 깊었다; 그가 이끄는 중대의 군인들 중 누군가 가 부상이라도 당하면, 항상 그들을 방문해 병이 쾌유되기를 기도해 주었다.

1776년 초가을, 롱아일랜드에서의 비참한 패배 이후, 조지 워싱턴은 영국군의 배치와 그들의 의도를 파악해야 할 필요를 느꼈다. 노울턴 유격대라는 이름을 가진 선발된 연대의 나산 헤일과 다른 몇몇 장교 들은 적진에 침투해 첩보 활동을 펼치는 임무에 지원하라는 제안을 받았다. 지원자를 찾는 첫번째 소집에는 아무도 나서는 사람이 없었 다. 두 번째 소집에는 나산 헤일 한 사람만이 앞으로 나섰다. 얼마 후 그는 친구이며 뒷날 장군이 된 윌리엄 헐 대위에게 그때의 자신의 행 동에 대해 이야기해주었다:

나산 헤일은 나의 솔직한 의견을 물었다.(윌리엄 헐은 다음과 같이 회상한다) 나는 그것은 개인적으로는 심각한 결과를 가져올지도 모 르는 행동이며, 그러한 작전의 타당성도 의심스럽다고 대답했다……
전쟁에서는 많은 전략이 요구되며, 그것들은 위장하지 않은 상태에서 행해지는 가장과 회피들이며, 군사적인 측면에서 생각한다면 합법적 이고 또 유익할지 모른다고…… 그렇지만 우정의 가면을 쓰고 스파 이 활동을 하던 군인을 누가 존경하겠는가? ……그리고 마지막으로 그가 그 임무를 맡는다면, 짧지만 촉망받았던 그의 군생활은 불명예 스러운 죽음으로 끝나버릴 것이라고 말했다.
그러자 그는 이렇게 대답했다.

"나는 그와 같은 상황에서 발각되어, 체포되었을 때의 결과를 충분히 알고 있어…… 그럼에도…… 나는 쓸모있는 사람이 되고 싶고, 공공의 선을 위해 필요한 모든 봉사를 하고 싶네. 그러한 사실만으로도 충분히 존경받을 만하네. 위기에 처한 조국이 특별한 희생과 봉사를 요구한다면, 그러한 요구는 피할 수 없는 중대한 것이라고 생각해."

뉴 런던의 하사관 스테판 햄프스테드는 그가 코네티컷 주의 노르윅에서 임무를 수행하기 위해 출발할 때 그와 동행했었다:

나산 헤일 대위는 모든 무장 선박은 그가 원하는 곳이면 어디든지 데려다주어야 한다는 장군의 명령서를 소지하고 있었다. 그는 해협을 건넜으며, 롱아일랜드의 헌팅턴에서 군복을 벗고, 갈색 정장과 테가 넓은 모자를 써서 네델란드인 교장 선생님 같은 모습으로 위장했다. 그리고 그외의 모든 옷과 사령장, 공문서와 사문서 그리고 학교 선생이라는 신분에 어울리지 않는다고 얘기하면서 은제 구두 버클 등을 나에게 맡겼다. 그리고 오직 그의 대학 학위증서와, 허위 임명 통지서만을 소지했다. 준비를 마친 우리는 임무를 완수하기 위해 출발했다.

뒤에 남았던 나산 헤일의 부하 애셔 라이트는 그 후에 무슨 일이 일어났는지에 대해 이야기했다:

그는 롱아일랜드의 모든 경비 초소를 무사히 통과해 나룻배를 타고 뉴욕으로 향했다. 그러나 마지막 경비 초소에서 제지를 당했다. 경비병들은 그를 세우고는, 그가 신고 있던 펌프스(야회복과 함께 신는 구두)의 안창 밑에 숨겨두었던 종이를 찾아냈다. 그것은 라틴어로 씌어진 설명서와 함께 방어 진지의 제도였다. 어떤 사람들은 보수당원인 그의 사촌 사무엘 헤일이 배신한 것이라고 말한다. 나는 확실히는

모른다: 그가 그것을 추측하고 있었는가를.

'배반당했다'라는 용어는 그 어감이 너무 강하게 인식된; '확인되었다'라고 표현하는 것이 진실에 더 가까울지도 모른다. 지금까지 남아 있는 하버드 대학 출신인 사무엘 헤일의 편지는, 그 이야기가 『뉴버리포트』 신문에 실려 소문이 퍼졌던 것처럼, 어떤 악행이나 적어도 어떤 범죄는 없었다고 부인했다—그러나 그는 영국으로 피신했고, 전쟁이 끝난 다음에도, 아내와 아이들이 기다리는 미국으로 돌아오지 않았다.

다음날 관대한 성격으로 보이는 영국군 장교 존 몬트레조 대위가 휴전을 알리는 깃발을 높이 들고 미군 진영에 접근했다. 헐 대위는 몬트레조의 말을 이렇게 기록해놓았다:

나산 헤일 대위는 즉시 자신의 이름과 미군에서의 계급을 밝히고, 영국군 진지내로 잠입한 목적을 밝혔다.

윌리엄 하우 경은 형식적인 재판 과정을 생략하고, 다음날 아침 그를 처형할 것을 명령했다. 그는 인간의 고통에 무감각하고, 또 어떠한 감성도 동정심도 없는 사람이었다. 나산 헤일 대위는 어떠한 지원도 받지 못하고 혼자 죽음을 맞으면서 신에게 구원을 바라는 듯 성직자의 임석을 요청했다. 그러나 그의 그러한 요청은 거절되었다. 그는 다시 한 권의 성경을 요청했다; 그러나 그것마저도 비인간적인 간수에 의해 거절당했다.

그의 사형이 집행되던 날 아침…… 내 숙소가 그 운명의 장소 가까이에 있어서, 나는 헌병 사령관에게 집행 준비를 하는 동안에 그를 내 천막 안에 좀 앉아 있도록 허용해달라고 요청했다. 헤일 대위가 천막 안으로 들어왔다: 그는 침착했으며 고귀한 자신의 임무를 잊지 않은 듯 평정을 잃지 않은 위엄 있는 모습을 보였다. 그는 필기 도구를 요청했으며, 나는 그에게 그것들을 주었다. 그는 편지 두 장을 썼다…… 그런 다음 그는 교수대로 끌려갔다. 단 몇 사람만이 그의 주위에 있었지만, 그가 죽으면서 마지막으로 남겼던 독특한 말은 그대로 기억되었다. 그는 말했다.

'조국을 위해 바칠 목숨이 단 하나뿐이라는 점이 단지 유감스러울 뿐이다.'

이듬해 봄, 아들 여섯을 독립전쟁에 보낸 헤일의 아버지 리처드가 코네티컷 주의 콘벤트리에서 쓴 편지는 아들에 대한 깊은 슬픔을 잘 드러내준다:

자넨 내 아들 나산에 관한 소식을 알고 싶다고 했지…… 그는 우리가 받은 전사 통보서에 따르면, 지난 9월 22일경에 처형당했네. 그토록 사랑하는 아들이었건만, 이제 그는 가버리고 말았다네…….

리처드 헤일은 이 편지를 1777년 3월28일, 뉴햄프셔 주의 포츠머드에서 근무하는 동기간인 사무엘 헤일 소령에게 보냈으며, 그후 소령은 이 편지를 책상의 비밀 서랍에 넣어두었던 것이다. 1908년에 경매에서 그 오래된 책상이 팔렸고, 3년 후 그 책상의 새로운 주인인 뉴햄프셔 주 배링턴의 프랭크 L. 하우가 우연히 그 편지를 발견했다. 그리고 이 역사적인 발견이 주는 전율은 대단한 것이었다.

페넬로페의 천
Penelope's Web

제임스 볼드윈 Adapted from James Baldwin

페넬로페가 트로이 전쟁에 참전한 남편이 돌아오기를 오랜 세월 동안 기다린 것은 정절에 관해 우리에게 시사하는 정도가 크다. 왕비의 인내심과 사랑은 그녀를 그리스 신화에서 가장 기억에 남는 인물 중의 하나로 만들었다. 이 이야기는 호머의 『오디세이』 중에서 발췌한 것이며, 이 재구성된 글에서 오디세우스는, 그의 라틴 이름인 율리시즈로 불려진다.

트로이에 대항해 싸웠던 모든 영웅들 중 가장 현명하고 유능했던 영웅은 이타카의 왕 율리시즈였다. 그렇지만 그는 자진해서 전쟁에 나갔던 것은 아니었다. 그는 아내 페넬로페와 아들 텔레마커스와 함께 집에 남고 싶었다. 그러나 그리스의 왕자들이 그에게 도와줄 것을 요구했고, 그는 어쩔 수 없이 동의했을 뿐이었다.

페넬로페가 말했다.

"가요, 율리시즈. 당신이 돌아올 때까지, 제가 당신의 가정과 왕국을 안전하게 지키겠어요."

"너의 의무를 다하거라. 가거라, 현명한 아테네 신이 너의 조속한 귀향을 도와주실 거다."

그의 늙은 아버지 라에르테스가 말했다.

이타카와 사랑하는 모든 사람들에게 작별 인사를 고한 율리시즈는 배를 타고 멀리 트로이 전쟁터로 향했다.

10년이라는 오랜 세월이 흘렀고, 지루했던 트로이 성의 포위 공격이 끝났다는 소식이 이타카 왕국에 전해졌다. 성은 잿더미가 되었으며, 전쟁에 참전했던 그리스의 영웅들은 각자의 고국으로 돌아오고 있다는 소식도 전해졌다. 영웅들이 하나 둘씩 집으로 돌아왔지만, 율

300 ᷧ 준비하는 이들을 위한 덕목의 책

리시즈와 그의 일행들에 관한 소식은 없었다. 매일 페넬로페와 어린 텔레마커스 그리고 쇠약한 라에르테스는 해변에 서서 수평선을 하염없이 응시하곤 했다. 몇 달이 지나고, 몇 년이 지났지만 아무 소식이 없었다.

"그의 전함들은 난파당했고, 그는 바다 속에 수장되었나 보구나."

라에르테스는 한숨을 쉬었다. 그리고 그 이후 자신의 방에만 틀어박혀서 지내며, 더 이상 바닷가에 나가지 않았다.

그러나 페넬로페는 희망을 버리지 않았다.

"그분은 죽지 않았어. 그분이 돌아오실 때까지, 나는 그분의 나라와 가정을 지킬거야."

매일매일 식탁을 차릴 때 그의 자리도 준비되었다. 그의 의자에는 그의 겉옷이 걸려졌으며, 그의 방은 깨끗했으며, 홀에 걸려 있는 그의 거대한 활도 윤이 나도록 닦여 있었다.

그를 기다리는 가운데 또다시 10년이라는 시간이 흘렀고, 그 동안 텔레마커스는 키가 크고 예의 바른 청년으로 성장했다. 그리고 그리스 전역에 걸쳐 남자들이 페넬로페의 고결함과 아름다움을 칭송하는 소리가 자자했다.

"어리석은 페넬로페! 영원히 율리시즈만 기다리겠다니. 그가 죽었다는 것은 우리 모두 알고 있어. 그러니 이제 그녀는 우리들 중의 누군가와 결혼해야 해."

그리스의 왕자들과 족장들이 말했다.

그래서 아내를 구하는 그리스의 왕자들과 족장들은 페넬로페의 사랑을 쟁취하기 위해 배를 타고 이타카를 찾아왔다. 그들은 자신의 권력과 재산을 대단하게 생각하는 오만하고, 위압적인 인물들이었다. 그리고 그들은 환영받든 그렇지 못하든, 중요한 손님으로 대접받으리라고 생각하고 무작정 궁전으로 들어갔다.

"오, 페넬로페여. 우리 모두 율리시즈가 죽었다는 것을 알고 있소.

우리들은 당신에게 청혼하기 위해 이곳에 왔소. 당신은 우리 모두를 그냥 돌려보내서는 안 되오. 우리들 중 한 사람을 선택하시오. 그러면 나머지 사람들은 조용히 돌아갈 것이오."

그들이 말했다.

슬픔에 찬 페넬로페는 이렇게 대답했다.

"왕자들이시여, 영웅들이시여, 그럴 수 없습니다. 나는 율리시즈가 살아 있다는 것을 확신합니다. 그리고 나는 그분이 돌아오실 때까지 그분의 나라와 가정을 지킬 것입니다."

"그는 절대로 돌아오지 않을 것이오. 이제 선택하시오."

"한 달만 더 그분을 기다릴 수 있도록 시간을 줘요."

그녀가 간절하게 말했다.

"저는 우리의 늙으신 아버님 라에르테스의 수의를 짜고 있습니다. 그분은 너무 연로하셔서 이제 오래 사시지 못할 것입니다. 만약 제가 천을 다 짤 때까지 율리시즈가 돌아오지 않으면, 비록 내키지는 않지만, 여러분들 중의 한 사람을 선택하겠어요."

구혼자들은 그 조건에 동의하고, 궁전에서 편히 지냈다. 그들은 좋은 것은 무엇이든지 취하고, 매일 대식당에서 연회를 벌이고, 술 창고에서 좋은 술을 직접 꺼내 마셨다. 그들은 한때 고요했던 궁전에서 무례하게 굴고 시끄럽게 떠들며, 이타카의 백성들에게 모욕을 주었다.

페넬로페는 매일 베틀에 앉아 천을 짰다.

"제가 천을 얼마나 짰는지 보시겠어요?"

그녀는 구혼자들에게 이렇게 묻곤 했다. 그러나 밤이면, 그녀는 낮 동안 짜놓았던 천을 풀었다. 비록 그녀가 낮에 아무리 열심히 일한다고 해도, 결코 그 천은 완성될 수 없었다.

그러나 몇 주일이 지나자 구혼자들은 진력을 내기 시작했다.

"천은 언제 완성됩니까?"

그들이 짜증을 내며 물었다.

"나는 매일 열심히 짜고 있어요. 그렇지만 날이 갈수록 점점 늦어지는군요. 이처럼 정교한 일은 빨리 완성될 수 없는 법이지요."

페넬로페가 대답했다.

그러나 구혼자들 중에 아겔라우스라는 사람이 그녀의 대답에 만족하지 못했다. 그날 밤 그는 조용히 궁전으로 들어가 페넬로페의 방을 훔쳐보았다. 페넬로페가 율리시즈의 이름을 중얼거리며, 조그만 등불에 의지해 낮에 짜놓은 천을 풀고 있는 것을 보게 되었다.

다음날 아침, 환영받지 못한 손님들 모두 그 사실을 알게 되었다.

"훌륭한 왕비시여, 당신은 매우 교활하군요. 당신이 우리를 어떻게 속이는지 알아냈소. 그 천은 내일 해가 뜨기 전까지 완성되어야 하오. 그리고 내일 당신은 선택해야만 하오. 우리는 더 이상 기다리지 않겠소."

그들이 말했다.

다음날 오후, 그들은 큰 홀에 모였다. 잔치 상이 차려지고, 그들은 또다시 먹고 마시며 그 어느 때보다도 요란하게 떠들며 노래했다. 소란함이 궁전을 뒤흔들었다.

야단법석이 극에 달했을 때, 텔레마커스가 아버지의 가장 충직한 신하였던 에우마이오스와 함께 들어와, 벽에 걸려 있던 칼과 방패를 치우기 시작했다.

"그 무기들로 무얼 하려는 거냐?"

마침내 그 늙은 신하와 젊은 왕자를 본 구혼자들이 소리쳤다.

"이것들은 연기와 먼지로 인해 광택을 잃었습니다. 그래서 보물 창고에 보관하는 것이 더 낫겠다고 판단한 것입니다."

에우마이오스가 대답했다.

"그렇지만 제 아버님의 큰 활은 그대로 둘 것입니다."

텔레마커스가 대답했다.

"어머니께서 매일 그것을 닦고 계시므로, 치워버리면 몹시 슬퍼하실 것이기 때문입니다."

"앞으로 그것을 더 이상 닦을 필요가 없을 것이다."

구혼자들은 일제히 웃음을 터뜨렸다.

"오늘이 다 가기 전에 이타카에는 새로운 왕이 들어설 테니 말이다."

그때였다. 낯선 거지가 궁전으로 들어왔다. 넝마를 걸치고, 머리에는 아무것도 쓰지 않았고, 맨발인 채였다. 그는 늙은 사냥개 아르고스가 잿더미 위에 누워 있는 부엌문 근처로 다가갔다. 20년 전 아르고스는 율리시즈의 사랑을 듬뿍 받는 충직한 사냥개로서 눈부신 활약을 펼쳤었다. 그러나 이도 다 빠지고, 눈도 침침해진 지금, 구혼자들의 놀림감이 되어 있었다.

그 사냥개는 천천히 마당을 걸어오는 거지를 향해 머리를 들었다. 그 순간 거의 장님이 되다시피한 두 눈이 반짝였다. 그리고 몸을 일으키려고 애를 썼다. 그 개는 애정 어린 눈빛으로 거지의 얼굴을 올려다보며, 예전에 주인을 대할 때처럼 우렁차게 짖었다.

거지는 허리를 굽히고 개의 머리를 쓰다듬어주었다.

"아르고스, 너도 많이 늙었구나."

그가 속삭였다.

개는 비틀거리며 걸어와 쓰러진 다음 죽어버렸다. 그러나 죽어가는 순간에도 개의 두 눈은 기쁨이 가득 찬 눈빛 그대로였다.

잠시 후 거지는 큰 홀의 입구에 서 있었는데, 그곳에서 그는 텔레마커스와 에우마이오스가 무언가 속삭이며 이야기하는 모습을 보았다.

"여기서 뭘 원하는거야, 늙은 거지야!"

구혼자들이 소리치며, 거지를 향해 빵 조각을 던졌다.

"나가라! 썩 꺼져버려!"

바로 그때 아름답고 위엄에 찬 모습의 페넬로페가 하녀들을 거느리고 계단을 내려왔다.

"왕비다! 왕비가 나왔다!"

구혼자들이 소리쳤다.

"우리들 중에서 한 사람을 선택하기 위해서 내려왔다!"

'내 아들, 텔레마커스야. 우리 손님들이 이토록 거칠게 대하는 이 불쌍한 사람은 누구냐?'

페넬로페가 말했다.

"어머니, 저 사람은 어제 밤의 풍랑으로 이곳 해변까지 밀려왔다고 합니다. 그런데 아버님의 소식을 가져왔다고 하는군요."

왕자가 대답했다.

"그렇다면 내게 말해달라고 일러라. 하지만 먼저 쉬도록 해주어라."

여왕이 말했다.

그녀는 그 거지를 한쪽 끝으로 인도한 다음, 하인들에게 음식을 대접하고, 씻도록 해주라고 명령했다.

한 노파가 한 사발의 물과 수건 몇 장을 가져다주었다. 그녀는 율리시즈를 돌보았던 유모였다. 노파는 그 낯선 사람 앞에 무릎을 꿇고 그의 발을 씻기 시작했다. 그러다가 갑자기 몹시 놀라 뒤로 나자빠지면서 물을 뒤엎고 말았다.

"오, 주인님! 이 흉터!"

그녀가 나직이 중얼거렸다.

"유모는 여전히 현명하고 보는 눈이 뛰어나군요. 어렸을 때 생긴 내 무릎의 상처로 당장 나를 알아보는구려. 그렇지만 당분간 비밀로 해주시오. 저놈들에게 복수를 하려면 시간이 필요하니 말이오."

거지가 속삭였다.

누더기를 걸친 거지는 율리시즈였다. 그는 혼자 보트를 타고 자신이 통치하던 섬의 해변에 상륙했던 것이다. 그는 자신의 도착을 텔레마커스와 에우마이오스에게만 알려주었던 것이고, 그의 명령에 의해서 커다란 홀의 벽에 걸려 있던 무기들이 옮겨졌던 것이다.

한편, 구혼자들은 식탁 주위에 몰려들어 이전보다 더욱 요란하게 떠들어댔다.

"이리 오시오, 왕비여!"

그들이 소리쳤다.

"거지의 이야기는 내일 들어도 되지 않소. 지금은 당신의 새로운 남편을 선택할 때요. 자, 결정하시오."

"왕자님들, 그리고 족장님들."

페넬로페가 떨리는 목소리로 말했다.

"이 결정을 신에게 맡기도록 해야겠어요. 보세요, 이 벽에 율리시즈만이 시위를 당길 수 있는 커다란 활이 걸려 있어요. 여러분 중 이 활의 시위를 당겨 가장 멋지게 화살을 쏘아보낼 수 있는 사람을 내 남편으로 선택하겠어요."

"좋소!"

구혼자들이 일제히 소리치며 각자의 힘을 과시하기 위해 줄을 섰다. 첫번째 구혼자가 그 활을 잡고 시위를 당겨보려고 했다. 그러나 곧 짜증을 내며 활을 내던져버렸다.

"이건 거인만이 당길 수 있는 활이야!"

한 사람 한 사람, 구혼자들 모두 활을 잡고 시위를 당겨보려고 애를 썼지만 모두가 허사였다.

"어쩌면 저 거지도 이 경쟁에 참가하고 싶어할지 모르겠군."

구혼자들 중 한 명이 빈정거리며 말했다.

누더기를 걸친 율리시즈가 자리에서 일어나 당당한 걸음으로 홀 앞쪽으로 나아갔다. 근육이 잘 발달하고 강철처럼 강해 보이는 팔을 내밀어 그 활을 잡았다.

"생각해보니, 내가 젊었을 때 이런 활을 본 것 같구먼."

그가 말했다.

"됐어! 됐어!"

구혼자들이 소리쳤다.

"내려와, 이 바보 같은 놈아!"

갑자기 그 거지의 태도가 일변했다. 그는 거의 힘도 들이지 않고 활시위를 당겼다. 그의 모습은 넝마를 걸치고 있긴 했지만, 어디를 보나 위엄이 서려 있는 왕의 모습이었다.

"율리시즈, 율리시즈!"

페넬로페가 울부짖었다.

구혼자들은 할 말을 잊었다. 그리고 두려움을 느끼며 몸을 돌려 그 홀에서 빠져나가려고 했다. 그러나 율리시즈의 활은 빠르고 정확했다. 단 한 번도 목표를 놓치지 않았다.

"이제 나는 내 가정을 파괴하려던 자들에게 직접 복수하겠다!"

그는 울부짖었다. 무법자처럼 소란을 피우던 구혼자들은 한 명 한 명 차례대로 그 자리에서 죽어나갔다.

다음날 율리시즈는 페넬로페, 텔레마커스 그리고 귀향을 기뻐하는 신하들에게 그가 겪은 바다에서의 오랜 방랑 생활을 들려주었다. 페넬로페는 비록 무례하고 사악한 구혼자들에 둘러싸여 있었지만 약속한 대로 얼마나 충실하게 나라를 지켰는지를 이야기했다. 그리고 그녀의 방에서 정교하고 아름답게 짠 하얀 천을 가져왔다.

"이것이 그 천이에요, 율리시즈. 나는 이 천이 완성되는 날 내 남편을 선택하겠다고 약속했고, 이제 당신을 내 남편으로 선택하겠어요."

킨킨나투스 이야기
The Story of Cincinnatus

제임스 볼드윈 Retold by James Baldwin

기원 전 458년 로마가 이퀴라는 부족에게 포위되었을 때의 일이다. 충성스런 한 시민이 국가가 위기에 처했을 때 보상을 바라지 않고 자신의 조국을 도운 유명한 이야기이다.

로마에서 멀리 떨어져 있지 않은 한 작은 농장에 킨킨나투스라는 사람이 살고 있었다. 그는 한때 부유했으며, 높은 지위에 올랐던 인물이지만, 어떻게 해서인지 모든 재산을 잃고 작은 농장에서 손수 농사를 지으며 살고 있었다. 그러나 시대는 땅을 경작하는 것이 고귀한 일로 간주되던 때였다.

킨킨나투스는 현명하고 공명정대했으므로 모든 사람이 그를 믿고, 그에게 조언을 구했다. 곤경에 처해 어찌해야 할지 모르는 사람이 있으면 그의 이웃은 이렇게 말하곤 했다.

"킨킨나투스를 한 번 찾아가보게. 그분이라면 자네를 도와줄 수 있을 걸세."

그곳에서 멀지 않은 산중에 성격이 급하고 거친 종족이 살고 있었다. 그들은 이제 로마 사람들에게까지 싸움을 걸어왔다. 그들은 싸움을 좋아하는 또 다른 부족을 병합해, 약탈과 겁탈을 일삼으며 로마를 향해 진군해들어왔다. 그들은 곧 로마의 성벽을 무너뜨리고, 집들을 불태웠으며, 남자들은 모두 죽이고, 여자와 아이들은 노예로 삼겠다고 협박했다.

자부심이 강하고 용감한 로마인들은 처음에는 자신들에게 위험이 닥쳐올 것이라는 사실을 인정하지 않았다. 로마의 모든 남자는 군인이었고, 약탈자들을 소탕하기 위해 출정한 군대는 세계 최정예 부대였다. 그래서 그곳에 남아 있는 남자들은 로마법을 제정하기도 했던 '원로'들이라고 불리는 백발 노인들과, 성을 지키는 소수의 병사들뿐이었다. 모든 로마인들은 그 약탈자들을 쫓아버리는 것은 어려운 일이 아니라고 생각했다.

그러던 어느 날 아침, 말 탄 병사 다섯 명이 산으로부터 달려왔다.

말도 사람도 모두 피와 먼지로 범벅이 되어 있었다. 그들은 사색이 되어 달려왔고, 성벽의 파수병이 그들을 알아보고 소리쳤다.

"어째서 저렇게 미친 듯이 달려오는 거지? 우리 군에게 무슨 일이 일어났나?"

그들은 묻는 말에는 대답도 없이 이른 아침의 고요한 거리를 요란하게 달렸다. 그러자 모든 사람들이 무슨 일인지 궁금해 그들의 뒤를 따랐다. 그때의 로마는 큰 도시가 아니었기 때문에 그들은 곧 백발의 원로들이 앉아 있는 시장에 도착했다. 그들이 말에서 뛰어내려 이야기를 시작했다.

"어제, 우리 군대는 가파른 두 산 사이 좁은 계곡으로 진군해가고 있었습니다. 그때 갑자기 1천여 명의 야만인들이 우리 앞에서, 그리고 머리 위에서 튀어나왔습니다. 우리는 완전히 포위되었고, 그 길은 너무 좁아 싸울 수가 없었습니다. 후퇴하려고 했지만 퇴로도 막히고 만 상황이었습니다. 야만인들은 산 위에서 우리를 향해 돌을 던져댔습니다. 그들의 함정에 빠진 거지요. 그래서 도움을 청하려고 10명이 말을 타고 빠져나왔지만, 나머지 5명은 그놈들의 창 앞에서 끔찍하게 죽어갔습니다. 오, 로마의 원로들이시여! 즉시 우리 군대에 원군을 보내주십시오. 그러지 않으면 군대는 전멸하고, 로마는 그들의 수중에 떨어질 것입니다."

그들이 말했다.

"어찌해야 할 것인가?"

백발의 원로들이 말했다.

"근위병들과 어린 소년들밖에 없는데, 누구를 보낸단 말인가? 과연 누가 지혜롭게 그들을 이끌고 가서 로마를 구할 수 있겠는가?"

모두가 침울한 표정을 지으며 머리를 내저었다. 전혀 희망이 없었다. 그때 한 원로가 말했다.

"킨킨나투스를 불러오라. 그가 우리를 도울 수 있을 것이다."

연락병이 숨가쁘게 찾아갔을 때, 킨킨나투스는 밭을 갈고 있었다. 그는 일손을 멈추고, 그들을 친절하게 맞이했다.

"망토를 걸치십시오, 킨킨나투스여."

그들은 거두절미하고 다급하게 말했다.

"그리고 로마 시민들의 간청을 들으십시오."

킨킨나투스는 그들이 무슨 말을 하는지 알 수 없었다. 하지만 무언가 심상치 않은 일이 벌어졌다는 것을 직감했다.

"로마에 무슨 일이 생겼습니까?"

그는 아내에게 망토를 가져오도록 시켰다.

그는 손발의 흙을 털고 어깨에 망토를 걸쳤다. 그제서야 연락병들은 그들이 무슨 일로 왔는지 이야기하기 시작했다.

로마 군대가 골짜기를 통과하던 중 그들의 함정에 빠졌고, 이제 로마 전체가 위태롭게 되었다는 내용이었다.

"로마 사람들은 당신에게 모든 희망을 걸고 집정관으로 모셨습니다. 그리고 원로들은 당신에게 즉시 싸울 것을 명령했습니다."

킨킨나투스는 쟁기를 그대로 놓아둔 채 황급히 로마로 달려갔다. 그는 로마 거리를 통과하며 여러 가지 지시를 했고, 일부는 두려움을 느끼기도 했다. 왜냐하면 이제 그는 막강한 권력을 가졌고 그들은 무조건 복종해야 했기 때문이었다. 그는 근위병들과 소년들을 무장시킨 다음, 함정에 빠진 로마군을 구출하기 위해 앞장 서서 성을 빠져나갔다.

그로부터 며칠 후, 로마는 온통 기쁨으로 술렁이게 되었다. 킨킨나투스로부터 좋은 소식이 전해졌던 것이다. 막대한 피해를 입은 적들이 그들이 살던 곳으로 쫓겨갔다는 소식이었다.

그리고 이제 로마 군인들은 근위병과 그리고 소년병들과 함께 깃발을 휘날리며 승리의 노래를 부르면서 로마로 돌아오고 있었다. 사람들은 킨킨나투스를 찬양했다. 그가 로마를 구한 것이다.

킨킨나투스는 왕이 될 수도 있었다. 그의 말은 곧 법이었고, 그 누구도 그에게 반기를 들 수 없었기 때문이었다. 그러나 사람들이 그가 이룩한 일에 대해 충분히 감사를 표하기도 전에, 그는 모든 권력을 백발의 원로들에게 돌려주고 자신이 경작하던 조그만 밭으로 되돌아갔다.

그는 16일 동안의 로마 통치자가 되었던 것이다.

천둥 폭포
Thunder Falls

앨런 맥펄런 Retold by Allan MacFarlan

이 부분은 빈번한 방랑 생활을 하는 것으로 유명한 중서부의 부족, 키카푸 인디언 사회에 전해내려오는 이야기이다 ; 그들의 부족 이름인 키카푸는 '끊임없이 방랑하는 사람' 이라는 뜻이다.

칠흑같이 어두운 밤의 장막이 키카푸 마을을 뒤덮자 사람들은 이야기꾼 주위에 모여 앉아 그의 입이 떨어지기만을 기다렸다. 모여 앉은 사람들은 그 이야기가 전투에서 큰 공을 세운 용감한 전사나 목숨을 걸고 다른 부족이나 적진으로 뛰어든 습격대의 이야기가 아니라는 것을 알고 있었다. 그들이 듣게 될 이야기는 그들의 부족을 위해서 행한 놀라운 용기와 고귀한 희생으로 인해 지금도 춤과 노래로 추앙받는 두 여인에 관한 이야기이다.

다음은 그 사람들이 들은 이야기이다.

흰 눈으로 덮인 세상이 차츰 푸른빛을 띠기 시작하고, 강물이 불어 물살이 빨라졌을 때, 우리 부족 사람들은 사냥을 하고 있었다. 여자들도 사냥으로 잡은 짐승의 가죽을 벗기고, 고기를 잘라 말리기 위해 남자들과 동행했다. 사흘 동안 그들은 사냥을 계속했고, 사슴들이 사냥꾼들의 화살에 맞아 죽어갔다.

그들이 영역으로부터 멀리 벗어날 때면 늘 적에 의한 공격의 위험이 있었다. 용사들이 항상 보초를 섰지만 완벽하지는 못했다. 어느 날 추장은 되돌아가는 것이 좋겠다고 말했다. 그들은 태양이 떠오르면 돌아가기로 했다. 그러나 전사들과 여자들 중 몇몇은 태양을 두 번 다시 볼 수 없었다. 샤우니 족의 전사들이 그들의 야영지를 포위하고, 아침이 밝아오기 전에 그들을 공격한 것이다.

죽음을 모면했거나, 심한 부상을 당하지 않은 키카푸 인디언들은 깊은 계곡으로 탈출했다. 사냥을 하는 동안 그들은 천둥 소리를 내며 떨어지는 폭포 뒤편에 있는 동굴을 보아두었던 것이다. 적으로부터 공격당하게 되면 그곳에 숨도록 추장이 명령했었기 때문에, 키카푸 인디언 모두 그곳을 알고 있었던 것이다.

잔인한 샤우니 족은 부상자들을 죽였고 여자 두 명을 포로로 잡아 그들의 천막으로 끌고 갔다. 젊은 여자들이었으므로 무슨 일이든지 시킬 수 있었을 것이다. 샤우니 족의 캠프는 우리를 공격했던 곳으로부터 위쪽으로 멀리 떨어져 있었다. 그들의 거처는 폭이 넓고 흐름이 매우 빠른 강의 둑 위에 있었다.

공격이 있은 지 엿새가 지나도록 샤우니 전사들은 습격을 피해 달아난 우리 부족을 찾아다녔다. 그들은 멀리까지 보초를 세워놓았으므로 우리 키카푸 족들은 눈에 띄지 않게 도망다닐 수가 없었다. 샤우니의 큰 전투대는 우리 부족들의 움직임에 대해 이야기를 들을 것이었다. 적들도 수색을 잘하지만, 우리 부족도 그들에게 발견되지 않고 잘 숨어 있었다. 추장은 한 사람도 동굴 밖으로 나가지 못하도록 했다. 또한 그럴 필요도 없었다. 왜냐하면 말린 고기와 물이 충분했으므로.

며칠이 지나자 사람들은 추장에게 은신처인 그 커다란 동굴에서 떠나도록 간청했다. 안전하긴 했지만, 동굴 앞에서 끊임없이 떨어지는 천둥 같은 폭포 소리를 더 이상 견딜 수 없었기 때문이었다. 그리고 그들은 두렵기도 했다. 그들을 둘러싼 거대한 바위 틈에 악령이 살고 있을지도 모른다고 생각했기 때문이었다.

추장은 용감한 사람이었다. 하지만 그는 부족의 심리 상태를 알고 있었다. 도망치다가 비록 그의 부하가 샤우니 족의 화살을 맞고 죽게 될지라도, 으르렁대며 포효하는 그 거대한 폭포를 떠나게 되면 자신도 행복할 것이었다.

마침내 그가 부하들에게 말했다.

"습격이 있은 이래 일곱 번째 태양이 떠오르는 내일까지만 여기에 있도록 하자. 어둠이 내리기 시작하면 적으로부터의 탈출을 시도한다. 준비하라!"

추장은 안전 지대에 도착할 가능성은 매우 희박하다는 것을 알고 있었다. 샤우니 족이 숫자가 많고, 우리 부족 몇몇이 도망쳤다는 사실을 알면 그들의 분위기는 고조될 것이다.

'그들은 몹시 분개할거야. 왜냐하면 숲속에서는 흔적을 찾아 추적할 수 있지만, 강을 끼고 있는 바위는 아무리 뛰어난 추적가라고 할지라도 발자국을 찾을 수 없기 때문이지.'

추장은 생각했다.

일곱 번째 태양이 떠오르는 날 아침, 샤우니 족의 주술사가 그들의 추장에게 지난 밤에 꾸었던 꿈 이야기를 해주었다. 그가 수호신으로 받드는 빨간 꼬리를 가진 매가 꿈속에서 그의 머리 위를 돌면서 날카롭게 울어대며 따라오라는 몸짓을 했다. 주술사는 곧 그 매를 따라갔다. 빠르게 날아가는 매를 좇아 그의 영혼도 신속하게 따라갔고, 마침내 숲속의 빈터에 다달았다. 여전히 꿈속이었지만, 그 주술사는 수심이 가득 찬 일단의 사람들을 보았다.

"저 사람들을 따라가면 숨어 있는 적들을 찾을 수 있을까?"

주술사가 매에게 물었다.

"저들 중에서 누가 적이 숨어 있는 곳을 알고 있을까?"

그 매는 샤우니 족이 포로로 잡은 두 여자에게로 똑바로 날아가더니, 그들 머리 위를 빙빙 돌았다.

"두 여자는 그들이 어디 있는지를 분명히 알고 있을 겁니다. 제 매는 저를 한 번도 잘못된 길로 인도했던 적이 없습니다."

주술사는 추장에게 꿈 이야기를 끝내면서 말했다.

샤우니 족의 추장은 주술사와 그의 매를 전적으로 믿고 있었으므로 전사들을 소집해 작전 회의를 열었다. 그리고 그들에게 포로로 잡아 온 두 여인을 끌고 올 것을 명령했다. 곧 심문이 시작되었지만 두 여인은 그들이 어디에 숨었는지 모른다고 큰소리로 말했다.

"저들은 지금 뒤틀린 혀로 대답하고 있습니다."

주술사가 화를 내며 외쳤다.

"그렇지만 고통을 주면 혀가 똑바로 펴질 것입니다."

두 여인은 고문에 처해졌다. 그러나 불타는 나뭇가지를 묶인 손목에 끼고 비틀자, 마침내 그들이 숨어 있는 곳을 알려주겠다고 소리쳤다. 두 여자는 그들만의 언어로 서로 상의한 다음, 샤우니 족의 전사들을 은신처로 안내하겠다는 표시를 했다.

샤우니 족의 전사들이 준비를 마쳤을 때, 두 여자는 그들을 숲속으로 인도하는 것이 아니라, 강 쪽을 가리켰다. 그리고 몸짓으로 우리 부족이 멀리 떨어져 있으니, 샤우니 족이 카누를 이용한다면 훨씬 빨리 갈 수 있을 것이라고 말했다. 그러나 추장이 숲을 가리켰고, 그의 부하들이 두 여자를 그쪽으로 떠밀자, 그녀들은 땅으로는 그들을 은신처로 인도할 수 없다고 했다. 오직 강을 통해서 가는 길만 안다고 했다.

추장은 두 여자의 말을 믿고, 강가에 놓인 큰 카누를 탔다. 그녀들은 손짓 발짓으로 폭포 가까이에 가면 샛강이 나타나고, 그 샛강을 따라가면 키카푸 족의 은신처에 닿게 된다고 했다. 추장은 두 여자에게 맨 앞 카누에 타라고 명령했다. 그리고 추장은 물론이고, 주술사와

6명의 용감한 전사들이 함께 탔다. 여러 척의 카누에 나누어 탄 전사들은 그들의 뒤를 따랐다. 노를 젓기 시작하자, 카누들은 마치 물고기처럼 빠르게 강물을 따라 내려갔다.

한참이 지나자 추장은 두 여인에게 적들의 은신처는 아직 멀었느냐고 물었다. 두 여자는 손짓으로 이제 거의 다 왔다고 대답했고, 샤우니 족은 다시 노를 저었다. 하지만 그들은 노를 저을 필요가 없었다. 물살이 세고 빨라져 카누가 매우 빠르게 떠내려갔던 것이다. 카누는 더욱 빨라지고, 멀리서 폭포의 굉음이 들려오기 시작했다. 가까이 갈수록 그 소리는 대지를 뒤흔드는 천둥 같은 소리로 변했다.

추장은 용감한 사람이었다. 하지만 그도 매우 빨라진 물살을 두려워하지 않을 수 없었다. 추장의 카누는 그녀들의 뒤를 바짝 좇았다. 추장은 미소 짓고 있는 두 여자의 얼굴을 보며 잠시 두려움을 잊었다. 나이 많은 한 여자가 팔을 들어 남쪽 강둑을 가리켰다. 카누의 방향을 돌려 갈라지는 분기점으로 들어가면, 그곳의 강물은 평온하다고 했다.

그러나 카누는 점점 빠른 속도로 물거품을 일으키는 소용돌이 속으로 치달았다. 양쪽의 단단한 바위 절벽 사이로 강물은 점점 좁아지며 계속 힘차게 흘러갔고, 카누를 돌릴 여유라고는 전혀 없었다!

추장과 전사들은 자신들이 속았다는 것을 깨달았지만, 그때는 이미 늦었다. 용사들은 짧은 죽음의 노래를 부를 시간을 가졌을 뿐, 곧 분노한 소용돌이가 삽시간에 카누를 들어올려 강력한 폭포의 물마루 너머로 내던졌다. 키카푸 족의 두 여자가 적의 전사들을 유인해 톱니처럼 들쭉날쭉한 바위들에 머리를 받고 죽게 했던 것이다.

나의 이야기는 이것으로 끝이지만, 우리의 전사들을 구해낸 그 용감한 두 여인은 풀이 자라고 강물이 흐르는 한 영원히 계속될 것이다.

천국의 문에 도달한 유디스트히라
Yudisthira at Heaven's Gate

이 이야기는 『라마야나』와 함께 인도의 2대 서사시로 불리는 『마하바라타』에서 따온 것이다. 여기에서의 충성심은 글자 그대로 하늘 문을 통과하기 위한 시험이다.

훌륭한 왕 유디스트히라는 오랜 기간에 걸쳐 판다바 민족을 통치하며, 성공적이었지만 매우 길었던 악마의 군대와의 전쟁에서 그들을 이끌고 있었다. 모든 노고가 끝나갈 즈음, 유디스트히라는 지상에서 충분한 삶을 보냈고, 영원한 왕국으로 가야 할 때가 되었다는 것을 알았다. 모든 계획이 세워지자 그는 메루 산을 향해 출발했다. 거기에서 천국으로 올라가기 위해서였다. 그의 아름다운 아내 드라파우디와 네 명의 형제들도 동행했다. 곧이어 조용히 그의 뒤를 따라오던 개 한 마리가 합류했다.

그러나 산을 향한 여정은 힘들고 슬픈 여행이었다. 유디스트히라의 네 동생은 한 명씩 죽어갔고, 나중에는 그의 아내 아름다운 드라파우디도 죽고 말았다. 이제 개를 제외하면 완전히 혼자가 된 왕은 천국을 향한 가파른 길을 계속 올라갔다. 개는 충직하게 그의 뒤를 따랐다.

마침내 그들은 지칠 대로 지친 모습으로 천국의 문 앞에 다다랐다. 유디스트히라는 겸손하게 절하며 들어갈 수 있도록 허락해주기를 정중하게 요청했다.

천 개의 눈을 가진 신 인드라 신이 유디스트히라 왕을 영접하기 위해 나왔을 때, 하늘과 땅은 우뢰와 같은 굉음으로 채워졌다. 그렇지만 유디스트히라 왕은 완전하게 마음의 준비가 되어 있지 않았다.

"동생들도 오지 못했고, 사랑하는 아내 순결한 드라파우디도 오지 못했으니, 저는 천국에 들어가고 싶지 않습니다."

"두려워하지 말라. 너는 그들 모두를 하늘 나라에서 만나게 될 것이다. 그들은 너보다 먼저 그곳에 와 있다!"

인드라 신이 대답했다.

그러나 유디스트히라에게 요청할 것이 한 가지 더 있었다.

"이 개는 저와 함께 먼 길을 왔습니다. 매우 충직한 개이지요. 이제까지 저에게 보여준 충직함을 생각하면, 저는 이 개와 떨어질 수 없습니다. 제 마음은 온통 이 개에 대한 사랑으로 가득 차 있습니다."

인드라 신은 거대한 머리를 저었고, 그 바람에 땅이 삐걱거렸다.

"너는 천국에서 부와 성공과 기쁨을 누리며, 영원히 살 수 있다. 너는 어려운 여정을 극복하고 이러한 상급을 얻었다. 그러나 개를 천국으로 데리고 들어올 수는 없다. 그 개를 버려라, 유디스트히라! 그것은 죄가 아니다!"

"그렇지만 이 개는 어디로 가겠습니까? 누가 이 개와 함께 가겠습니까? 이 개는 오직 저와 동행하기 위해 땅에서의 모든 기쁨을 포기했습니다. 저는 지금에 와서 이 개를 내칠 수 없습니다."

유디스트히라가 물었다.

인드라는 그 말에 화가 치밀었다.

"누구든지 천국에 들어올 때는 순결해야 한다."

인드라 신이 단정적으로 말했다.

"그 개에게 손을 대는 것만으로도 그간의 모든 공이 사라진다. 네가 해온 일들을 생각해보아라, 유디스트히라. 그 개를 버려라!"

그러나 유디스트히라는 주장했다.

"오, 천 개의 눈을 가진 신이시여. 항상 올바르게 살려고 노력했던 한 인간이 옳지 않다고 믿고 있는 일을 하는 것은 괴로운 일입니다. 비록 신의 명령이라고 할지라도 말씀입니다. 만약 저에게 헌신적이었던 개를 버려야 들어갈 수 있다면, 저는 불멸을 꿈꾸지 않겠습니다."

인드라 신은 다시 한 번 재촉했다.

"너는 네 동생들과 아내는 길에 버려두었다. 그런데 왜 그 개는 버릴 수 없다는 말인가?"

유디스트히라가 대답했다.

"제가 그들을 포기한 것은 그들이 이미 죽었기 때문에 제가 더 이상 도와줄 수도, 다시 생명을 불어넣어줄 수도 없었기 때문입니다. 그들이 살아 있기만 했다면, 저는 그들을 포기하지 않았을 것입니다."

"그렇다면 너는 이 개를 위해 천국을 포기하겠다는 건가?"

인드라 신이 물었다.

"오, 모든 신들의 지배자이신 인드라 신이시여."

유디스트히라가 대답했다.

"저는 두려움에 떨며 제 보호를 필요로 하는 가련한 자, 괴롭힘을 당해 궁핍한 자, 너무 쇠약해 자신을 보호할 수 없지만 삶을 갈망하는 자들을 저버리지 않겠다는 맹세를 지키며 살아왔습니다. 그리고 제게 충직했던 친구를 버리지 않겠다고 맹세했습니다. 저는 저의 친구를 포기하지 않겠습니다."

유디스트히라가 그 개의 머리를 쓰다듬고, 슬픈 마음을 안고 천국의 문으로부터 막 돌아서려고 할 때, 바로 그의 눈앞에서 하나의 기적이 일어났다. 그 헌신적인 개가 올바름과 정의의 신인 다르마로 변했던 것이다.

인드라 신이 말했다.

"너는 훌륭한 사람이다, 유디스트히라여. 너는 충직함에 충직함으로 보답했고, 모든 피조물에 연민의 정을 보여주었다. 너는 네 친구인 보잘것없는 개를 포기하기보다 천국을 포기함으로써 그러한 점을 잘 보여주었다. 너는 천국에서 존경받을 것이다, 왕 유디스트히라여. 비천한 것들을 동정해주는 일보다 더 가치 있고, 크게 보상받을 만한 태도란 없기 때문이다."

유디스트히라는 정의의 신과 함께 천국에 들어갔다. 거기서 그는 사랑하는 아내와 동생들을 다시 만나 영원한 행복을 누리며 살았다.

믿 음

F A I T H

믿 음FAITH

토마스 제퍼슨은 독립 선언서에 모든 인간은 '창조주로부터 빼앗길 수 없는 권리를 부여받았다.'라고 썼다. 이 선언문에 나타난 미국의 건국 이념에는 신앙을 추구하던 청교도들의 자유로운 정신이 담겨 있다.

'신앙의 자유'는 일반적으로 미국 사람들을 매우 종교적인 사람이 되도록 만들었다. 전 세계 각처로부터 수백만 명이 물질적인 면뿐만 아니라, 정신적으로 더 나은 인생을 찾아 미국으로 건너왔다. 그들은 자신의 신앙을 갖고 그에 따라 열심히 일할 수 있는 인간적인 삶을 누리고자 미국에 온 것이다.

신앙을 가진 사람들만이 바람직한 생활을 하는 것은 아니다. '전능한 존재'에 대한 믿음 없이도 도덕적으로 훌륭한 인격을 갖춘 사람들도 있다. 그리고 신앙을 갖지 않겠다는 그들의 선택은 종교적 자유라는 전통의 중요한 요소로서 존중받아야 한다.

대부분의 신앙인에게 신에 대한 믿음은 곧 그들의 도덕적 기준이 된다. 그리고 그 믿음은 다른 미덕들에 대한 그들의 의식적인 기반을 마련해준다. 이 세상의 모든 종교는 선한 인생을 살아가고, 나아가 다른 사람들이 선한 인생을 살아갈 수 있도록 돕기 위한 규범과 힘이 되어준다. 종교 생활의 목표는 공통적으로 미덕을 추구하는 데 있다.

예를 들어, '정직'이라는 미덕의 경우를 살펴보자. 힌두교에서는 '네 행위가 말과 행동, 그리고 생각에 비추어 진실하도록 하라.'라고 가르친다. 그리고 도교에서는 '하늘이 네 일을 처리하는 것처럼, 정직하라.' 라고 가르치며, 유교에서는 '나는 매일 내 행동을 반성한다……. 친구들에게 나는 항상 진실했는가를.' 이라고 가르친다.

'인정'을 예로 들어보자. 회교도들은 '친절을 베푼 사람은 친절한 대접을 받게 된다.' 라고 믿는다. 불교 신자들은 '마지막 한 입, 마지막 음식이라도, 그것을 원하는 사람과 나누지 않으면 맛있게 먹을 수 없다.' 라고 생각하며, 유대교와 기독교 신도들은 '마음이 가난한 자는 복이 있나니, 천국이 저희들의 것이다.' 라는 믿음을 갖는다.

물론, 서로 다른 신앙들 사이에는 중요하고도 분명한 차이점이 있다. 인간 존재의 의문에 대해 각기 다른 대답을 해준다. 그러한 차이에도 불구하고, 대부분의 종교는 공통적으로 사람들에게 여러 가지 미덕을 추구하도록 권한다.

이 장은 그러한 미덕을 뒷받침해주는 믿음의 실례들을 보여준다. 끊임없는 재앙을 견디낼 수 있도록 그의 믿음이 욥을 어떻게 도와주었는가를 보게 될 것이다. 「성모의 곡예사」에는 한 사람에게 일생의 일을 찾게 만들어주는 믿음의 힘이 묘사되어 있다. 찬송과 시는 인생의 큰 문제뿐만 아니라, 지극히 일상적이면서 동시에 심오한 믿음을 표현하고 있다. 이같은 보기들은 신앙의 힘을 이해하는 데 도움이 될 것이다.

듀카리온과 퓨러
Deucalion and Pyrrha

토마스 불핀치 Retold by Thomas Bulfinch

그리스 신화는 순결과 행복의 황금 시대와 그 뒤를 이은 은·청동·철기 시대로 구분한다. 후기는 '범죄가 홍수처럼 흘러 넘친' 야만의 시대였다. 겸손과 진실과 명예는 사라져버렸다. 전쟁이 일어났고, 손님이 친구 집에서도 안전하지 못했고, 형제와 자매, 남편과 아내는 서로를 믿지 못했다. 신들을 향한 경외심이 상실되자, 신들도 인류를 버린다. 그러나 인간 듀카리온과 퓨러의 경건한 믿음이 인류를 구한다.

사악함으로 가득 찬 이 세상을 바라보며 주피터는 분노했다. 그는 신들을 불렀다. 신들은 그의 뜻에 순종해 하늘의 궁으로 가는 길에 들어섰다. 맑은 밤이면 누구나 볼 수 있는 그 길은 하늘을 가로질러 펼쳐진 은하수였다. 길을 따라 신들의 궁이 늘어서 있었다; 일반 사람들은 하늘 아래 지상에서 살았다. 주피터가 회의를 주재했다. 그는 지상에서 벌어지고 있는 끔찍한 일들을 말하고, 이 세상의 모든 주민을 파괴해버린 다음, 살 만한 가치가 있으며, 신을 경배할 줄 아는 종족으로 대치하자고 자신의 의견을 말했다.

그는 번개를 집어던져 이 세상을 불태워 없애버리려고 했다; 그러다가, 혹시 그러한 큰 불이 하늘에 옮겨 붙을지도 모르는 위험을 고려해, 이 세상을 물로 씻어버리기로 결정했다. 구름을 흩뜨리는 북풍은 사슬에 묶어놓고 남풍을 보냈다. 그러자 순식간에 하늘은 짙은 어둠으로 가려졌다. 한곳으로 모아진 구름은 요란한 소리를 내며 충돌하고, 억수 같은 비를 쏟아냈다. 남자들이 1년 동안 힘써 농사 지은 곡식이 물에 잠겼다. 그러나 주피터는 만족하지 못하고, 그의 동생인 넵튠에게 도움을 청했다. 넵튠은 강물을 불게 해서 내륙으로 넘치게 하고,

그와 동시에 지진을 일으켜 땅이 갈라지게 만들고, 바닷물이 해변에 넘치게 했다. 양떼와 소떼, 그리고 사람과 가옥은 떠내려가고, 신성한 것들로 둘러싸인 사원도 더럽혀졌다. 몇몇 큰 건물은 그대로 서 있기는 했지만, 꼭대기까지 모두 물에 잠겨버렸다.

온 세상이 바다가 되었다. 그 어디에도 해변이 보이지 않는 바다였다. 여기저기 산 위에 세워놓았던 몇 개의 건물들만이 보였고, 몇몇 사람은 나룻배를 타고 최근에 그들이 경작했던 밭 위를 노를 저으며 떠다녔다. 물고기들은 나뭇가지 사이를 헤엄쳐 다녔다; 돛은 정원에 내려졌으며, 우아한 양들이 노닐던 곳은 이제 바다소들이 어슬렁거렸다. 늑대는 양들 사이를 헤엄쳐 다녔고, 누런 사자와 호랑이는 물 속에서 허우적거렸다. 멧돼지가 힘을 쓰고, 수사슴이 민첩하게 굴어도 아무 소용이 없었다. 공중을 나는 새들은 쉴 만한 곳이 없어 힘이 빠져 물속으로 떨어졌고, 굶주린 것들의 먹이가 되었다.

모든 산 중에서, 파르나스 산만이 물 위로 봉우리를 내밀고 있었고, 프로메테우스의 후손인 듀카리온과 그의 아내 퓨러만이 그곳으로 피신했다. 그는 선한 사람이었고, 퓨러는 신들을 경배하는 여자였다. 주 피터는 이 한 쌍만을 살아 남게 하고, 그들의 순결하고 경건한 태도를 기억해서 곧 북풍을 불러 구름을 흩어놓고, 하늘에서 땅까지, 땅에서 하늘까지 다시 열어놓으라고 명령했다. 넵튠도 트리톤을 불렀다. 고둥을 불어 물들이 물러가게 했다. 곧 해변이 다시 나타나고 강물은 제자리로 되돌아갔다.

듀카리온이 퓨러에게 말했다:

"오, 아내여! 살아 남은 유일한 여인이여! 처음에는 친구로 그 다음에는 결혼으로 나와 하나가 되었는데, 이제는 함께 위험에 처했구려. 우리가 조상인 프로메테우스 같은 힘을 가졌다면, 그가 처음에 그렇게 했던 것처럼 인류를 새롭게 시작해야 할 것이오. 그렇지만 우리에게 그런 능력이 없는 이상, 신들에게 우리가 할 수 있는 일이 남아 있는지 물어보도록 합시다."

그들은 진흙으로 덮여 미끌미끌해진 신전으로 들어갔다. 그리고 성스러운 불도 없는 제단 앞에 엎드렸다. 비참함을 어떻게 극복해야 할지 가르쳐달라고 여신에게 기도했다. 신탁이 내려졌다.

"머리를 베일로 가리고 옷을 모두 벗은 채 밖으로 나가, 너희들 뒤로 어머니의 뼈를 던져라."

그들은 당황했다. 먼저 입을 연 것은 퓨러였다:

"순종할 수 없어요; 부모의 시체를 훼손할 수는 없어요."

그들은 숲속의 그늘로 들어가, 그 신탁에 대해 곰곰히 생각해보았다. 마침내 듀카리온이 말했다:

"내 생각이 옳은지는 모르겠지만, 우리는 불효를 저지르지 않고도 따를 수 있을 것 같소. 땅은 모든 것의 위대한 어머니요; 그리고 돌은 그 어머니의 뼈요; 우리가 돌을 뒤로 집어던지는 거요; 이 신탁의 의미는 바로 그것이라 생각하오. 적어도 그렇게 해보는 것이 어떤 해가 되지는 않을 것이오."

그들은 얼굴은 베일로 가리고, 옷을 벗고 돌을 집어 뒤로 던졌다. 그 돌들은 놀랍게도 부드러운 형체를 띠기 시작하더니 마치 조각가가 아직 끝내지 못한 돌덩이처럼, 사람의 형체를 갖추어갔다. 그들 주위의 습기와 진흙은 살이 되었다; 돌의 모습으로 남아 있던 부분은 뼈가 되었다; 돌의 결(vein)은 혈관이 되어 이름은 그대로이지만, 그 쓰임은 달라졌다. 듀카리온이 던진 돌은 남자가 되었고, 퓨러가 던진 돌은 여자가 되었다. 오늘날 우리가 보는 우리 자신들처럼, 그들, 우리의 조상은 튼튼하고 노동에 적합했다.

욥
Job

제스 리먼 헐버트 Retold by Jesse Lyman Hurlbut

　구약성경의 욥기는 주제의 숭고함과 장엄한 표현으로 세계에서 가장 극적인 위대한 서사시 중의 하나로 인식되고 있다. 시의 주제는 이것이다: '왜 올바른 사람이 고통받는가? '완벽하고 선한' 사람의 고통, 고행, 인내 그리고 그의 결정적인 겸손은 신앙의 모범이 되었다. 여기에 욥기에서의 사건을 기록한 산문을 소개한다.

　이 세상이 처음 만들어졌을 즈음—그때가 모세 시대 때인지, 그 이후인지 확실하지 않지만—욥이라는 착한 사람이 살았다. 그의 집은 이스라엘 땅 동쪽 사막의 가장자리에 위치한 '우즈'라는 지방에 있었다. 욥은 매우 부유한 사람이었다. 그의 소유인 양, 낙타, 황소 그리고 나귀를 합치면 수천 마리나 되었다. 동쪽에서 욥만큼 부유한 사람은 없었다.

　욥은 선한 사람이기도 했다. 그는 그 시대의 사람들이 경배할 때면 그러하듯이, 매일 하느님의 제단에 제물을 바쳤으며, 매일 기도했다. 그는 하느님의 뜻에 맞게 살려고 노력했고, 모든 사람들에게 항상 친절하고 관대했다. 그의 아들들이 들에 나가거나 이웃의 잔치에 참석했을 때, 욥은 언제나 제단에 자식 수대로 태운 제물을 바쳤다; 그리고 그들을 위해 기도했다:

　"제 아이들이 죄를 짓거나, 마음속으로는 하느님을 경외하지 않을 수도 있습니다. 그래서 저는 당신께 그들을 용서해달라고 기도합니다."

　한번은, 천사들이 하느님 앞에 서 있을 때, 사탄이 마치 자신도 천사인 것처럼 가장하고 그들 사이에 있었다.

　하느님이 사탄에게 물었다.

준비하는 이들을 위한 덕목의 책

"사탄아, 너는 어디에서 왔느냐?"

"저는 땅을 두루 돌아다니며 거기에 사는 사람들을 보고 왔습니다." 사탄이 대답했다.

하느님이 또 물었다.

"나의 종 욥을 유심히 보았느냐? 땅에서 나를 두려워해서 악을 멀리하는, 욥만큼 선하고 완벽한 사람을 보았느냐?"

사탄이 대답했다:

"욥이 까닭 없이 당신을 두려워하겠습니까? 당신은 그와 그 집과 그 모든 소유물을 장벽으로 보호해주시지 않으셨습니까? 그의 일에 축복을 내려주시고, 그를 부유하게 해주셨지요. 그렇지만 당신이 팔을 뻗어 그가 가진 것을 모두 가져오시면, 그도 당신을 배반하고 면전에서 당신을 저주할 것입니다."

그러자 하느님이 사탄에게 말했다.

"사탄아, 욥이 가진 모든 것을 네 마음대로 하거라; 그의 아들들과 그가 가진 소유물을 네 마음대로 하거라; 다만 욥에게만은 손대지 말거라."

사탄이 물러났고, 곧 욥에게 시련이 닥쳐왔다. 어느 날, 그의 자녀들이 장남의 집에서 함께 음식을 먹고 있을 때, 한 사람이 뛰어와서 욥에게 말했다:

"소는 쟁기를 끌고 나귀는 그 곁에서 여물을 먹고 있었는데, 사막에서 흉폭한 자들이 나타나 그것들을 모두 빼앗아갔습니다; 그리고 칼로 종들을 죽였습니다; 오직 저 혼자만이 살아서 도망쳐왔습니다!"

그 사람이 말을 끝내기도 전에, 또 한 사람이 뛰어왔다; 그가 말했다:

"하느님의 불이 하늘에서 내려와 양들과 종들을 불살라버렸습니다; 오직 저 혼자만이 살아서 도망쳐나올 수 있었습니다."

이 사람이 이야기를 채 끝내기도 전에 또 다른 사람이 뛰어왔다:

그가 말했다:

"갈대아 사람들이 세 패로 나뉘어 공격해와서 낙타를 모두 앗아갔습니다. 그리고 낙타와 함께 있던 종들을 전부 살해했습니다; 저만이 유일하게 살아서 도망쳐나올 수 있었습니다."

그와 동시에 또 한 남자가 나타나 욥에게 말했다:

"주인님의 자녀들이 장남의 집에 모여 식사하고 있을 때, 갑자기 사막으로부터 무서운 바람이 몰아쳐 그 집을 덮쳤습니다. 그 바람에 주인님의 자녀들은 모두 죽고, 저만이 살아서 이 소식을 전하는 것입니다."

욥은 하루 아침에 자신이 가진 모든 것을 잃어버렸다; 욥은 그 자리에 엎드려 기도했다:

"이 세상에 날 때 아무것도 없이 났고, 이 세상을 떠날 때 아무것도 가져가지 못합니다. 당신이 주셨고 당신이 가져가십니다; 당신의 이름을 찬양합니다."

모든 것을 잃어버린 다음에도 욥은 하느님을 배반하지 않았고, 비난하지도 않았다.

천사들이 다시 하느님 앞에 모였고, 욥에게 그 모든 해를 끼친 사탄도 그들과 함께했다. 하느님이 사탄에게 말했다.

"내 종 욥을 보았느냐? 세상에서 하느님을 두려워하며 악을 행하지 않는, 욥만큼 선하고, 완벽한 사람을 보았느냐? 네게 까닭없이 그를 치게 해주었는데도, 그는 오히려 자신의 선함을 굳게 지키지 않았느냐."

사탄이 말했다.

"그는 자신의 생명을 지키기 위해 모든 것을 주었습니다. 그렇지만 당신이 그의 뼈와 살을 취한다면, 그는 당신에게서 돌아서고, 당신을 저주할 것입니다."

하느님이 사탄에게 말했다.

"욥을 네 손에 맡겨두겠다; 원하는 대로 해보아라; 단 그의 생명만은 빼앗지 말아라."

사탄은 땅으로 내려와 욥을 쳤다. 욥의 몸은 발끝에서 머리 끝까지 끔찍한 부스럼으로 덮였다. 욥은 매우 고통스러워하며 잿더미 위에 주저앉았다. 그렇지만 단 한마디도 하느님을 원망하지 않았다.

그의 아내가 말했다.

"하느님을 계속 믿는 것이 무슨 의미가 있어요? 하느님을 저주하며 죽어버리는 것이 더 나을 거예요!"

욥이 말했다.

"당신도 어리석은 사람들처럼 말하는구려, 그러지 마시오. 하느님으로부터 좋은 것만 받고, 나쁜 것은 받지 말아야 한다는 거요?"

욥은 하느님을 탓하지 않았다. 그때 친구인 엘리파스, 빌닷, 소발이 욥의 고통과 슬픔을 위로하기 위해 찾아왔다. 그들은 욥과 함께 앉아 울며 이야기했다. 그러나 그들의 말은 위로의 말이 아니었다. 그들은 욥에게 내린 이 모든 재앙이 그의 죄에 대한 징벌이라고 생각했다. 그래서 그들은 욥에게 하느님을 화나게 한 행동이 무엇이었는지 털어놓으라고 다그쳤다.

그때의 사람들은 누군가에게 재앙과 질병이 닥치고, 친구와 재산을 잃게 되는 것은, 그 사람의 죄로 인해 하느님이 화를 내는 것이라고 믿었다. 그들은 욥에게 그 지독한 재앙이 내리치는 것을 보았으므로, 그가 매우 사악한 죄를 범한 것이라고 믿을 수밖에 없었다. 그들은 욥에게 긴 설교를 늘어놓은 다음, 죄를 고백하라고 오랫동안 재촉했다.

욥은 자신이 아무 잘못도 범하지 않았다고 했다; 그리고 왜 이런 재앙이 덮쳤는지 모르겠다고 말했다; 그러나 자신에게 그러한 고통을 겪게 한 하느님을 부당하다고 말하지는 않았다. 욥은 하느님의 행하는 방식을 알지 못했다. 그러나 하느님은 선하다고 믿었다; 그리고 모든 것을 하느님께 맡겼다. 그러자 마침내 하느님이 욥과 그의 친구들에게, '인간은 하느님을 판단할 수 없으며 하느님은 모든 인간에게 공평하게 행하신다.'라고 말했다.

그리고 욥의 친구들에게 이렇게 말했다:

"너희들은 욥과 달랐다. 나에 대해 바로 말하지 못했다. 그러므로 너희들은 나에게 제물을 바쳐야 한다; 그러면 욥이 너희들을 위해 기도할 것이다. 나는 그 기도를 들으며 너희들을 용서할 것이다."

그리하여 욥은 친구들을 위해 기도했고, 하느님은 그들을 용서했다. 그리고 욥은 그 모든 괴로움을 겪는 동안에도 충직했기 때문에, 하느님은 다시 한 번 그를 축복했다. 먼저 모든 부스럼을 없애고, 건강하게 해주었다. 그리고 예전보다 두 배로 많은 재물을 주었으며, 일곱 아들과 딸 셋을 주었다: 세상에 욥의 딸들처럼 아름다운 여자가 없었다. 그리고 욥은 아들들에게 준 것같이 딸들에게도 땅을 주었다. 그 후 욥은 오랫동안 부유하고 명예롭게, 또 선하게 살았다. 하느님의 보살핌 아래 신을 경배하며, 착하고 부유하게 살았다.

성모의 곡예사
Our Lady's Juggler

아나톨 프랑스 Anatole France

믿음은 신으로부터 받은 재능을 신을 위해 사용하도록 이끈다.

루이 왕 시절의 프랑스에 한 가난한 곡예사가 있었는데, 콩피에뉴 출신으로 이름은 바르나비였고 이 마을 저 마을을 돌아다니며, 몇 가지 곡예를 보여주었다.

장날이면 그는 광장에 낡고 해진 카펫을 펼쳐놓고, 옛날의 곡예사에게서 배운 그대로, 유쾌한 말로 어린아이들과 여기저기 기웃거리며 다니는 사람들을 모아놓고, 코끝에 접시를 올려놓는 묘기를 보여주었다. 처음에 주위에 몰려든 사람들은 흥미를 보이지 않았다.

그 다음에는, 얼굴을 숙이고 그 자신을 의지한 채, 손으로 여섯 개의 구리 공을 던졌다. 그 공들은 햇빛을 받아 반짝였고, 그의 발에 다시 잡혔다. 자신의 몸을 뒤로 젖혀 목덜미를 발뒤꿈치에 닿게 해서 바퀴 형태로 만들었고, 십여 개의 칼로 묘기를 보여줄 때면, 관중들에게서는 감탄의 말들이 터져나오고, 그의 카펫 위에 많은 동전이 쏟아졌다.

그럼에도 불구하고, 몇 가지 재능에 의지해 살아가는 대부분의 사람들과 마찬가지로, 콩피에뉴의 바르나비는 하루하루를 어렵게 살았다.

땀 흘려 일용할 양식을 팔 돈을 벌지만, 우리의 조상 아담이 지은 원죄가 그에게 유난히 버거운 짐이었던 것이다.

특히, 그가 원하는 만큼 지속적으로 일을 할 수도 없었다. 나무가 꽃을 피우고 열매를 맺는 데 밝고 따뜻한 햇살이 필수적이듯이, 그의 묘기를 보여주기 위해서도 꼭 필요했다. 겨울 동안 그는 헐벗은 나무와 다름없는 처지였다. 죽은 사람이나 마찬가지였다. 얼어 붙은 땅은 곡예사가 곡예를 부리기에는 너무나 단단했다. 마리 드 프랑스가 이야기한 메뚜기처럼, 매서운 겨울은 그에게 추위와 굶주림을 가져다주었다. 그러나 겸손한 그는 불행을 잘 견뎌냈다.

그는 부의 원천이라든가, 혹은 인간 환경의 불평등이라는 등의 문제를 생각해본 적이 없었다. 지금은 고생스럽지만 언젠가 형편이 나아질 거라는 희망을 잃지 않았다. 그는 악마에게 영혼을 판 욕심 많고 사악한 메리 앤드루스와 같은 삶을 살지 않았다. 신의 이름을 모독하지 않았고, 비록 아내가 없었지만 성경에 나오는 삼손의 이야기에서처럼, 여자는 남자가 강해지는 데 적이라고 믿었으므로, 이웃집 여인을 탐하지 않았다.

실제로 그는 천성적으로 세속적이지 않았다. 젊음을 상징하는 헤베 여신을 앗아가는 것보다, 큰 맥주잔을 앗아가는 것이 그로서는 더욱 견딜 수 없는 박탈이었다. 그래서 그는 절주했지만 날씨가 덥거나, 혹은 맑은 정신으로 있고 싶지 않을 때, 가끔 마셨다. 그러나 그는 항상 성모 마리아를 가슴에 안고 사는 경건한 신앙심의 소유자이기도 했다.

그는 교회에 들어가면, 성모 마리아의 초상 앞에 무릎을 꿇고, 기도하는 것을 빼먹지 않았다.

"마리아여, 제가 죽을 때까지 제 인생을 지켜주시고, 죽은 다음에는 천국의 기쁨을 누릴 수 있음을 확신하게 해주십시오."

비가 몹시 내리는 날 저녁, 우울해진 바르나비는 저녁은 먹지 못했지만 잠이라도 잘 수 있는 헛간을 찾기 위해, 구리빛 공과 나이프를 집어넣고 둥그렇게 만 낡은 카펫을 옆구리에 낀 채 길을 걷고 있었다. 그러다가 한 신부가 같은 방향으로 가고 있는 것을 깨닫고, 예의 바른 모습으로 허리를 숙여 인사했다. 그리고 걷는 속도가 같았으므로 자연스럽게 이야기를 나누게 되었다.

"나그네여."

신부가 물었다.

"어째서 입고 있는 옷이 온통 초록색이지요? 나로서는 알 수 없지만, 괴기극에서 익살꾼으로 등장하는 거요?"

"전혀 그렇지 않습니다, 신부님."

바르나비가 대답했다.

"저는 바르나비라고 하며, 보시는 것처럼 직업은 곡예사입니다. 먹을 것을 걱정하지 않을 수만 있다면, 아주 좋은 직업이지요."

"바르나비!"

신부가 말했다.

"말을 좀 조심하셔야 되겠군. 성직 생활보다 더 좋은 직업은 이 세상에 없다오. 하느님과 성모 마리아와 성인을 찬양하고, 정말로 종교적인 삶은 하나님에게 끊임없이 성가를 부르는 것이네."

바르나비가 대답했다.

"오, 신부님, 제가 무지한 말을 했군요. 신부님의 일을 제가 하는 일에 비교할 수는 없지요. 코끝에 세워 놓은 막대기에 동전을 올려놓고, 춤을 추는 일도 좋지만, 신부님들이 하시는 일처럼 단지 부르면 오는 것은 아니지요. 저 역시 신부님과 마찬가지로 기쁜 마음으로 매일 일터에서 주님을 찬양합니다. 당신처럼 매일 기도를 노래하듯 하고, 특히 성모 마리아를 위해서는 모든 것을 바칠 수 있다면 기쁠 텐데요. 만일 수도원 생활만 할 수 있다면, 스와송에서 보베까지 육백 군데 이상 되는 마을을 돌아다니며 보여온 제 기술을 기꺼이 포기할 수도 있습니다."

신부는 그 곡예사의 겸손한 태도에 감명받았다. 그리고 사람을 알아보는 능력이 있는 그는 즉시 바르나비가 성경에 기록된 '심령이 가난한 자는 복이 있도다.'라는 구절에 해당되는 자임을 깨달았다.

"형제여, 나와 함께 갑시다. 내가 원장으로 있는 조그만 수도원에서 지낼 수 있도록 해드리리라. 성령께서 이집트의 사막에서 성모 마리아를 인도한 것같이, 당신을 구원하도록 나를 이끈 것입니다."

바르나비는 수도자가 되었다. 마리아를 경배하면서 앞다투어 종교를 익혔고, 그녀의 명예 속에서 신이 내린 모든 지식과 기술을 이용했다.

그의 반에 있던 선참자는 학업 규칙에 따라 성모 마리아의 미덕에 관한 책을 썼다.

손재주가 좋은 모리스 형제는 이 보배로운 글을 최고급 송아지 가죽에 필사했다.

알렉산더 형제는 조그맣고 정교한 그림으로 책 표지를 장식했다. 성모 마리아가 솔로몬의 왕좌에 앉아 있고, 그 주위를 사자 네 마리가 호위하고 있으며, 후광 주위에는 경외, 공경, 지식, 힘, 의논, 이해 그리고 지혜라는 일곱 가지 성령을 상징하는 비둘기가 나는 그림이었다. 그리고 금발의 처녀들도 있었는데, 그것은 겸손, 신중, 은둔, 복종, 순결 그리고 순종이었다.

그녀의 발 앞에는 아주 흰 두 개의 형체가 간절한 태도로 탄원하고 있었다. 그들은 우리의 기도가 헛되지 않도록, 영혼이 건강하기를 온 힘을 바쳐 간구하는 영혼들이었다.

알렉산더 형제는 마주보는 면에 이브를 그려놓았다. 인류를 타락시킨 이브와, 구원한 마리아를 한눈에 볼 수 있도록 하기 위해서였다.

더욱이 보는 사람들로 하여금 감탄을 금하지 못하게 하는 생명수의 우물 샘, 백합, 달, 태양 그리고 성경의 아가에서 나오는 골짜기, 천국의 문과 천국이 그려져 있었다. 이 모든 것은 마리아를 위한 상징들이었다.

마보테 형제는 성모 마리아가 가장 사랑하는 아들들 중 한 명 같았다.

그는 하루 종일 돌에 성화를 조각했다. 그 바람에 그의 수염과 눈썹 그리고 머리는 먼지로 하얗게 덮였고, 눈은 부어오르고, 자주 눈물을 흘렸다. 수년이 지났지만 그의 힘과 명랑함은 조금도 줄어들지 않았다. 그 점은 이미 젊음을 지나온 지 오래되었음에도 성모 마리아가 그를 무척 아낀다는 것을 분명하게 증명했다. 그가 조각한 성모 마리아 상의 후광은 진주로 장식되어 있었다. 그는 예언자가 단언한 대로 성모의 옷자락이 발을 잘 덮도록 주의를 기울였다.

때때로 그는 축복에 가득 찬 아이가 마치 '당신은 내가 어머니의 뱃속에 있었을 때부터 나의 신입니다.' 라고 말하는 듯한 모습을 표현했다.

수도원에는 예전부터 라틴어로 성모 마리아를 찬양하는 시와 산문을 짓는 수도자들도 있었으며, 심지어 피카디 출신의 형제는 성모의 기적을 그 천박한 혀로 찬양하기도 했다.

이러한 찬양과, 노력의 결실에 경쟁심을 느끼면서 바르나비는 자신의 무지함과 단순함을 한탄했다.

"아, 슬프도다!"

그는 숨을 곳도 없는 수도원의 정원을 혼자 걸으며 한숨을 쉬었다.

"진심으로 사랑하는 성모 마리아를 위해 다른 형제들처럼 찬양할 수 없으니 나는 너무나 보잘것없는 존재로구나. 아, 비참하도다! 비참하도다! 나는 아무 재능도 없는 쓸모없는 인간이구나. 나는 성모 마리아를 찬양하기 위해 감명 깊은 설교를 할 수도 없고, 복음을 기록하는 재주도 없고, 성화를 그리거나, 조각을 할 수도 없고, 행군할 때 발을 맞출 시와 노래를 짓지도 못한다. 오, 슬프게도 나에게는 아무 재능도 없어!"

그는 신음하면서 깊은 슬픔에 잠겼다. 그러던 어느 날 저녁, 수도자들이 자유롭게 이야기하는 시간에 그는 단지 아베 마리아라고만 반복하는 기도를 했던 성직자에 관해 듣게 되었다. 그 사람은 무능으로 인해 경멸받았다; 그런데 그가 죽은 다음에 그의 마리아(Maria)를 의미하는 다섯 송이의 장미가 입에서 나왔고, 그의 거룩함이 명확하게 증명되었다.

이야기를 듣는 동안 바르나비는 다시 한번 성모 마리아의 자비로움에 탄복했다; 그러나 죽은 자를 축복했다는 교훈이 그를 위로해주지는 못했다. 그의 가슴에서는 하늘에 계신 성모 마리아를 찬양하고 싶은 열망이 넘쳤기 때문이었다.

그는 어떤 길도 찾을 수 없었고, 날이 갈수록 더욱더 침울해졌다. 그러던 어느 날 아침, 기쁨에 넘친 모습으로 깨어난 그는 서둘러 성당으로 가 1시간 넘게 그곳에서 보냈다. 저녁 식사가 끝난 다음에 다시 성당으로 갔다.

그때부터 그는 아무도 없는 때를 정해 성당으로 들어갔고, 다른 수도자들이 기술적인 일에 전념할 때, 성당에서 그 중요한 시간을 보내고 나왔다. 이제 그는 더 이상 우울해 하지 않았다.

이상한 그의 태도는 수도자들의 호기심을 자극했다.

그들은 서로에게 바르나비 형제가 은둔하는 이유를 묻게 되었다.

제자들의 종교 행동에 책임을 가진 선참자는 바르나비를 지켜보기로 결심했다. 어느 날, 바르나비가 성당 안으로 들어가 문을 닫자, 고참 수도자 두 명과 함께 갔던 선참자는 문틈으로 안을 들여다보았다.

바르나비가 마리아 제단 앞에서 발은 공중에 올리고 머리를 숙인 채, 여섯 개의 구리공과 십여 개의 칼을 공중으로 던졌다가 다시 받는 묘기를 부리고 있었다. 성스러운 신의 어머니를 기리기 위해, 예전에 그에게 명예를 주었던 묘기를 공연하고 있었던 것이다. 소박한 사람이 자신의 지식과 기술을 발휘해 봉사하고 있다는 점을 깨닫지 못한 나이 많은 두 고참 수도자는 그 신성 모독에 놀라 입을 딱 벌렸다.

선참자는 바르나비의 영혼에 티끌 하나 없다는 것을 알고 있었지만, 그가 광기에 사로잡힌 것이라고 생각했다. 그들이 조용히 바르나비를 제단에서 끌어내리려고 했다. 그때였다. 마리아가 제단 아래의 계단을 내려와서 푸른 옷자락으로 곡예사의 이마에 맺힌 땀을 닦아주었다.

선참자는 얼굴을 바닥에 대고 엎드렸다.

"마음이 겸손한 자는 복이 있나니, 저희가 하느님을 볼 것임이오."

"아멘!"

다른 두 수도자도 화답하고서, 땅에 입술을 댔다.

시편 23편
The 23rd Psalm

시편은 고대 유대인들의 찬양집이다. 대부분의 시편은 예배를 위해 씌어진 것으로 보이며, 찬양, 감사, 경배, 헌신, 의혹 그리고 불평을 노래하는 시들로 구성되어 있다. 마틴 루터는 시편을 '축약된 성경'이라고 일컫기도 했다. 특히 하느님에 대한 신앙을 노래한 시편 23편은 가장 널리 사랑받고 있는 시편이다.

여호와는 나의 목자시니 내가 부족함이 없으리로다.

그가 나를 푸른 초장에 누이시며, 쉴 만한 물가로 인도하시는도다.

내 영혼을 소생시키시고 자기 이름을 위하여 의의 길로 인도하시는도다.

내가 사망의 음침한 골짜기로 다닐지라도 해를 두려워하지 않을 것은 주께서 나와 함께하실 것임이라. 주의 지팡이와 막대기가 나를 안위하시나이다.

주께서 내 원수의 목전에서 내게 상을 베푸시고 기름으로 내 머리에 바르셨으니 내 잔이 넘치나이다.

나의 평생에 선하심과 인자하심이 정녕 나를 따르리니 내가 여호와의 집에 영원히 거하리로다.

타오르는 풀무
The Fiery Furnace

라이먼 헐버트 Retold by Jesse Lyman Hurlbut

구약성경의 다니엘은 유대 영웅 다니엘에 관한 이야기이다. 그는 친구

사드락, 메삭, 아벳느고와 함께 바빌론의 포로가 되어, 느부갓네살 왕 앞에 서게 된다. 여기에 소개하는 불 고문 장면은 확실한 믿음을 보여주는 잊을 수 없는 모범이다.

느부갓네살 왕이 금으로 덮인 거대한 신상을 만들라고 명령했다. 이 신상을 바빌론에 가까운 두라 평원에 우상으로 세워 경배하도록 했다. 신상이 완성 되었을 때 100피트 높이여서 멀리서도 보였다. 왕은 우상을 따로 숭배하기 위해 모든 왕자와 지배자, 귀족들에게 모일 것을 명령했다.

그 나라의 각 지방을 지배하는 사람들이 모두 모였다. 그들 중에는 왕의 명령에 의해 유대인 사드락, 메삭, 아벳느고도 포함되어 있었다. 무슨 이유에서인지 다니엘은 그 자리에 없었다. 다른 지방에서의 일 때문에 바빴던 것 같다.

우상 앞에 봉헌하기 전 북과 나팔 소리가 들렸다. 모든 사람들에게 무릎을 꿇고 경배하라는 신호로 악기 소리가 울렸다. 모든 사람들이 무릎을 꿇고 엎드려 경배했으나, 꼿꼿이 서서 절하지 않는 사람이 셋 있었다. 유대인 사드락, 메삭, 아벳느고였다. 그들은 오직 하느님 앞에 서만 무릎 꿇었다.

그 나라의 고관들은 높은 자리에 오른 그 세 사람을 질투하고 있었다. 다니엘과 그 친구들을 미워하던 그들은 느부갓네살 왕의 명령에 복종하지 않는 것을 보고 매우 기뻐했다.

유대인들을 미워하던 고관들이 왕에게 나아가 말했다.

"왕이시여, 천수를 누리소서! 당신은 음악이 울리면 누구나 금 우상 앞에 엎드려 경배하라고 명령하셨습니다; 따르지 않는 자는 활활 타오르는 풀무에 던져넣겠다고 하셨습니다. 그런데 당신이 이 나라의 고관으로 삼으신 유대인들이 명령에 따르지 않았습니다. 사드락, 메삭, 아벳느고입니다. 그들은 당신의 신을 섬기지 않고, 당신이 세운 우상 앞에서 경배하지 않았습니다."

느부갓네살 왕은 자기의 명령에 따르지 않은 사람들이 있었다는 이야기를 듣자 불같이 화를 냈다. 그는 세 사람을 소환한 다음 물었다.

"사드락, 메삭, 아벳느고는 들어라. 너희들은 무슨 이유로 황금 우상 앞에서 경배하지 않았느냐? 음악 소리가 울리면, 다시 경배하도록 하라. 그러면 너희들을 용서해줄 것이다. 그러나 만약 이번에도 경배하지 않는다면, 너희들을 뜨겁게 타오르는 풀무에 집어던져 죽게 할 것이다."

그러나 세 젊은이는 조금도 두려워하지 않았다.

"느부갓네살 왕이시여, 우리는 대답할 필요가 없습니다. 우리가 섬기는 신은 우리를 불가마에서도 살릴 능력이 있고, 또 우리를 구원해줄 것입니다. 그러나 우리가 죽는 것이 신의 뜻이라면 그렇게 할 것입니다. 왕이시여, 우리는 당신의 신을 섬기지 않을 것이며, 당신이 세운 우상에게 경배할 수 없습니다."

이 답변은 왕을 더욱 분노하게 만들었다.

"풀무를 훨씬 뜨겁게 해서 이 세 놈을 그 속에 던져넣어라!"

그러자 왕의 군대는 두건을 쓰고, 헐렁한 겉옷을 걸친 세 유대인을 밧줄로 묶어 풀무 앞으로 끌고 갔다. 그들이 세 유대인을 불 속으로 던져넣을 때, 입구에서 타오르는 불이 병사들을 태워 죽였다.

느부갓네살 왕은 그 앞에 서서 입구를 들여다보았다. 그는 그가 본 것에 놀라워했다; 그가 주위의 고관들에게 물었다:

"세 놈을 묶어서 불 속에 던지지 않았느냐? 그런데 어떻게 네 사람이 자유롭게 불 속에서 돌아다니고, 더욱이 네 번째 사람은 신의 아들인 것처럼 보이는구나."

불길이 잦아들자 왕은 그 입구에 가까이 가서 안에 있는 세 사람을 불렀다.

"신들 중에서 가장 높은 신을 섬기는 사드락, 메삭, 아벳느고! 풀무에서 나와 나에게로 오라."

그들은 불에서 나와 왕 앞에 섰다; 모든 왕자와 통치자와 귀족들이 그들이 살아 있음을 똑똑히 볼 수 있었다. 그들은 머리카락 한 올도 타지 않았으며, 불 속에 들어갔었다는 어떤 흔적도 찾아볼 수 없었다. 느부갓네살 왕이 모든 부하들에게 말했다:

"이 사람들에게 천사를 보내 생명을 지켜준 그분을 찬양하라. 다른 어떤 신도 극렬히 타오르는 풀무 속에 들어갔던 사람들을 이처럼 구해줄 수 없을 것이다. 나는 내 왕국의 그 누구도 이 사람들의 신을 비방하지 말 것을 명령하노라. 만일 모독하는 자가 있다면, 그 몸을 쪼개고 그 집으로 거름터를 삼을 것이니라."

이 일이 있은 후 느부갓네살 왕은 그들 세 사람에게 바빌론의 더 높은 직책을 내렸다.

중풍 환자의 치유
The Healing of the Paralytic

제스 라이먼 헐버트 Retold by Jesse Lyman Hurlbut

신약성경에 나오는 이 이야기는 굳건한 믿음이 육체적 질병을 치유하는 기적을 보여준다.

얼마 후 예수님은 가버나움으로 돌아왔다. 사람들은 그분이 돌아왔다는 소식을 듣자, 그분을 직접 보고 또 그분의 말씀을 듣기 위해 모여들었다. 그분의 집 마당은 물론이고, 집 주위의 거리까지 몰려든 사람들로 메워졌고, 예수님은 마당에 나와 사람들을 가르쳤다. 그때는 봄이었고 날씨가 무더웠으므로, 마당 위에 햇빛을 가리기 위한 간이 지붕을 설치했다.

예수님이 가르치는 동안, 갑자기 사람들 머리 위의 장막이 걷혔다. 사람들이 놀라 고개를 들어보니, 한 사람이 침대에 뉘어진 채 벽 위에 올라 선 네 사람에 의해 밑으로 내려지는 것이 보였다.

걷지도 서지도 못하는 중풍 환자였다. 그 사람은 너무나 간절히 예수님을 직접 보러오고 싶어했다. 그 네 사람은 수많은 사람들 사이를 뚫고 환자를 데리고 올 수 없었으므로, 그를 침상에 누인 채 그대로 번쩍 들어올려서 이동한 다음, 지붕을 걷고 밑으로 내려놓은 것이다.

이러한 태도는 그들이 예수님을 얼마나 굳게 믿는가를 보여주었다. 예수님이 그 사람의 병을 고치거나, 고칠 수 없거나 하는 문제는 이제 더 이상 아무 문제도 아니었다. 예수님이 그들에게 말씀했다.

"내 아들아, 일어나거라; 네 죄가 사하여졌다!"

그 많은 사람들 틈에 섞여 있던 예수님의 적들은 그 말을 들으며 겉으로는 어떤 말도 하지 않았지만, 속으로는 이렇게 생각했다.

"이 사람은 지금 무슨 사악한 말을 하는 것인가? 죄를 용서해주었다고 하지 않는가? '네 죄가 사하여졌다.'라고? 그건 오직 하느님만이 할 수 있는 말씀이야."

모든 것을 아는 예수님은 그들의 이러한 생각 역시 알고서, 다음과 같이 말했다.

"왜 너희들은 사악한 생각을 하느냐? '네 죄가 사하여졌다.' 그리고 '일어나 걸어라.'라는 말 중 어떤 말을 더 쉽게 할 수 있겠느냐? 그러나 나는 사람의 아들로서 지상에 있는 동안, 나에게 죄를 용서해줄 수 있는 권력도 있음을 보여주려고 한다."

그러고 나서 예수님은 침상에 누워 있는 그 중풍 환자에게 말했다.

"일어나라. 그리고 네 침상을 걷어들고 네 집으로 돌아가라."

순간 새로운 생명과 힘이 그 사람에게 들어갔고, 그 사람은 일어나서 꼼짝 못하고 누워 지내던 침상을 걷어 어깨에 메고, 그를 위해 양편으로 갈라선 사람들 사이를 걸었다. 그 사람은 계속해서 힘차게 걸으며 하느님을 찬양했다.

옥수수의 등장
The Coming Of Maize

루이스 스펜스 Adapted from a Retelling by Lewis Spence

이 아름다운 미국 인디언 전설에서, 우리는 가족과 부족을 위한 한 젊은 이의 간절한 기도가 응답받는 것을 보게 된다.

큰 강 옆 조그만 오두막에 열네 살짜리 소년이 부모와 동생들과 함께 살고 있었다. 그 가정은 화목했지만 가난했다. 아버지는 용기 있고, 기술이 뛰어난 사냥꾼이었지만, 때에 따라서는 필요한 만큼의 사냥을 못하는 경우도 있었다. 그래서 살림은 어려움을 겪는 경우가 많았다.

그 소년이 부족의 전통에 따라 단식 기도를 할 때가 되었다. 그의 어머니는 소년이 단식 기간중에 방해받지 않도록 외딴곳에 임시 거처를 만들어주었다. 소년은 그곳에서 인간에게 즐거움을 주기 위해 들판과 숲속의 모든 아름다운 것들을 만든 그들의 신에 대해 명상에 잠겼다. 그에게는 가족을 돕고 싶다는 간절한 생각이 있었다. 그는 꿈속에서라도 그럴 수 있는 방법을 보여달라고 기도했다.

단식을 시작한 지 사흘째가 되자, 그 소년은 몹시 지쳐서 숲속을 돌아다닐 수조차 없었다. 그가 반은 잠들고 반은 깨어 있는 상태로 누워 있을 때, 멋진 초록색 옷을 입고 머리에 근사한 초록색 깃털 장식을 한 아름다운 청년이 그를 찾아왔다.

"위대한 신께서 네 기도를 들으셨다."

그 청년이 마치 풀밭을 스치고 지나가는 바람 소리 같은 목소리로 이야기했다.

"네 소망이 이루어질 테니, 일어나 나와 씨름이나 한 판 하자."

그 인디언 소년은 그 말에 순종했다. 힘이 없고 정신도 몽롱했지만, 부드러운 목소리로 말하는 그 이상한 청년의 말에 따라야 한다고 느껴졌기 때문이었다. 아무 말없이 한참을 어울려 씨름을 한 다음, 그 청년이 말했다.

"오늘은 이걸로 됐다. 내일 다시 오겠다."

그 소년은 기진맥진해서 쓰러질 듯 누웠다. 다음날 초록색 옷을 입은 그 청년은 다시 찾아왔고, 씨름을 시작했다. 씨름을 계속하는 동안 그 소년은 점점 힘이 강해지고 자신감이 생기는 것을 느꼈다. 그 초록색 옷을 입은 청년은 그를 격려하고, 용기를 주는 말을 남긴 다음 떠났다.

사흘째 되는 날, 그 소년은 얼굴은 창백해지고, 쇠약해졌지만, 다시 한 번 씨름을 벌여야 했다. 그런데 상대를 붙잡는 순간 새로운 힘이 생기는 것을 느꼈다. 그가 기운을 내서 용기 있게 덤벼들자, 초록색 옷의 그 청년이 마침내 그만하면 됐다고 비명을 지르게 되었다.

"내일 저녁, 다시 찾아와서 너와 마지막 씨름을 할거야."

청년이 말했다.

"너는 승리할 수 있고, 또 너의 간절한 소망도 이룰 수 있지. 네가 나를 던지게 되면 내 초록색 옷과 깃털을 벗겨서 내가 쓰러진 곳에 나와 함께 묻어줘. 그리고 내가 묻힌 곳을 항상 촉촉하고 깨끗하게 돌봐줘. 그러면 너는 초록색 옷을 입고 깃털 장식을 한 나를 다시 볼 수 있을거야."

그 청년은 말을 마치자 사라졌다.

다음날 그 소년의 아버지가 음식을 가져왔다. 소년은 서녁 때까지는 아무것도 먹어서는 안 된다고 말했다. 다시 한 번 그 이상한 청년이 나타났고, 그 소년은 전혀 먹지 않았는데도 씨름을 시작하자마자 예전처럼 다시 힘이 샘솟는 것을 느꼈다. 어렵지 않게 상대방을 쓰러뜨렸다. 그리고 그 이상한 청년이 얘기했던 대로, 초록색 옷과 깃털 장식을 벗기고, 그 아름다운 청년을 죽인 데 대한 슬픔도 느끼지 않고 그 자리에 묻어주었다.

그는 그 일을 마친 다음 가족에게로 돌아왔고, 곧 힘을 회복했다. 소년은 결코 그 청년의 무덤을 잊지 않았다. 그곳에 잡초가 자라지 않게 항상 깨끗이 손질해주었다. 그러던 어느 날, 땅에서 초록색 깃털이 나오더니 곧 우아한 잎으로 자랐다.

가을이 되자, 그 소년은 아버지에게 함께 그곳에 가보자고 말했다. 그곳에 크고 아름답게 자란 초록색 옷의 청년이 황금빛 술과 잎을 산들바람에 살랑살랑 흔들고 있었다. 소년의 아버지는 경탄스러워하며 그 광경을 바라보았다.

"내 친구예요."

그 인디언 소년이 말했다.

"위대한 신의 곡식, 신이 주신 선물이에요."

이렇게 해서, 그 소년의 부족은 옥수수를 알게 되었다.

가시나무 숲
The Bramblebush

많은 종교적 교훈은 악마와의 투쟁이 끝이 없다는 점을 가르쳐준다. 또한 믿음은 그 싸움에서 힘이 되어 준다는 것을 가르쳐준다. 이 회교도의 우화는 잘못된 것과의 싸움은 미룰수록, 이기기가 어려워진다는 것을 가르쳐준다.

한 남자가 길 한복판에 가시나무 한 그루를 심었다. 행인들은 그를 꾸짖으며 당장 파내라고 여러 번 이야기했다. 그런데 남자는 그렇게 하지 않았다.

시간이 흐를수록 가시나무는 점점 자랐고, 나무의 가시는 사람들의 옷을 찢어놓고, 발을 찔러댔다.

마을의 촌장이 그에게 가시나무를 파내라고 명령했다.

"예, 알겠습니다. 언젠가는 파내지요."

오랫동안 그는 내일, 내일 하면서 미루기만 했고, 그러는 동안 그 가시나무는 점점 크고 우람하게 자랐다.

어느 날 촌장이 그를 찾아왔다.

"약속을 하고 지키지 않다니, 당장 나와서 실행하라!"

그 남자는 이렇게 대답했다.

"이제는 큰 숲이 되어버려서 나는 그걸 파낼 만한 힘이 없습니다."

촌장이 말했다.

"내일 하겠다고 미루기만 하던 자야, 너는 이걸 알아야 한다. 날짜를 미룰수록 그 나쁜 나무는 점점 젊어지고, 그것을 파내야 하는 너는 점점 늙어간다는 사실을 말이다. 가시나무는 시간이 흐를수록 푸르고 강하게 자라는데, 그것을 파낼 사람은 점점 힘이 약해지고, 시들어가게 마련이지. 그러니 자신에게 주어진 시간을 낭비하지 말고, 서둘러야 하는 법."

그 가시나무를 여러분의 나쁜 버릇이라고 생각해보자. 나무의 가시가 가까운 미래에 여러분의 발을 찔러댈 것이다.